自发秩序与危机伦理

哈耶克新自由主义经济危机理论的规范之维

刘道一 | 著

中国商务出版社
CCTP
CHINA COMMERCE AND TRADE PRESS

图书在版编目（CIP）数据

自发秩序与危机伦理：哈耶克新自由主义经济危机理论的规范之维 / 刘道一著. -- 北京：中国商务出版社，2018.4
ISBN 978-7-5103-2355-3

Ⅰ. ①自… Ⅱ. ①刘… Ⅲ. ①哈耶克（Hayek, Friedrick August von 1899-1992）—经济思想—研究
Ⅳ. ①F091.352.2

中国版本图书馆CIP数据核字（2018）第058640号

自发秩序与危机伦理：哈耶克新自由主义经济危机理论的规范之维
ZIFA ZHIXU YU WEIJI LUNLI：HAYEKE XINZIYOUZHUYI JINGJIWEIJI LILUN DE GUIFAN ZHI WEI
刘道一 著

出　　版：中国商务出版社
地　　址：北京市东城区安定门外大街东后巷28号　　**邮编：**100710
责任部门：国际经济与贸易事业部（010-64269744　gjjm@cctpress.com）
责任编辑：张永生

总 发 行：中国商务出版社发行部（010-64266119　64515150）
网　　址：http://www.cctpress.com
邮　　箱：cctp@cctpress.com

排　　版：书情文化
印　　刷：北京凯达印务有限公司
开　　本：700×980毫米　1/16
印　　张：16.75　　　　**字　数：**206千字
版　　次：2018年4月第1版　　**印　次：**2018年4月第1次印刷
书　　号：ISBN 978-7-5103-2355-3
定　　价：62.00元

凡所购本版图书有印装质量问题，请与本社综合业务部联系。（电话：010-64212247）

目 录

第一章

哈耶克与『古典自由主义的复兴』

新自由主义[①]经济学意指兴起于20世纪50年代，在70年代后期开始成为西方经济学中的力主经济自由的理论流派，它是在反对凯恩斯主义的国家干预学说的过程中形成和发展起来的，也可以称之为以“自由”为名的“反启蒙的启蒙运动”，而作为其中的代表人物，哈耶克则将之称之为“古典自由主义的复兴”。新自由主义经济学学说内部学派众多，包括哈耶克的经济自由主义、货币主义、弗莱堡学派、供给学派、合理预期学派、新制度学派等。这些学派虽然在体系结构、观点、主张上各有特色，但也有相当多的共通之处，如都主张以适度的自由放任代替过度的政府干预、以控制货币供应量代替控制利率、以浮动汇率代替固定汇率、以消除通货膨胀为经济政策中心代替以解决失业为经济政策中心等。总之，这一流派的经济学说主张实行新的自由放任政策，强化市场机制，提倡自由竞争。资本的逻辑设定秩序的建构和均衡的证明，正是当资本主义的利益生产被新自由主义以最无害的方式掩盖起来的时候，其根源性的威胁才因其不被察觉而愈发深重：资本的逻辑无非是根本上为少数人谋利，却宣称“公益”与“公意”。

新自由主义经济学正根植于这样的逻辑，为这一逻辑所设定、塑造，成为资本主义欲望机制的工具。[②]“当一个社会的人为其他人或他们自己的欲望压制时；当有人喜欢统治别人，并且有机会这样做，有‘权利’这样做的时候，这就表明了欲望与社会场域之间的深刻联系。存在着对压迫机器的‘无私’热爱：关于奴隶取得的这种永恒的胜利；关于那些痛苦的、

---

① 有关自由至上主义作为“古典自由主义的复兴”的探讨，参见：*Jan Narveson*：*The Libertarian Idea*，Ontario: Broadview Press，2001.

② 资本主义宰制之下的“分裂”，既是物质形态上的分离和分立，也是精神层面的隔绝与倒退：“那个由个体性和实体之活生生的直接统一体倒退而成的普遍统一体，是一个缺乏精神的共同体，它已经不再是个体的缺乏自我意识的实体，而个体在其中按照各自的自为存在来说，现在都是作为一些自主本质和实体发挥着效准。”黑格尔：《精神现象学》，先刚译，人民出版社，2013年，第295页。

沮丧的或软弱的人成功地将他们的生活方式强加于我们的方式。”[①]借由资本的强力，新自由主义货币经济学家因其对资本主义这一“压迫机器”的“无私热爱”而获得（至少是在意识形态上）“统治别人”的“权利”，这些本质上“痛苦的、沮丧的或软弱的人”将自己变身为资本的规训的工具，[②]资本主义社会也以自由主义之货币哲学的可工具化为尺度来评判理论的效用，或者说新自由主义只关心一个问题，那就是如何构造一个有效的放诸四海而皆准的“真理体系”，进而经济学说“就脱离于一切个体话语的‘有效性’本身而言，它也始终是在特定的、但更为宏大或包容性更大的真理体系中发挥作用的一种工具。”[③]

与新自由主义者在资本的权力关系中的工具化倾向相伴随的，便是经济学本身的技术化。由于已不再存在一个可质疑的秩序建构原则（当然，这一点在凯恩斯主义特别是新凯恩斯主义那里仍有部分保留），同时也早已解除了奥古斯丁式的“天上之国”与“地上之国”的紧张关系，资本作为“尘世的权威”便毫无羁绊地为自身开辟疆域，任何理论体系要在其中容身，就必须按资本的逻辑不断地自我审查、自我矫正、自我治理以达到自我持存，而“自我持存的过程越是受到资产阶级分工的影响，它越是迫使按照技术装置来塑造自己肉体和灵魂的个体产生自我异化。”[④]而更为可怕的是，“当一个社会按照它自己的组织方式，似乎越来越能满足个人的需要时，独立思考、意志自由和政治反对权的基本批判功能就逐渐被剥夺。这样一个社会可以正当地要求接受它的原则和制度，并把政治上的反对降低为在维持现状的范围内商讨和促进替代性政策的选择。”[⑤]被货币哲

---

① 吉尔·德勒兹：《哲学的客体：德勒兹读本》，陈永国译，北京大学出版社，2010年，第368页。

② 正如米塞斯所强调的：“货币现象的前提是一种经济秩序”。路德维希·冯·米塞斯：《货币和信用理论》，樊林洲译，商务印书馆，第23页。

③ 保罗·博维：《权力中的知识分子》，萧莎译，江苏人民出版社，2005年，第306页。

④ 霍克海默、阿道尔诺：《启蒙辩证法》，曹卫东译，上海人民出版社，2003年，第26页。

⑤ 马尔库塞：《单向度的人》，刘继译，上海人民出版社，2008年，第3–4页。

学所夷平的当代社会，就成为一个“没有反对派的社会”（马尔库塞语），也因而，就是在没有反动派的意义上，资本主义社会也由此变成一个“没有危机的社会”，或一切现实的“经济危机”都将为哈耶克的理论修辞所说服。而这本书的写作，就是要展现哈耶克所实行的“伟大的说服”（可以说在今时今日仍旧维持具有影响力）的宏观的思想背景，同时揭示这样的“说服”背后，所无法克服的困难和必然导致的恶果。

以商品社会的通过货币进行普遍联系的意涵，新自由主义经济学以卡尔·门格尔（Carl Menger）所开创的“奥地利学派”的以“货币起源”问题为源初研究范式的基点，在继承亚当·斯密的货币本质观的同时又将主观价值论融入到货币历史的溯源之中，也就是将“看不见的手”的论证预制为“自发秩序”理论的思想前提。由门格尔创始的这一理论派系从根本上反对边沁（或笛卡尔）式的理性建构主义。新自由主义认为“边沁在经济学中注入了狭隘的功利主义，因此推动了成本—收益（他认为这是可知的）分析这一套伪科学的发展，并催生了试图根据自己的臆想，使国家强制力量来改造社会的‘社会工程师’传统的出现。”[①]基于“可知”或“可预测”的前提的理性建构主义，就是在新自由主义看来凯恩斯主义的货币理论作为“一套伪科学”的根据，也实际上是从对凯恩斯主义的“伪客观”原则出发的辩说。

门格尔强调行为过程的主观主义意涵，强调社会行为模式、制度是如何自发地演化而成的。在讨论货币问题时，门格尔认为，在还不存在货币而只能通过以物易物的方式获得所需产品的时候，真正的交换很难发生。于是，“有的交易者就意识到，如果他们能获得起他人也都需要的某种物品，他们就可以完成交易。于是，一个文化阐释的过程就开始了，大家都在努力推测别人的主观偏好。那些拥有符合别人较多主观价值的物品的人，就能更轻松地完成更多交易，从而变富了。别人当然也会注意到这种情况，并效法他们，这些人也开始使用那些物品作为交换中介物，随着中

① 德索托：《奥地利学派：市场秩序与企业家创造性》，朱海就译，浙江大学出版社，2010年，第41页。

介物种类越来越少喝每个人的需求越来越大，就能比较出哪种物品比较适合作为交换中介，最后，这一过程就集中到一种（或两种）物品上，它是大家主观上最想得到的，也能满足作为货币所必须具备的物理上最基本的要求（相对稀有、易储存、便于携带、容易分割等）。到这一过程时，就会有一种物品保留下来成为普遍接受的交换中介，也就是货币。”[①]通过将人的主观偏好纳入货币演进史的分析，门格尔得出了全新的对于货币的起源的解释：货币并非交换过程的纯粹的客观结果，而是处在交换过程中的每一个利益主体的主观愿望的相互影响创造了货币这一制度性存在。“随着各个经济人对其经济利益认识的提高，总是没有任何协调与法律强制，纵使不是为着公共的利益，各经济人也将情愿提供其商品与那些虽非自需、而销售力较大的商品交换。从而，在习惯的强力影响之下，随着经济文化的发展，就到处出现这样一种现象即：在当时当地销售力最大的财货，再交换中最为一般人所乐于接受，因而也最能与其他任何商品相交换。对于这样一种财货，我们的祖先曾以‘通用’即‘服务’‘支付’来称呼它，到最后才名之为‘货币’。”[②]

在对货币起源的“哲学”论述中，门格尔强调货币是人类行为的结果而非设计的产物。“关键是参与者根本就不必意识到他们是在参与创造货币。事实上，如果他们根本就不知道货币是何物，他们又如何意识到他们在创造货币？因此，货币制度就是人们行为/交换的一个无意识的结果，或者更准确地说，正是人们的行为启动了一个发现的过程，最后却创造了某种制度，对此，没有一个参与者是有意识地向这个方向努力，甚至根本就无人做过如此想象。”[③]在此，门格尔的货币创造过程说极大地类似于斯密的“追求着私利却最终促进了公益”的“看不见的手”的表述，强调货

① 拉齐恩·萨丽等：《哈耶克与古典自由主义》，秋风译，贵州人民出版社，2003年，第187页。

② 卡尔·门格尔：《国民经济学原理》，刘絜敖译，上海世纪出版集团，2005年，第162页。

③ 拉齐恩·萨丽等：《哈耶克与古典自由主义》，秋风译，贵州人民出版社，2003年，第187–188页。

币创生的自然性与“非设计”自然而然地同凯恩斯主义的国家干预主义站在了对立面。门格尔指出，货币的起源“完全是自然发生的，它受立法的影响极少。它不是国家的发明，也不是立法行为的产物。国家的批准与货币概念全无关系。一定商品因经济关系而自然成为货币，丝毫也不需要国家的力量。”[①]门格尔的“丝毫也不需要国家的力量”的货币理论“从评价乃至无数个人主观理解的概念出发，最后则以形成完全是社会性的制度为依归。”[②]而门格尔对货币的“自然—自发”[③]意涵的强调，开启了新自由主义经济危机学说的（基于对发现结果的“无知”的）“自发秩序”论，也同凯恩斯学派基于理性建构主义而提出的通货膨胀和举债政策针锋相对，形成了当代资产阶级经济学说的根本的张力。而对于这一号称为“古典自由主义的复兴”的理论建构的准确评断，就需要首先回到“古典自由主义”（Classical Liberalism）所由以创生和辩护资本主义发展的历史“语境”（Context）之中，才可以找到所谓“认识世界”的本质性洞见。

① 卡尔·门格尔：《国民经济学原理》，刘絜敖译，上海世纪出版集团，2005年，第165页。

② 拉齐恩·萨丽等：《哈耶克与古典自由主义》，秋风译，贵州人民出版社，2003年，第188页。

③ 这样的自然意涵恰恰是与古典时代的“自然”相反的目的论图景之下展开的，新的理论“建构”。

第二章

古典自由主义的经济史意蕴

资本主义经济危机的典型形态是普遍的、周期性的、商品生产过剩。正如马克思所指出的，在自由主义时代，劳动不仅在形式上从属于资本，而且在实际上也从属于资本。因此，以产业革命和资本主义世界市场体系建构的物质性力量为契机，以资本对劳动的统治的整全性（Totality）为结果的现代资本主义（在某一理论视角下被“强制”地描述为“通往自由之路”[①]）的机器大生产的形成和发展，就成为资本主义—自由市场的危机产生的条件；而相应地，经济危机“这种现象并不是像地震或其他天灾所造成的后果那样罕见的意外事件。这种现象经常发生，发生的频率也是有规律的，每十年预期就会发生一次，或者一次以上。显然，以这种弊害为特征的制度，一定会遭到反对者的严重非难。社会主义者声称，这种弊害是实行利润经济的必然结果；只要资本主义继续存在一天，就无法消灭，虽然可能暂时减轻；但是，一旦实行了社会主义集中计划，就可以根除了。”[②]

作为奠基性的“范式”（Paradigms）界定，针对资本主义经济危机的产生和发展的历史定位，马克思在《资本论》第一卷中给出了明确的界分：“大工业只是从1825年的危机才开始它的现代生活的周期循环。”[③]自1825年起到马克思出版《资本论》的19世纪60年代，普遍性、周期性的经济危机在1837、1847、1857、1866分别爆发，针对这一情形，恩格斯在《反杜林论》中指出：“社会化生产和资本主义占有之间的矛盾达到剧烈爆发的地步。……经济的冲突达到了顶点：生产方式起来反对交换方式，生

① 对于市场自由主义的“道德论证”路线，参校：布鲁克斯：《通往自由之路》，高菲菲译，上海人民出版社2013年。
② 庇古：《社会主义和资本主义的比较》，谨斋译，商务印书馆，2014年，第32页。
③ 马克思：《资本论》（第一卷），人民出版社，1975年，第16-17页。

产力起来反对已经被它超过的生产关系。”[①]而在1825年之前，虽然全面的、主导性的资本主义大工业建制远没有完成其统治性的架构，但是，基于资本—市场的“交易正义”观念而爆发的（并非通常所认为的“失控”的）商业、货币、信用危机也时有发生，并给当时的经济社会生活带来了显著的冲击。[②]

哈耶克的经济危机辩护，很大程度上是在故意忽视长波理论的理论洞见对这一历史阶段（资本主义的发展—建制期）的刻画，由此，对他的“规范性”经济思维，必须建基于对于西方世界的资本主义（“非理性”）体系的危机发展史[③]与古典自由主义的危机辩护史的总体性把握，考察在工业革命引导下的“旧制度与大革命”的时代命题下的前1825年经济危机

① 恩格斯:《马克思恩格斯全集》(第20卷)，人民出版社，1976年，第301页。

② “在机器大工业出现以前的十八世纪上半叶和八十年代以前，尽管地方性的商业危机和货币危机已经不断地发生，但还不存在着生产甚至局部性生产过剩危机的条件。当时的经济学家只能以商业的投机，信用和货币制度的失调等等属于流通领域的错误为这类危机作解释。在十八世纪八十年代后的产业革命过程中，生产过剩危机的条件逐渐成熟了，某些经济部门的局部生产过剩的现象再也不能予以否认了。但当时一部分的资产阶级经济学家仍企图以外在的因素作为引起危机的基本原因。到了1825年前后，危机的范围扩大的可能性显露了，危机的威胁增加到严重震撼整个经济的程度。于是理论的发展才集中于是否存在着一个普遍的、有规律性的经济危机的问题。”陈岱孙:《从古典经济学派到马克思——若干主要学说发展论略》，商务印书馆，2014年，第225-226页。

③ “虽然说生产过剩是周期性危机爆发的根本原因但就历次经济危机而言，又呈现出其他一些共同的特点。比如在经济高涨的时候投机猖狂，金融系统总是成为危机爆发的导火索等等，这些相似的现象，几乎在每次经济危机中都有所体现。”张廷伟:《经济的坏脾气：全球经济危机史（1637—2008）》，金城出版社，2009年，第1-2页。

的“自然权利”[①]（Natural Rights）的经济—政治特征及其在理论上的反应，以现实的经济史的认识为讨论基础，结合重商主义和重农主义对于“秩序”问题的相互辩难，深入揭示当时的古典自由主义者不可能（或“不希望”）认识到危机之必然性与灾难性的思想根源，以此来进一步理解那被马克思所提出的“不偏不倚的研究让位于豢养的文丐的争斗，公正无私的科学探讨让位于辩护士的坏心恶意”[②]的真正意涵。

一

资本主义并非从来就有的，资本主义“市场”（及附着于其上的“适应性情感”）亦如是。在现时代被封为圭臬的市场金律（也是不可以“政府”之力去触碰的市场“禁律”）在整个中世纪都是被打压和挞伐的对象，意图冲破禁欲宗教的严苛管控而逐步成为西方世界的“普适”价值，非经历一番卓绝的意识形态上的“开创”之举不可。这其中，如何将“危机”无害化、常态化、科学化进而“周期”化，就是这些工业革命与欲望扩张的信仰者们需要完成的“伟大的说服”（Great Persuasion）了。

---

① “自然权利的来源是十分明显的。一个人有权利保护他的身体不受损害，而且在没有正当理由剥夺自由的情况下有权利保护他的自由不受侵犯，这是毫无疑问的。”坎南：《亚当·斯密关于法律、警察、岁入及军备的演讲》，陈福生、陈振骅译，商务印书馆，1962年，第35页。但是在晚近的自由主义经济学家中，又出现了对所谓权利的“自然解释”的反驳，他们认为这种“自然主义”的实证论证并不能抓住人类行为的关键性意涵，而应当以人之为人的独特性为核心，构造论证。“自负的实证主义者也许希望，终有一天，生理学家会成功地用物理学和化学描述所有那些产生了特定的个人的事件和在其一生中改变其天性的事件。我们可以不追问，这样的知识能否充分解释动物在每一种它们必须面对的情况下的行为。但毫无疑问，这样的知识无法解释人对外部刺激的反应。因为人的这种反应是由观念决定的，而观念这种现象不是物理学、化学和生理学所能描述的。自然科学根本无法解释，是什么使众多的人一生忠于自己从小接触的宗教信仰，是什么使另一些人改变了自己的信仰，人们为什么加入或退出政党，为什么会有许多不同的哲学流派，为什么对于许多问题会有不同的意见。”米塞斯：《经济科学的最终基础：一篇关于方法的论文》，朱泱译，商务印书馆2015年，第136页。

② 马克思：《资本论》（第一卷），人民出版社，1975年，第17页。

由此可见，对于自由放任（Laissez Faire）之理想性的信仰，是资本主义制度下“因信称义”的“秘教”典仪，也是以自由主义为名的“信仰寻求理解”的社会历史性建构行为，并作为现代世界之思想与政治的核心议题而始终发挥着重要的影响：“致命的自负”招致“自负的后果”。在这个过程中，自16世纪发端，“不断扩大产品销路的需要，驱使资产阶级奔走于全球各地。它必须到处落户，到处开发，到处建立联系。资产阶级，由于开拓了世界市场，使一切国家的生产和消费都成为世界性的了。”[①]在资本主义条件下，一切经济活动都必须以牟取最大限度的利润为转移，而重大创新和经济结构转换则耗费大量资金，流转周期长，风险大，且在一定时期内盈利少，所以，资本家往往不仅对重大创新和经济结构转换不感兴趣，而且千方百计加以阻挠，力图在尽可能长的时期内，以旧的工艺流程、旧的技术和设备、旧的产品获得最大的利润，这就从方向、速度和数量等方面制约着正常投资，尤其是遏制了资本在不同部门间的流动，拖延了重大创新和经济结构转换，使旧的部门内资本积累长期过剩，而新兴部门资本积累不足，各部门之间的比例长期失衡，也就是结构转换不畅。当这种结构矛盾积累到一定程度的时候，就会使旧的部门的过剩资本出现贬值和毁坏，并对整个社会经济造成破坏，即发生结构性危机。因为资本主义生产关系只能在一定时期、一定限度内拖延重大创新和结构转换的进程，而不能排除这一进程。生产力终将冲破资本主义生产关系的羁绊而向前发展，即实现重大创新和结构转换，并迫使资本主义生产关系通过自我扬弃来适应这种发展。但生产力的这种发展，不是一蹴而就的，而是需要一个过程的，这便构成了经济的长期波动。因而长波的降波便形成了结构性危机的表现，长波的升波则反映着生产力的迅速发展。“无可辩驳的事实使人们难以否认资本主义发展中这些长波的存在。所有能够得到的统计资料都清楚地表明：如果我们把工业产量的增长和（世界市场的）世界出口增长作为关键指标的话，那么就会发现在1826—1847年、1848—1873年、1874—1893年、

① 马克思、恩格斯：《共产党宣言》，人民出版社，1997年，第31页。

1894—1913年、1914—1939年、1940—1967年的这几个时期中这些指标的平均增长率发生显著的波动，各个相继出现的长波之间上下波动幅度为50%～100%。”①

西方中心论的世界历史思考，在“革命”的名义下获得证成。“在这个时期所发生的革命，除了资产阶级自由资本主义的胜利之外，我们无法想象还有其他任何形式的革命。”②也正是在“自由资本主义”的世界“想象”之中，“西方”作为一种“普适性”与“普世性”而展开其（卢梭所阐述的）全球性“侵蚀”，这也就在贸易的发展、市场的扩展与工业革命的高歌猛进中，开始了其“不可抗拒”的历程。

也正是在这一时期，出现了资本主义发展中的第一次长波，其中，长波的升波阶段发生在1790—1825年，由首次结构性危机和失衡引起的降波阶段出现在1825—1845年（将在下一章进行讨论）。这一次长波标志着人类历史上第一次重大经济变革的发生和以此为基础的经济结构转换：由农业社会逐步向工业社会过渡，即实现工业化，逐步由大机器工业代替手工业；由内向型经济转化为外向型、扩张性经济；资本主义私有制（其基本形式是以家族血缘关系为纽带形成的独资企业和合伙企业）和自由竞争机制开始形成；以英国为中心的资本主义国际经济秩序得以确立；产业革命期间资本主义积累矛盾的尖锐化与广大劳动人民的贫困化。

从中世纪末期的15世纪以来，通过地理大发现和欧洲对海外的殖民贸易，以及以英国的圈地运动为基本标志的对农民土地的剥夺和工场手工业的长期发展，新兴资本家阶层不仅积累了雄厚的资本，获得了丰富而廉价的生产原料、广阔的市场和大批自由劳动者，而且使劳动工具不断改进，劳动者的技术水平和熟练程度逐步提高，分工日益精细，从而使生效率逐步提高，再加上以牛顿力学为代表的近代重大科学发现，这一切，都为资本主义生产方式的确立奠定了强大的现实和理论的基础。而由于地理大发

① 曼德尔：《资本主义发展的长波——马克思主义的解释》，南开大学国际经济研究所译，商务印书馆，1998年，第3页。

② 霍布斯鲍姆：《革命的年代》，王章辉等译，中信出版社，2014年，第2页。

现造成的世界商业航线由地中海流域向大西洋流域转移，英国开始成为重要的商业中心之一，通过圈地运动实现了对农民生产资料的有力剥夺，加上宗教、政治和社会改革的彻底性和海外大量人才移居英国，为英国成为第一次长波升波的发源地和中心开辟了道路。正是在这种背景下，18世纪后期，在英国首先发生了以棉纺织工业为主导产业，蒸汽机制造业为基础产业作为标志的第一次长波的升波。而我们也正可以在对这一“升波”阶段的构造性因素的探讨中理解1825年危机之前的资本主义发展状况与危机（作为“降波”的经济波动态）隐忧。

1. 对外贸易的发展为资本主义的早期发展创造条件

从15世纪中叶到18世纪中叶是欧洲贸易大发展的时代，也因此是现代“市场体系”开始成形的年代。这种发展体现在贸易量的增加、贸易区域的扩大、商品交易品种的增多，以及商贸制度的创新等诸多方面。当然，不同国家和地区在不同历史时期贸易的发展是不平衡的，不过与此前的中古时期相比，作为一个整体，欧洲的贸易发展是比较快的。14、15世纪，以意大利为中心的地中海区域贸易较为发达，它主要从事东西方商品的中介贸易。其中，威尼斯在打开欧洲内部和地中海地区各国间的贸易中扮演了一个关键的角色。新航路开辟后，贸易中心逐渐转移到大西洋沿岸。16世纪，葡萄牙取代威尼斯在海外贸易中占有重要地位；在17世纪，荷兰控制了国际贸易的很大比重，成为国际贸易的主导力量。17世纪后期至18世纪，英国后来居上，在国际商贸中占据了上风。对于这一特定的发展，恩格斯指出，在这一时期：“商业吞并了工业，因而变得无所不能，变成了人类的纽带；个人或国家的一切交往，都被融化在商业交往中，这就等于说，财产、物升格为世界的统治者。”①

① 恩格斯：《马克思恩格斯选集》（第一卷），人民出版社，1995年，第35页。

表2-1　1720、1750和1800年按人口平均计算的对外贸易额

（单位：千英镑）

国别＼年份	1720	1750	1800
英国	1.9	2.8	6.2
美国	—	2.4（1769）	3.2
荷兰和比利时	1.3	1.7	3.2
德国	0.7	1.1	2.0
葡萄牙	1.0	1.1	1.2
西班牙	1.3	1.6	1.1
法国	0.3	0.5	1.1
俄国	0.6	0.7	1.0
意大利	0.3	0.4	0.6

资料来源：罗斯托：《这一切是怎么开始的——现代经济的起源》，黄其祥、纪坚博译，商务印书馆，2014年，第118页。

关于15至18世纪欧洲大陆的贸易，虽然缺乏“量化”意义上完整和可靠的统计资料，但是学界的主流认为其上升趋势是明显的。以英国为例，1663—1669年再出口总额90万英镑，进口总额约440万英镑，1669—1701年再出口总额198.6万英镑，进口总额584.9万英镑，增长率分别为121%、33%；1600—1640年间，英国的出口以每年1.5%的速度递增，商船的吨位在1609—1615至1660年间翻了一番。欧洲贸易的发展还体现在商贸制度的创新上面。贸易的发展对法律体系提出了要求，促使全面可靠的商法和海商法的形成。贸易需要一定周期，具有一定的风险和不确定性，为了减少贸易的风险和不确定性，保证交易和契约能够公正和顺利进行，需要在法律上做出安排和规定。这样，在吸收罗马法的基础上，根据商业实践，欧洲社会逐渐建立起了商业法律体系。与此同时，相应的法律机构被建立起来，司法官员和律师也大批出现。贸易量的急剧增长对支付手段也提出了新的要求，为便利货币的转移，汇票和记账与划账制度出现了。为了减少贸易风险和损失，保险业和保险市场也随之兴起。为商业和贸易提供贷款的商业银行业已出现，并逐渐发展为一个举足轻重的新兴行业。银行出现后逐步扩大了它的营业范围，不仅经营储蓄和借贷业务，还从事汇兑等资金流通业务，这极大地便利了商贸活动。政府对商业也从随意剥夺转为有明确法律依据的赋税征收，从而减轻了商人的负担，提高了其收益预期。

表2-2 英国呢绒对大西洋市场的出口（1699—1856年）[①]

年份	出口额（镑）	占英国呢绒出口总额的比重（%）
1699—1701	185000	6.1
1722—1724	303000	10.1
1752—1754	374000	9.5
1772—1774	1148000	27.4
1784—1789	1013000	26.1
1794—1796	2597000	45.1
1804—1806	3413000	50.2
1814—1816	3914000	44.9
1824—1826	2894000	42.1
1834—1836	3894000	53.2
1844—1846	3722000	39.0
1854—1856	5177000	40.7

在这一过程，英国与殖民地之间的贸易也为该国的总体性经济增长做出了不可忽视的贡献。从1794年到1835年，美国棉花的出口额迅速增长，这正是属于英国工业革命的历史阶段，当时英国的棉花主要由北美的奴隶种植园来生产的。以每包300镑计，美国出口的棉花在1794年为5340包，到1835年增至1254328包。[②]殖民地商人或是作为个人业主从事业务，或是以合伙企业的成员身份从事经营工作。1775年纽约商会的104个会员中，其中61人是合伙组织的成员，而有43人则是个人经营的方式。在那个

① 沈汉：《资本主义史》（第二卷），人民出版社，2015年，第96页。
② 沈汉：《资本主义史》（第二卷），人民出版社，2015年，第317页。

时期，北美殖民地普遍都还没有采取股份公司这种在欧洲大陆已经较为普遍的经济组织模式。北美殖民地初期，经济整体的工业化程度较低，一个商人本身可以身兼进口商、出口商、批发商和零售商。后来，在中部和新英格兰地区，大商人开始逐渐集中致力于发展批发贸易。殖民地初期的北美，国内的货币发行和流通不足，国内贸易常采用以货易货的方式进行。[①]为了促进经济，英国政府管理殖民地事务的商务评议会和商务及殖民委员会采取了这样的做法，对于殖民地生产的为英国所需要的商品，以发放奖金的办法加以鼓励，并在国内市场上实行了垄断；对于那些和英国生产的货物存在竞争关系的殖民地商品，就以高关税加以拒斥。英国政府还尽一切努力，把殖民地的交易集中在本国市场，以使英国资本在贸易运输、保险、佣金等方面收获利润。[②]

为提高商业效率和收益，商人在贸易实践中还创造了新的商业组织形式，如合伙制、特权和特许公司，股份公司等。股份公司是一种新的企业组织形式，这种组织形式有利于把分散的资金集中起来，共同承担可能出现的风险与损失，它经常被用于大规模的商业冒险和远途贸易。为了便于掌握商品交易中的财务状况，增强经营者的盈利意识，复式簿记制开始出现。商贸制度的创新包括广泛的历史内涵，对欧洲社会经济（特别是英法两国）的“资本主义化”影响深远。第一，来自贸易的巨大利润为资本主义的发展积累了丰厚的资本，甚至可以说，没有贸易的发展，就没有欧洲的资本主义。贸易的发展推进了商业制度和企业组织形式的创新，为后来的工业革命准备了条件；第二，贸易的发展和市场的扩大促进了整个经济体系内的进一步专业化，经济活动的进一步专业化又要求市场扩大到足以充分利用专业经商活动的程度：这是一个连锁式的互动过程，即“市场”——经济专业化——更大、更专业的市场；第三，贸易是整个经济的引擎和发动机，贸易的扩大，拉动了某些种类的制造业和加工业的发展，以生产领域中的手工业——工场手工业——机器大工业这一发展模式得到

① 沈汉：《资本主义史》（第二卷），人民出版社，2015年，第318页。
② 福克纳：《美国经济史》（上册），王锟译，商务印书馆，1989年，第103–104页。

迅速而有效的实现；第四，市场的扩大带动了相关行业的发展，银行业、保险业、船舶制造业等纷纷涌现；第五，贸易的繁荣还降低了商品成本，增加了就业机会，提高了工资收入；第六，商业和贸易在发展过程中培育了强大的新兴阶层：中产阶级和商人，工业革命前，这些人就成为欧洲历史舞台上的主角，他们共同努力使财富大量积累起来，刺激了扩张与需求的多样化，也在思想领域培育了一个与传统及保守的学派相对抗的为企业家进行辩护的学派（即作为经济学之理论基础的“自由主义”）。

16至18世纪，随着近代民族国家的兴起，国际商贸竞争及海外殖民斗争的加剧，西欧各国均感到增强国力的必要。他们认识到，只有强大的国家才能攫取和控制殖民地、主导贸易规则、取得对敌国战争的胜利，并在国际贸易竞争中获得优势。在他们看来，国家强大和增强国力的重要途径，就是推行重商主义。早期的重商主义尤其带有“以邻为壑”的民族主义倾向，并且，为了商业利益各国不惜推行军国主义的扩张政策。可以说，近代西欧一些国家的强权主义和对外殖民扩张政策是有着重商主义的背景性根源的。

表2–3　十八世纪法国和英国基本经济情况

国别 年份	法国			英国		
	1700	1780	1800	1700	1780	1800
人口（百万）	19.25	25.6	27.4	6.9	9.0	10.8
城镇人口(百万)	3.3	5.7	6.4	1.2	2.2	3.2
外贸（百万英镑）	9	22	31	13	23	67
铁产量（千吨）	22	135	—	15	60	190
棉花消耗量（百万磅）	0.5	11	—	1.1	7.4	42.9
农业生产	100	155	177	100	126	143
工业生产	100	454	700	100	197	387
总产量	100	169	202	100	167	251
按人口计算的平均收入	100	127	142	100	129	160

资料来源：罗斯托：《这一切是怎么开始的——现代经济的起源》，黄其祥、纪坚博译，商务印书馆，2014年，第156页。

民族主义在经济政策上的表现就是推行贸易保护主义，这在晚期重商主义阶段尤为明显。晚期重商主义阶段，对外贸易是受到鼓励的，不过这种贸易必须保持出超，即出口须大于进口，以保证金银的流入。这就需要在对外贸易中推行保护性关税政策。法国于1644年对纺织品征收保护性关税，1659年对外国船只每吨货物征收50生丁(约合半法郎)关税。柯尔贝尔任财政大臣期间，法国的保护性关税政策尤为突出。柯尔贝尔认为，一个国家只有拥有充足的金钱，才能使他的势力和威望显然改观。一个王国不同时从邻国得到钱币，就不可能增加本国的钱财。法国在1664至1667年间征收保护性关税。柯尔贝尔在1677年把英国与荷兰呢绒进口税率提高了一倍，花边和饰带等法国擅长生产的装饰品的进口税率也提高了一倍。重商主义的关税保护政策是有区别的：对于那些国内民族工业发展急需的原料的出口，以及对从国外输入的某些工业品，特别是奢侈品和本国能够生产的工业品，征收高额出口或进口税，以控制民族工业所需原料的出口和鼓励金银的输入；而对于那些本国工业急需的原料的进口，关税率则很低。在古典经济学的视野之下，保护性关税实际上是一种民族利己主义政策，它必然因损害他国利益而招致报复，从而不利于国际市场的发展和国际贸易的扩大，最终必然损害这种政策推行国的利益，这也是它引起各种自由贸易协会的强烈“反弹”的根源所在。

2. 以新兴的棉纺织工业为突破口的发展模式

长期以来，英国后起的、技术设备陈旧且未受政府扶持的棉纺织工业由于受到来自海外产品的有力竞争，使这个部门处境艰难，迫切需要进行设备更新和技术改造，加上这个部门不像毛纺织工业部门那样受到封建行会势力的束缚，而是工业资产阶级和新兴贵族的势力占优势，他们是蓬勃向上的，这就为这个部门脱颖而出，成为第一次长波升波的突破口提供了内在的动力。工业革命发轫于英国，是因为英国首先具备了工业革命所需要的市场经济环境和先决条件，包括国内外市场的扩大、资本的积累、技术的改进、劳动工具的专门化、劳动分工的细化、劳动组织的复杂化、商品经济和自由劳动力市场的形成与发展、政府职能的转变、市场制度的形成和完善等。“英国是工厂生产的发源地，因而也是危机的发源地。这一点决定于英国过去的全部经济发展史，决定于英国在十七世纪和十八世纪的世界经济中所起的作用。”①

表2–4　英国毛纺织工业和棉纺织工业的发展

项目＼年份	1780	1800	1810	1820
毛纺织工业（百万英镑）	17	18	18	19
棉纺织工业（百万英镑）	2	8	20	33
棉花出口净量（百万磅）	5	52	124	146 ~ 152

资料来源：门德尔逊：《经济危机和周期的理论与历史》（第一卷），斯竹等译，三联书店，1990年，第271页。

19世纪上半叶，由于地理上的近邻关系及外溢效应，加之商品市场经济的基础条件，工业革命扩展到欧洲大陆，比利时、法国、德国等国家纷纷走上工业化道路。工业革命是一场技术革命，其突出表征即在商品生产中以机器生产代替手工劳动。工业革命也是一场制度变迁，它促使生产组织形式由分散的手工工场，经过集中的手工工场，再转为集中的、以分工协作及采用机器生产商品为主要特征的工厂制度，为资本主义生产方式迅速占据统治地位提供了先进的技术基础和生产组织模式。另外，工业革命也引发了广泛而深刻的社会变迁，导致了人们的价值观念、生活方式、经济和社会结构的巨变，为欧洲近代经济文化确定了不可逆转的发展方向。

① 门德尔逊：《经济危机和周期的理论与历史》（第一卷），斯竹等译，三联书店，1990年，第269页。

表2–5　英国棉纺织品的产值和出口值

项目＼年份	1780	1800	1815
棉纺织品产值（当年价格）	2.0	8.0	23
棉纺织品出口值（不变价格）	0.4	5.8	22.3
棉纺织品出口值（当年价格）	—	—	20.6
出口总值（不包括再出口值；当年价格）	—	—	51.6

资料来源：门德尔逊：《经济危机和周期的理论与历史》（第一卷），斯竹等译，三联书店，1990年，第278页。

文艺复兴以后，英国国内的商品经济发展较快，手工工场和资本主义方式的租地农场迅速兴起，社会对手工业产品需求激增，商品交换的规模和数量增幅较大。人口增长也推动了市场需求的增长。大约从1750年起(当时欧洲人口约有1.2亿至1.4亿)，人口增长率迅速提高。到1800年，欧洲总人口增至1.8亿至1.9亿，即50年间，人口增长率翻了一番。结果，包括英国在内的欧洲人口增长有力地促进了商品需求的增长。就欧洲内部而言，工业革命发生之前，英国的商业和工业都居优势地位。17世纪，英国的商业落后于荷兰，制造业落后于法国，但是到了18世纪中叶，英国在商业和制造业方面先后超过荷兰和法国，成为欧洲大陆重要的商品供应者，其毛纺织品行销法国、荷兰及欧洲很多地区。英国是较早发生农业革命的国家，其农业生产率的提高加快了谷物等农产品的商品化，英国因此而成为欧洲大陆主要的谷物供应者。

表2-6　1710—1800年英格兰和威尔士各地区平均人口出生率和死亡率

（单位：‰）

	出生率			死亡率		
年份	1701—1750	1751—1780	1781—1800	1701—1750	1751—1780	1781—1800
西北地区	33.6	39.6	39.8	28.0	26.7	27.0
北部地区	32.6	35.1	35.1	28.5	26.8	25.3
西北部和北部地区	33.1	37.3	37.6	28.2	26.7	26.2
伦敦地区	38.0	38.5	37.9	48.8	43.3	35.1
南部地区	32.8	36.6	37.1	30.6	29.0	26.0
伦敦和南部地区	34.5	37.2	37.4	36.4	44.6	29.1
英格兰和威尔士	33.8	37.2	37.5	32.8	30.4	27.7

资料来源：罗斯托：《这一切是怎么开始的——现代经济的起源》，黄其祥、纪坚博译，商务印书馆，2014年，第69页。

新航路开辟后，世界市场形成，海外需求扩大，商品出口激增。1700—1770年间，英国商品的海外市场增长远比英国国内市场快得多。1700—1750年，国内工业产量增长7%，而出口工业产量增长了76%；1750—1770年间，国内工业产量和出口工业产量的增长分别为7%和80%。这种迅速扩展的国内外市场使得英国整个社会的商品生产高速运转起来，与外贸有关的工场手工业获得了长足的发展，“分料到户”制和集中的手工工场成为工场手工业新的组织形式；同时，原有的手工工场已无法满足市场的需要，这就促发技术创新，市场的扩大也改变了人们的价值观念，利润动机则进一步诱发了工业革命。

技术的积累和科学的发展及其应用是工业革命的重要前提之一。就技术而言，工业革命并非一场突发革命，它是渐次发展而来的。16、17世纪后，欧洲的科学取得了重大进展，近代天文学、物理学、经典力学、高等数学等自然科学发展起来，科学领域的新理论被用来指导生产技术的改进，极大地促进了技术进步，加速了工业革命的发生和发展。18世纪以来的一系列重大创新，都是在继承15、16和17世纪以来近代科学发现和技术发明的优秀成果，并加以丰富和发展的基础上取得的。从理论上说，18世纪的一系列创新，是以15世纪兴起的数学，16世纪产生、在17世纪达到高峰的力学、光学和化学等领域的学说为指导的；从方法上说，是采用16世纪以来近代科学崭新的实验和观测方法；从技术经济上说，仅就蒸汽机的发展来看，也离不开以往的成果。早在公元前1世纪，希腊人赫伦就制造了蒸汽旋转球，1690年，法国人巴本设计了活塞式蒸汽机，1698年，英国的塞维利制造了用于矿井作业的无活塞式蒸汽机，被称为“火机”，1705年，纽科门研制成功水泵用蒸汽机等。可见，18世纪以来的一系列重大创新，不是凭空产生的，而是在继承和发展以往的科学、技术和经济成果的基础上取得的。所以，创新具有明显的连续性和累积性,一个长波内创新集群的涌现，都是在对以往成果(包括产品实体和工艺规程)在性能、构成、用途等方面的吸收和改造的基础上取得的。

大量自由劳动力的存在是工业革命的另一个重要前提。在英国，高出生率和低死亡率，大量使用童工以及来自爱尔兰的破产农民增加了劳动力的供给。另外，近代商品经济的冲击、封建庄园经济的解体，农奴的解放，以及大土地所有制及大规模租地农场制的盛行，都在造就一支靠自由流动、出卖廉价劳动为生的劳动力大军，没有这支劳动力大军，工业革命的发生和发展是很难想象的。

18世纪下半叶，英国已经积累了雄厚的工业资本。农业是英国工业资本的重要来源之一。英国的土地所有形式和经营方式较早地发生了变革，自15世纪尤其是16世纪以后，英国农业进步的步伐加快，农业生产率稳步上升，农业剩余明显增加。这些剩余中有很大一部分被投入到后来的工业生产领域，成为工业革命的启动资金。这也说明了农业剩余和农业积累对工业革命的重要作用。在英国，商业利润是工业革命的另一重要资本来源。与欧洲大陆其他国家不同，英国经历了一个长期的、以发展工业为主要内容和特征的重商主义时期。这一政策的推行带来了巨大的商业贸易资本盈余，其中的很大比例也投向了工业。另外，金融制度的创新和金融体系的建立，股票、证券与合股公司等资本市场的兴起，集中和融通了社会上大量的闲散资金，这一切都为工业革命所带来的重大变革提供了充足的资本保障。

棉纺织业成为第一次长波的突破口和主导产业不是偶然的，而是由当时的社会经济条件和轻工业的特点决定的。当时，农业依然占主导地位，经济基础还比较薄弱，大批农业劳动力等待转移，还需要在短时间内积累大量资金，并改善就业条件。轻工业可以以农产品为原材料，它与人们日常生活联系密切，人们生活用品不少要靠轻工业提供。所以，当时轻工业具有充足的原材料和广阔的市场。轻工业主要以农产品为加工对象，使用轻便、木质机械提高生产力水平，人力、畜力、电力、水力都可作为其动力，所以，这些机械便于发明制造，人们凭借丰富的经验、熟练的技巧和简陋的生产条件便可制造出新式的木质机械。轻工业还具有投资少，周转快，收益大，提供就业机会多等特点，正适应了当时经济条件的要求。所以，第一次经济结构转换，即由农业社会过渡到工业社会的过程，也就是实现轻工业化的过程，这已经成为人类历史发展的一般规律，而棉纺织业由于具有极强的带动、影响的相关效益，所以成为第一次长波的突破口。

3. 新的大机器工业体系的确立

棉纺织工具机的创新揭开了确立大机器工业体系的帷幕，同时也为工业生产领域的“危机”埋下了伏笔，这是历史议题不可忽视的两面性。

棉纺织工业机纺锭数（千枚）

年份 国别	英国	法国	德国	美国
1787	1951	—	—	—
1800—1801	—	429	2–3	2
1804—1807	—	572	—	8
1810—1812	5067	1040	275 ~ 300	90 ~ 122
1815—1817	6645	—	350	500
1819—1821	—	—	—	325
1825	—	1800—2000	450	800

资料来源：门德尔逊：《经济危机和周期的理论与历史》（第一卷），斯竹等译，三联书店，1990年，第278页。

1753年，约翰·开伊获得了发明飞梭的专利。飞梭织布，大幅度提高了织布效率，但又造成纺纱落后于织布，纺与织之间严重不平衡，棉纱长期供不应求。1760年机械织布机被广泛使用。在此基础上，1765年哈格利夫斯制造了珍妮机（同时带动数十根纱锭的手摇纺车），1770年获得了发明专利。1769年，阿克莱特制造了水力纺纱机，18世纪80年代初，克隆普顿兼采珍妮机和水力机之长，制成了“缪尔”纺织机即骡机（混合机），解决了纱荒的问题，实现了纺纱与织布之间的均衡。通过工具机创新，机器作业代替了手工作业，突破了人力的界限。骡机的制成，是棉纺织工业工作机重大创新的历史过程中的转折，它为在棉纺织业中以社会化的机器生产代替家庭手工劳动提供了关键性的技术和物质条件。随着棉纺织工业工作机的创新，动力机相对落后，从而出现了动力机不适应工作机的问题，迫切要求动力机的创新。长期以来，因为蒸汽机是以水力和风力等自然力作动力的，这不仅受到地理环境的严重局限，而且消耗大，费用高，力量小，动作缓慢，安全系数低，从而无法以它为动力和实现生产作业的大型化和连续化。

1765年，根据斯米顿的研究资料，瓦特研制成功了有独立的冷凝器的蒸汽机，1769年获得了专利，1784年，又研制成功了复动式蒸汽机。1785年，卡德莱特解决了蒸汽纺织机的问题。蒸汽机的问世，是技术经济史上一个划时代的里程碑，使人类进入了蒸机时代，它不仅克服了原有动力的种种缺陷，使提供的能量倍增，而且可由人进行控制，从而把生产力从自然力的束缚下解放出来。工作机的发明浪潮迅速从纺纱机和织布机扩展到其他纺织部门，进而又引起化工、燃料、染料和运输等部门的连锁式反应。如此广泛的工作机的发明和应用，需要强大、稳定而又方便的动力源和动力机械。由于蒸汽动力技术的推广和应用，进一步引起燃料工业、材料工业、交通运输业和机械制造业等一系列工业部门的技术创新，并产生了一个崭新的工业部门——机械加工业和机械制造业。从1769年英国斯米顿首先制造出第一台镗床开始，到19世纪初，刨床、铣床、磨床、钻床和汽锤等机械加工设备相继问世，这期间仅用了30多年的时间。显然，在英国工业革命后的半个多世纪里，技术创新的密度是人类社会从来没有过的，而技术从发明到在生产中应用的周期也在不断缩短。19世纪20年代，英国建立了机器制造业，出现了蒸汽机、纺织机和蒸汽机车等机器制造厂。到19世纪中叶，英国已经能够成批生产机器，机器制造业成为大工业中的基础性部门。这样，新的工业生产体系可由一种统一的动力源把各种分散的工作机联结成一个整体，使单个机器形成了机器体系，使机器体系的各个部分的数量、大小、速度和功率等确定了固定的比例，使机器不可能再由手工业者的双手来制造，而必须用机器来制造，机器制造摆脱了手工业的羁绊，使机器制造业由手工业逐步变为大机器体系工业，劳动者开始变成了机器的附属物，资本主义大工业最终确立了自己的技术基础。英国使用的蒸汽机总功率在1822年为20万匹马力，1840年为35万匹马力，1850年达到50万匹马力。蒸汽机的发明为工业提供了不受地理和自然条件限制的可持续的动力来源，对于采矿、冶金、纺织和运输业的发展提供了很大的便利。[①]正如马克思所说的：大工业必须掌握它特有的生产资料，即机器本身，必须用机器来生产机器，这样，大工业才建立起与自己相适应的技术基础，才得以自立。

工业革命期间，工业制度和经济组织的变化在缓慢进行，具有决定性意义的工厂组织形式已经出现，但规模和数量都还不大。机器生产取代手工劳动的过程发生在工业革命的中后期。卡特赖特于1785年发明自动织布机之后，直到1804年这种自动织布机相对于手动织布机的技术优势仍相当明显。但它的推广仍旧非常缓慢，1813年全国只有不足2000台自动织布机，到1820年有14000台自动织布机，机器织布的全面推行只是到了1825年危机之后才得到有效的推广。[②]

4.资本主义的国际性扩展

从主导产业来说，以纺织业的创新和崛起为起点，又带动了织布、漂白、印染等行业的创新和飞速发展，并波及毛、麻、丝绸等相关部门。从基础产业来说，蒸汽机的出现，不仅使机器制造由手工业变为大机器工

① 沈汉：《资本主义史》（第二卷），人民出版社，2015年，第168–169页。
② 沈汉：《资本主义史》（第二卷），人民出版社，2015年，第180页。

业，而且将蒸汽动力应用于煤炭工业和炼铁工业，用蒸汽机推动水泵，将水从矿井抽出，煤矿和铁矿可比以前更深地采掘地下矿层；蒸汽机用于推动高炉的鼓风机，高炉可以造得更大，脱硫能量更强，纯净度更高；使煤炭工业和炼铁工业的集中指数提高，成本降低，时间缩短，产量大幅度增长，整个基础产业的蓬勃发展，为国民经济的繁荣提供了必不可少的保证。而国民经济的长期增长，又正是以各产业部门之间、产业部门内部各行业之间的协调发展和良性循环、产业结构的不断高级化为前提的。以这一系列技术、制度的创新为条件，各产业的加工深度得到了提高，延长了产业链，拓宽了产业的覆盖面，使整个经济结构发生了根本性的变革。

表2–8　英国新安装的蒸汽机

	1775—1785年（台数）	1785—1800年（台数）	1775—1785年（功率）	1785—1800年（功率）
总计	66	223	1238	3305
其中棉纺织工业安装的蒸汽机	2	82	9	1373

资料来源：门德尔逊：《经济危机和周期的理论与历史》（第一卷），斯竹等译，三联书店，1990年，第273页。

随着18世纪80年代重大科技创新集群的涌现，以棉纺织工业为代表的轻工业迅速崛起，成为国民经济的主导产业和出口贸易的骨干产业。同时,煤炭工业、冶金工业等的地位也显著上升，产业结构达到高级化和合理化，英国经济进入了长期、稳定、协调发展的时期。机器化生产的逐步普及，促进了成本的不断降低和效益的提高。18世纪80年代，在英国纺织业中，动力织机仅有2400台，而手纺机多达20万台，但到1844—1846年，动力织机增加到22.5万台,手织机则降为6万台。1838年，在纺织业中，蒸汽马力数已为水力马力数的4倍。到1840年，棉纺织工厂工人已超过手织机工人一倍以上。1780—1860年，每匹布的成本平均每年降低2.5%，到1860年，成本仅为1760年的1/8，每匹布的售价，18世纪80年代为80先令，到19世纪50年代降为5先令。

随着以机器作业取代手工作业，生产的社会化出现了新的飞跃，企业内部和社会范围的分工协作都得到了前所未有的发展。工厂制度就是适应机器生产而出现的新的基本经济组织形式。1771年，英国棉纺织工业出现了第一家近代工厂，1790增加到150家。到.19世纪50年代，仅棉纺织工厂就达近2000家。原来不同手工业者的局部劳动，现在成为局部机器的操作。制成一件产品的统一过程，已分解为一系列在空间上并存、在时间上继起的流水线工序，使原来独立的生产者，成为只能从事总劳动一个片段的“局部工人”。同时，脑力劳动者也与直接生产者相分离。不论是生产资料、工艺流程还是产品，都是统一的机器生产体系的有机组成部分。在机器生产条件下，生产已不再以生产者个人的经验、力量和手艺为基础，机器成为主体，生产者沦为机器的附庸，是劳动者的素质技能适应工艺流程，而不是工艺流程适应劳动者的技能。由于劳动者与生产资料相分离，资本家支配着一切生产要素，工人的劳动过程受着资本家的控制和监督，工人失去了自由，为工厂的纪律所束缚，他们与农村的传统联系也因此而断绝，劳动已彻底地从属于资本。整个社会基本关系也由此发生了重大的变动，土地贵族与农民和资产阶级之间的对立，变为资产阶级与工人阶级之间的对立。

随着机器生产体系的确立，英国社会工业化、城镇化的步伐明显加快，大批剩余农业劳动力转移到城镇工业当中，1688—1770年的近100年中，英国的农业收入几乎为工业收入的2倍。但到1821年，农、林、渔业的收入在国民收入中的比重从1770年的40%多降至26.1%，工业(制造业、采矿业和建筑业)则从24%升至31.9%。1821年，工业劳动者占全国劳总数38.4%，农牧渔业则占28.4%。可见，工业无论是收入，还是劳动者人数都超过了农业，工业在国民经济当中的主导地位已经确立。1801年，英国城镇人口仅占人口总数的1/3，其中居住在2万人以上城镇的居民仅占全国人口的1/6，到19世纪中期，城镇人口已占全国人口的50%，居住在2万人以上城镇的居民占了人口总数的1/3，已有10座10万人以上的城市。

英国的国民生产总值年平均增长率，1760—1780年为0.7%，1780—

1801年为1.32%，1801—1831年为1.97%。到1825年，英国制成品的出口额占出口总额的85%，初级产品出口额只占出口总额的15%。1840年，英国国民生产总值的约13%用于出口。在第一次长波时期，工业当中的基本经济组织形式是独资企业和合伙企业，公司企业较少，且往往是无限责任公司。独资企业和合伙企业大多是以家族血缘关系为纽带形成的。伴随着上述经济组织形式，资本主义自由竞争机制也逐步形成。独资企业和合伙企业是与生产社会化相伴随的资本社会化的雏形，它一方面具有资本主义经济组织形式的特征，如实行了初步的集资，生产的目的是为了盈利等，另一方面又带有封建主义的烙印，如还未冲破血缘关系的桎梏。

在第一次长波上升波阶段，资本主义世界经济尚未形成，但不能以此否认资本主义各国经济之间存在着相互联系和制约，也就是不能否认资本主义国际性经济的存在。而资本主义国际经济的中心也就是第一次长波升波的中心便是英国。1820年，英国工业生产总值占了世界工业生产总值的50%，英国50%以上的工业品要在海外市场销售，而大部分原料要靠国外供应。1780年，英国贸易额占世界贸易总额的12%，1820年提高到27%。

法国在取得资产阶级革命胜利后，废除了封建土地所有制和传统的行会制度，法国政府实施了一系列鼓励资本主义经济发展的政策，还不断进行对外扩张和掠夺。美国在独立后，也采取了一系列促进资本主义经济发展的措施，并进行殖民侵略。这样，法国和美国大约在1815年集中出现了一系列重大创新，以此为基础实现了工业化，即由农业社会向工业社会过渡，使经济持续增长，从而加入了第一次长波。法国净资本形成占国内净产值的比重，1788年为3.3%，1839年上升到8%。1815年，法国工业中有15台蒸汽机，功率为300多马力，1825年有300多台蒸汽机5000多马力，1840年有2400多台蒸汽机，约30万马力。1848年，法国通车的铁路为1800公里，另有2900公里正在修建中。1815—1821年，法国工业总产值年平均增长1.4%,1820年起，法国工业产值一直占资本主义世界工业总产值的18%～20%，1840年，法国外贸额占资本主义世界贸易总额的12%。①

① 刘崇仪等：《当代资本主义结构性经济危机》，商务印书馆，1997年，第74页。

美国1818年在工业和运输业中有50台蒸汽机，1810年，美国有269个棉纺厂，24个毛纺厂，153个熔化炉。1816年，美国工业投资额为1亿美元，其中纺织业就占了5200万美元。1815年，美国棉纺工厂中有约10万人。1815年，美国五大基本工业(纺织、制铁、木材加工、制革和酒精)提供了全部工业总产值的近80%。1814年，美国的工业总产值达2.06亿美元，比1809年增加了40%。1820—1840年，美国工业产值占资本主义世界工业总产值的4% ~5%，贸易额占资本主义世界贸易总额的6% ~7%。随着18世纪末开始的交通运输业的变革，到1840年，美国已基本形成了公路网和运河网，铁路也已初具规模，美国净资本(国民投资总额扣除折旧）占国民净产值的比重，1805年为0.2%,1840年上升到7%，说明美国经济的资本密集程度在第一次长波时期有了明显的提高。在1720—1780年的资本主义国际经济中，工业总产值和贸易总额分别增长1.5%和1.1%，1780—1830年上升到2.6%和1.37%。[①]

二

在资本尚未获得整体性建制（“现代世界体系”的建立）的历史时期，“危机”的发生具有双重意涵。一方面，在这一问题的“质料/物质”（Matter）层面上，“征服的资产阶级”（霍布斯鲍姆语）在不断扩大其私欲的势力以求建立斯密和边沁们所期许的最大化“西方”之效用的过程，就是通过建构“繁荣”的经济神话而在政治上不断推进个人主义、世俗主义与启蒙理性主义的“普世”进步理念的传播，并在不断地增长中强化、提高自己的实力，不断巩固“以往几个世纪逐渐取得的侵蚀性和破坏性成就”[②]的一个“特殊”时期。在这一历史进程中发生的“危机”，不仅会实际影响到经济运行的稳定性，更加会“危及”世俗世界对于“资本新天国”的盲目确信；也正因为早期危机的偶然性和不可测度、难于回溯性，

① 刘崇仪等:《当代资本主义结构性经济危机》，商务印书馆，1997年，第75页。

② 霍布斯鲍姆:《革命的年代》，王章辉等译，中信出版社，2014年，第4页。

“危机的幽灵”在“生产”之外徘徊，并最终在工业化的成长中逐渐长成为资本主义世界的“双元革命”（霍布斯鲍姆所指涉的英国工业—经济革命与法国民主—政治革命[①]）之革命后果的“掘墓人”。而另一方面，也就是现实经济—政治之上的“形式/精神”（Form）面，在市场伦理与相应的法律体系尚未建立的情形下，私益且自足的个人主义的“任意”并没有带来斯密所许诺的“均衡”景状，而是恰恰相反，财富的膨胀与“异化”积累，使得一种新的“战争状态”在“市民社会”上演，而“危机”就是这一状况的极端化呈现。对此，卢梭给出了独到的观察：“新生的社会让位于战争状态：被败坏劳动可怜的人类，既无法返回原先的道路，又舍不得放弃已经到手的不义之财，于是，愈拼命干，便愈使自己蒙羞，不但滥用了本该使他获得荣誉的才能，反而把自己推到了毁灭的边缘。”[②]而在这一现实性的层面上，机器大工业制度借助自由—资本主义的力量获得强势发展，“包含在简单商品经济的各种矛盾中的生产过剩危机的可能性，在历史上变成了爆发生产过剩危机的必然性。资本主义工厂的发展程度，以及及其生产在各个部门和各个国家中的比重和作用，决定了早期工业危机的最重要特点。”[③]

1. 产业革命发生前的资本主义早期危机

在从16世纪开始的资本主义在西欧各国萌芽、发展的漫长历史时期中，危机的早期形态其实一直在影响着经济社会发展的进程，当时的危机（在产业革命以前）主要以商业和货币、信用危机为主，还不是完全意义上的普遍生产过剩危机。如果从资本“原始积累”的历史叙事的“必然性”维度思考，这一时期出现的饥荒、疾病和战争问题，由于其对于资本主义的发展造成了阻碍，也可以在“社会学”（Sociology）的意义上，称之为“原始积累的危机”，特别是人口问题对早期资本主义的影响尤其明显，

① 霍布斯鲍姆：《革命的年代》，王章辉等译，中信出版社，2014年，第2页。
② 卢梭：《论人与人之间不平等的起因和基础》，李平沤译，商务印书馆，2007年，第99页。
③ 门德尔逊：《经济危机和周期的理论与历史》（第一卷），斯竹等译，三联书店，1990年，第269页。

这也是后来的资本主义经济学家如马尔萨斯由以立论的现实基础。在这一长时段的著名经济危机包括：1637年郁金香的疯狂投机造成的尼德兰的商业、货币危机；1719—1720年约翰·劳货币骗局引起的法国的货币和投资市场的危机；1720年英国的"南海骗局"投机危机。这些危机也是由资本关系引起的。由于商业和信用领域中的资本主义大量积累在历史上先于工业领域的积累，偶然的危机的矛盾的形式和发展也出现得较早。但这些危机的最重要特点，在于它们是由生产以外的因素引起的。①

郁金香投机泡沫的爆发与当时尼德兰通过发展资本主义所取得的在西方世界的主导地位密切相关。1566—1609年，荷兰爆发了反抗西班牙殖民的独立战争。摆脱殖民统治后，荷兰的经济取得了飞速的发展。当时，荷兰的经济发展主要依靠三大支柱，即东印度公司的组建、阿姆斯特丹银行的成立和强大的商船舰队。凭借这三大支柱，荷兰成为当时西方贸易的霸主、欧洲金融的中心和世界性的"海上马车夫"。在这样的情况下，世界上第一家证券交易所于1609年在阿姆斯特丹成立。到17世纪中叶，阿姆斯特丹已经成长为欧洲的股票交易中心。随着投机而带来的巨大财富，使得当时的阿姆斯特丹成为整个西欧投机者的集聚中心，而对于当时上流社会消费品味的追逐，使得郁金香成为继白兰地之后的投机投资的新标的。但是，投机"游戏"所塑造的高价值"产品"，本身并不能完成对自身价值的证成，事后证明，以郁金香这样一种植物作为投机对象，本身就是一件不可思议的事情。这样的"狂热"虽然是与经济景气密切相关，是经济整体上扬的表现，但毕竟不能长久，特别是在那些以纯金融模式运作的个案之中。在1636年，郁金香价格已经涨到了骇人听闻的程度，并且，关于郁金香球茎的期货市场也开始建立。但是，这样的投资狂热局面却因为一次偶然的"过失"而急转直下。1637年，一位海外水手漫不经心地吞食掉一颗价值数千荷兰盾的名为"永远的奥古斯都"的郁金香球茎却没有得到法官的重罚的情形，使得之外累积的投资狂热迅速转换为恐慌性的抛售狂

① 陈岱孙：《从古典经济学派到马克思——若干主要学说发展论略》，商务印书馆，2014年，第222-223页。

潮。郁金香狂热终结，市场突然崩溃，政府已无力进行调控。案件发生后仅一个星期，郁金香的平均价格已经下跌近90%，这导致富有的商人沦为乞丐，大贵族也无法挽回破产的境地，世界投机狂潮的始作俑者为自己的狂热付出高昂的代价，荷兰的经济也从此开始走向衰落。在这场郁金香狂热之中，没有人不是受害者，尤其是那些在1636—1637年以高价买进郁金香球茎的人因投机泡沫的崩坏而面临灾难，即使那些提前抛售离市的人也遭受了之后经济萧条的冲击。

与郁金香泡沫相比，"密西西比泡沫"有着更强的"个人"色彩和偶然性特征。这一给欧洲投资市场带来巨大负面影响的危机是与约翰·劳的"传奇"性的货币银行理论相联系的。生于苏格兰的一个银行家家庭的约翰·劳于1705年出版了《论货币与贸易：向国家供应货币的建议》，在其中，他提出了他在欧洲大陆游历期间形成的思想：一个国家想要获得繁荣，就必须发行纸币，因为相比传统的金币或银币，用纸币进行交易带来了极大的便利，也同时使得国家的繁荣更容易实现。在书中，他首次提出了"货币需求"概念以刻画经济景气与货币数量之间的关系，以此向读者说明，货币利率过高的原因在于货币供应量过低，因此解决方案就是要增加货币的供应量。进而，约翰·劳声称，扩大货币供应量将有利无害，只要国家的经济生产正常运行，就不会导致通货膨胀危机。他的这种思想（包括建立一家苏格兰"土地银行"的设想）在苏格兰本土并为受到重视，但是却在路易十四离世后的法国找到了"市场"。当时陷入财政困境的法国政府刚好需要一个短期内就可以见效的景气解决方案，因此，在以雄辩说服了当时的摄政王奥尔良公爵之后，1716年，在法国政府的特许之下，约翰·劳在巴黎建立了属于自己的私人银行，亦称"劳氏银行"。这家银行拥有发行货币的特权，其货币可以用来兑换硬币和附税。"劳氏银行"用其发行的纸币来支付国债，并根据特权可以随意购进和兑换，发行后价值也保持不变，这便使"劳氏纸币"被认为比当时经常因政府干预而贬值的金银贵金属货币更能保值。1717年，约翰·劳又取得了在密西西比河流域和路易斯安纳州的贸易特许权，凭借这样的"特权模式"，劳氏的"密西西比公司"开始走上正轨，并开始大肆发行股票。在约翰·劳对于密西西比河流域的黄金蕴藏的宣传鼓动之下，公众被丰厚的利润前景所诱惑，申购新股的人日夜排队。收购国债的款项流入股市，股价的暴涨又刺激了新股的发行，雪球越滚越大，整个法国陷入了财富带来的狂热之中。1718年，奥尔良公爵将劳氏银行变为皇家银行，劳也就趁势将密西西比公司与原来的东印度公司合并，并在其“货币致富论”的背景下向法国人民展现了异常辉煌的前景。这样一来，疯狂的投机，即抢购股票的风潮，就掀动了起来。而随着新的印度公司取得包税权、铸币权，以及烟草专营权，到1720年1月，劳被任命为法国的主计长和监督长，掌管政府财政和皇家银行的货币发行，并控制了法国的海外贸易与殖民地拓展。他的印度公司负责替法国征收赋税，并持有大量的国债。之后不久，印度公司干脆接管了皇家银行的经营权。但是，好景不长，约翰·劳并没有能在他的“顶峰体验”中维持多久。随着流通中货币量的减少，贵金属不断流向英格兰和荷兰，公众开始意识到问题的严重性，纷纷选择将硬币持留在自己的手中。最终，国内的货币量到了极度匮乏的程度，使得贸易也无法维持。到1720年的5月，约翰·劳发现无法支持，他发布了股票贬值令，同时也不得不降低了纸币的面值。约翰·劳和他的印度公司的“繁荣”神话突然破灭，劳本人也一下有国民英雄变成了罪人，他的指令马上导致民众的恐慌，人们为了保住自己的资产，争先恐后地抛售股票。1720年10月，政府剥夺了印度公司的铸币权等一系列的特权，使印度公司重新成为一家没有特权佑护的私人公司，劳也失去了对于法国议会的任何影响力，并被剥夺了豁免权，再也无力回天。最终约翰·劳不得不逃往比利时避祸，当时的他已身无分文。这就是后来被称为“密西西比泡沫”的信用危机。与“郁金香狂热”这样标准的民间炒作相比，密西西比泡沫本身有着明显的官方背景；而与以郁金香这一特殊商品标的的炒作不同，约翰·劳带动的危机发生在股票和债券市场，涉及了更大的领域和更广的人群，从这些情形来看，密西西比泡沫更具备现代特征。

所谓的“南海骗局”与约翰·劳的私人游说所带来的金融局面几乎同时出现，有力地说明了当时的18世纪资本主义市场在规范性和严格性等方面存在严重问题。由于参与了17世纪末的欧洲殖民争霸战争，“光荣革命”

后的英国政府面临巨大的财政压力，在试图通过重新铸造货币以稳定金融市场的计划没能收到预期效果的情况下，英国当时存在的巨大国债困境反而促成了新的金融解决方案的出台，即由私人机构以认购政府债券的方式成为国家的债权人，并通过投资盈利转移国家风险。1711年，奥克斯福特伯爵注册了南海公司，公司以认购政府债券的方式成为当时英国国债最大的债权人，并由此开始了“政府主导的圈钱活动”的序幕。政府永久性地把酒类、烟草、鱼翅等一系列产品的税收交由南海公司控制，南海公司还获得英国政府所授予的专营当时为西班牙殖民地的南美洲地区的勘探和开发（这也是公司名称中“南海”的具体所指）。为了加强融资能力，受到约翰·劳的“密西西比计划”激励的南海公司游说英国议会通过了“南海法案”，并以此大大提高了其在公众层面的影响力。也正是在这种情形下，当南海公司于1720年4月开始其第一次股票募集的时候，本来预计募集的100万英镑的目标很快被超过，最终以250万英镑收尾，而股票市值则在几天内达到300%以上，这在股票仍属特权产品的18世纪，根本是无法想象的。而到了1720年的6月，伦敦的投机热潮不断高涨，各种社会阶层都被卷入到这个“运动”中来。在这一时期，南海公司股票价格的一路狂涨，也必然地带动了其他各股票价格的上扬，投机活动的巨大利得，甚至在资本主义商业社会尚未规范化的当时，造成了滥设公司的热潮，并纷纷开始向大众推销他们的股票。民众此时已失去了理智，他们不在乎这些公司的实际经营状况和发展前景，而只是相信发起人所许诺的利润前景。而那些没能更早买到南海公司股票的民众，又把这一状况当做迅速补仓的信号，将自己仅有的存款纷纷投入这些“泡沫”公司之中。也正是在这一情况下，南海公司为了消除股票市场上泡沫公司的“不正当”竞争，鼓动议会颁布了排斥性的《泡沫公司取缔法》。谁知这一举措并没有带来相信中的垄断与集中，反倒在民众中造成了紧张与恐慌的情绪，导致股市跌落。首先是外国投资者开始抛售南海公司的股票，紧接着国内投资者也纷纷跟进，南海公司的股价一落千丈，精心策划的“繁荣”景象一去不复返。到1720年底，政府对南海公司的资产进行清理，发现其实际资本已所剩无几。南海泡沫事件令股民猝不及防，危机在几星期之内就把银行券和期票的流通破坏殆尽，引起极大的金融灾难，工商业在很长一段时间陷于瘫痪。1721年初，英国议会宣布，为了股东的利益，将南海公司33个理事的财产予以没收。南海泡沫事件与1720年的法国密西西比泡沫及1637年的荷兰郁金香狂热，是西方历史早期爆发的三大的泡沫经济事件。其中南海泡沫事件中的南海股价如泡沫快上快落的情况，更被后人发展出"泡沫经济"一词。南海泡沫事件对英国带来很大震荡，英国人对股份公司留有阴影，而在事件中制定的《泡沫公司取缔法》一直到1825年才予废除，反映国民经过长时间才慢慢对股份公司重拾信心。南海泡沫的破灭，使成千上万的股民破产，支付危机几乎蔓延全国，挤兑和停止支付事件频频发生，英国经济陷入萧条。这场大危机给英国人留下了对新兴股份企业和股票投机的恐惧心理。南海泡沫破灭了，神圣的政府信用也随之崩溃，这对当时的经济、社会、政治都带来了严重的负面影响，沉重地打击了刚刚建立起来的股份制度和近代金融业。"南海泡沫"导致英国社会资源的配置出现了严重的扭曲，使得资本集中于投机活动，造成人为虚拟经济的病态扩张，而实体经济发展滞后，由于投机活动的高获利预期，诱使资金盲目流动，真正的生产性投资反而减少。直到泡沫破灭，人们才重新开始谨慎地投资活动，资本逐渐流向工业领域，促进了实体经济的发展。

2. 产业革命发生后早期危机的新特点

随着机器工业的发展，危机发生的领域逐渐从货币、信用层面转向了生产领域，这也是资本主义的经济发展的必然指向。生产领域中的危机——它是产业革命的过程中的一种新的现象。不同于上述的单纯的商业危机和独立的货币、信用危机，它表现为工业商品生产的过剩。英国1788年的危机在历史上第一次清楚地暴露了这个新现象。1788年的危机只袭击了当时处于英国工厂工业前列地位的棉纺织工业，但在1788年到1825年的近四十年中，随着工厂工业的发展和它在英国经济所占比重的增长，危机发生作用的范围和触及国家经济的程度逐步扩大。在1793年，英国棉纺织工业受危机损害最重的部门，但危机的影响已经波及毛纺织工业等部门并带来了尖锐的货币、信用危机。而在19世纪初期的几次危机中，危机的影响几乎波及英国所有主要的工业部门；货币、信用危机也非常严重。同时，这几次的英国危机已带有一定的国际性；它们给其他一些国家的工商业带来了轻重不一的危机震撼。[①]这一阶段的危机同1825年之后的周期性危机之间既有区别又有联系。“十八世纪末和十九世纪初的各次危机，同十九世纪第二个二十五年内发生的各次危机有着重大区别。但这种区别仅是资本主义的同一现象、同一运动规律处于两个不同历史阶段的区别。”[②]

对此，恩格斯指出：“在工业发展的初期，这种停滞现象只限于个别的工业部门或个别的市场。但是，由于竞争的集中作用，在一个工业部门中失去了工作的工人就投入另一些最容易学会工作的部门中去，而在一个市场上卖不出去的商品就转运到其他市场去；结果，个别的小危机一天天地汇合起来，逐渐形成一连串的定期重演的危机。”[③]1788年英国发生的危机就正是在这样一种情境下产生的，也极具特色地表明了工业革命在给经济注入活力的同时，也造成了“生产过剩”的隐忧。在1783—1787年间，由于技术创新的推动，棉纺织工业的劳动生产率得到极大的提高，并且在英国异常迅速的扩张，成百上千的大小棉纺织企业在各地涌现。但是也正因此，棉纺织业的巨大膨胀使得棉纺织品的生产过快发展，很快它们所生产出来的产品就大大超过了消费者所能消费的数量，从而造成了市场上商品的恶性积压；为回收资金，商家开始抛售商品，导致物价急剧下跌。“危机使生产大大缩减。1788年，棉花进口额下降12%。棉纱价格开始跌落，到1790年降低了20%以上。1789年棉纺织品出口额也略有减少。1788年破产事件几乎增加了50%。”[④]由此可见，以1788年危机的偶然性甚至“自然性”为分析前提，“这些危机同以后的危机还有重大区别，甚至它们的共同点，在当时也是以那种和大机器工业的初期相适应的不成熟的形态表现出来的。这些危机带有地方性和局部性，它们只震撼最大的工商

① 陈岱孙：《从古典经济学派到马克思——若干主要学说发展论略》，商务印书馆，2014年，第223-224页。

② 门德尔逊：《经济危机和周期的理论与历史》（第一卷），斯竹等译，三联书店，1990年，第268页。

③ 恩格斯：《马克思恩格斯全集》（第二卷），人民出版社，1957年，第367页。

④ 门德尔逊：《经济危机和周期的理论与历史》（第一卷），斯竹等译，三联书店，1990年，第310页。

业中心，只袭击个别的、起初为数极少的生产部门。”①

在1788年危机发生之后，英国政府为应对企业破产、工人失业等问题，从1789年到1792年大量发放了开凿运河和改善内河航道的许可证，以短时间内促动内河航运事业发展的方式转移了危机问题，大量吸纳工人，并不同程度的扩大了相关市场。这样，工业在进一步应用机器、增凿运河和迅速扩大对外贸易的基础上得到了发展。但是，这种情况没有能够有效持续，由于纺织工业的投资和生产能力的增长又一次超过了其他部门的吸纳能力，新的经济危机来临了。1792年末，物价开始下降，破产的情形日趋严重。再加上英国对法国的宣战，英国对法国及欧洲其他国家的出口严重萎缩，使得危机雪上加霜、衰败局势愈演愈烈。

表2–9 英国1793年的危机

项目 \ 年份	1787	1788	1792	1793	1793年下降率
棉花进口净量（百万英镑）	22.2	19.6	33.5	17.8	47
棉纺织品出口值（百万英镑）	1.1	1.3	2.0	1.7	15
约克郡西区毛织品产量（百万码）	8.8	8.4	12.1	10.8	11
苏格兰亚麻织品产量（百万码）	19.4	20.5	21.1	20.7	2
不列颠商品出口值（百万英镑）	—	12.7	18.3	13.9	24
破产件数	509	707	636	1302	+105
经济活动指数（1821—1825年=100）	—	—	61.9	46.9	24.3

资料来源：门德尔逊：《经济危机和周期的理论与历史》（第一卷），斯竹等译，三联书店，1990年，第313页。

① 门德尔逊：《经济危机和周期的理论与历史》（第一卷），斯竹等译，三联书店，1990年，第361页。

在这次的危机当中，毛纺织行业与棉纺织行业一样也受到了严重的影响，同时也存在相当严重的货币危机，而战争则加剧了金融崩溃的规模，对社会造成了严重的负面影响，恶化了社会生产环境。“400家地方银行停止支付的就超过100家。破产的企业，1792年10月有32家，11月有105家，1793年3月也有105家，4月有188家，5月有209家，等等。破产的企业有负债达100万英镑以上的最大企业。”①不过，总体而言，1793年的危机持续时间较短。由于破产减少了供给，价格的急剧下降刺激了需求，两者的结合使得棉纺织工业的非均衡性竞争得以缓解。战争虽然使英国对欧洲大陆出口锐减，但大量的军事订货又推动了工业的复苏，扩大了国内需求。价格下跌增加了外国对英国纺织品的需求，对美洲的出口弥补了其对欧洲出口的缺失。与此同时，失业者或被招募进入军队，或到美洲谋求发展，使工资止跌回稳，这一切都使纺织品市场得以恢复。到1794年，英国的工商业状况开始明显好转。

不过，好景不长，之前的两次经济危机所带来的负面影响还未完全消除，新的危机（在战争的背景下）又开始酝酿。从1794年到1795年，英国的农业严重歉收，大地主、资本主义农场主和投机者趁机哄抬物价，这使得“群众的急剧贫困化过程和战争后果所造成的矛盾”②显著爆发。在广大人民群众生活水平极端低下的情况下，物价的急剧上升限制了他们对于工业品的需求。战争也实质上限制和阻碍了运河等基础建设事业的进展。“在这些条件下，工业高涨好景不长。1797年已经出现了生产下降和贸易萎缩现象以及严重的货币危机。货币危机的表现是：英国有价证券的行市一落千丈，大量黄金流出国外，贴现率提高了，大批企业破产，英格兰银行停止兑现（1797年2月26日），存户涌到银行提取存款，居民争购黄金储藏起来。”③这样，黄金的危机又进一步加剧了棉纺织业的萧条。此后的

① 门德尔逊：《经济危机和周期的理论与历史》（第一卷），斯竹等译，三联书店，1990年，第312页。
② 门德尔逊：《经济危机和周期的理论与历史》（第一卷），斯竹等译，三联书店，1990年，第317页。
③ 门德尔逊：《经济危机和周期的理论与历史》（第一卷），斯竹等译，三联书店，1990年，第317页。

经济也都在战争的阴影下，无法得到真正的恢复。

表2–10 英国1797年的危机

项目	1796年	1797年	下降率
棉纺织品出口值（百万英镑）	3.2	2.6	19
棉花进口净量（百万磅）	31.4	22.7	28
约克郡西区毛织品产量（百万码）	13.0	12.3	5.4
苏格兰亚麻织品产量（百万码）	23.1	19.5	16
破产件数	760	869	+14
经济活动指数（1821—1825年=100）	57.5	51.5	10.4

资料来源：门德尔逊：《经济危机和周期的理论与历史》（第一卷），斯竹等译，三联书店，1990年，第318页。

1800年，拿破仑发动“雾月政变”夺取政权后很快击溃了第二次反法同盟的进攻。在这一时期，英国迫于国际上的外交压力，同意与法国议和，并于1801年签订了《亚眠条约》，反法战争告一段落。新的国际环境（短暂的和平之后战争又起，但英国取得了拿破仑战争最后十年中的制海权）使得在19世纪的第一个十年中，英国的工业获得了迅速发展，但也使得工业生产过剩的现象不断出现，造成了经济长波上升波中的不断波动。1810年的危机开始于商业和信用领域，信用膨胀也对投机活动和生产过剩起到变本加厉的推动作用。拿破仑对于英国的经济封锁也更进一步地使得危机恶化。当这次危机因南美市场的恢复而于4年后助力复苏后，英国迎来了重要的转机。随着拿破仑帝国的覆灭，欧洲的市场又重新向英国开放，而在建立全球性殖民帝国的道路上，英国再也没有任何的对手，使得未来的大英帝国只需要通过“自由贸易”就可以获得长效发展，而不再需要以战争为前提来考量经济的运作。

尽管如此，战后过度的投机浪潮所明示的市场的非理性与盲目性因素作用的发挥，使得英国很快在1815年就又陷入危机状态，并在1816年达到顶峰。“这次危机具有一些重大特点。生产过剩第一次波及英国重工业的主要部门——冶金业和煤炭工业，而且来势猛烈。工业危机刚好遇上农业状况的极端恶化。整个来说，这次危机比以往各次危机都深刻和严重。从战争转向和平时因英国商品销售和竞争条件而产生的特殊矛盾，在这次危机中清楚地表现出来。欧洲大陆已被持续25年的战争弄得民穷财尽，不能销纳源源涌入的大批英国制品和殖民地商品。美国的情况也是如此。”①

1819年的危机爆发于1815年开始的危机衰退仍未复原的时期，工业领域的危机与货币危机同时出现，“首先反应了英国资本主义在拿破仑战争时代结束后扩大市场的斗争遇到巨大困难。资本充斥，从而大量输出，是同工业发展速度略为放慢有关的。国际收支逆差，在相当大的程度上是由于出口仍然大大低于1815年的水平。”②

表2–11　英国1819年的危机

项目	1815年	1818年	1819年	1819年与1818年相比的下降率（%）
棉纺织品（百万英镑）	21	19	15	21
毛纺织品（百万英镑）	10.2	9	6.9	23
棉花进口净量（百万磅）	89	161	128	21
羊毛进口量（百万磅）	15.5	24.7	9.8	60
进口总值（百万英镑）	33	36.9	30.8	17
用黄金表示的批发价格指数（1813年=100）	154.2	186.8	158.4	15

① 门德尔逊：《经济危机和周期的理论与历史》（第一卷），斯竹等译，三联书店，1990年，第331–332页。

② 门德尔逊：《经济危机和周期的理论与历史》（第一卷），斯竹等译，三联书店，1990年，第343页。

续表

项目	1815年	1818年	1819年	1819年与1818年相比的下降率（%）
破产件数	1759	1012	1582	+56
经济活动指数（1821—1825年=100）	72.9	91.1	79.8	12

资料来源：门德尔逊：《经济危机和周期的理论与历史》（第一卷），斯竹等译，三联书店，1990年，第342页。

对于这次危机带来的经济窘境，西斯蒙第在《政治经济学新原理》一书中给予了详尽的描述："1818年8月，人们抱怨在好望角所有仓库都堆满了欧洲货物，虽然标价远比欧洲为低，货物却依然销售不出去。……今天英国的产品在印度比在英国本身还要便宜。布宜诺斯艾利斯、哥伦比亚、墨西哥、智利的英国货物也同样充斥市场。在美国，没有一个城市、没有一个小村镇不堆积大量准备抛售的货物，货物储存量远远超过居民的购买力。"①这样，虽然这一时期的经济危机主要发生在英国，但也对欧洲大陆各国的经济带来了相当大的影响。"其所以如此，至少是因为生产过剩首先表现为英国商品充斥国外市场。各国经济受到这次危机影响的大小，同遭到英国竞争打击的工商业部门所占的比重呈正比例。英国工业企图把危机的灾难转嫁给其他国家。它猛烈削价，极力扩大国外市场，破坏竞争对手的还未成长壮大起来的工业。"②这一点在法国所受的危机影响上深刻地体现了出来，而且，英国的恶性竞争是同长期战争和军事失败的严重后果结合在一起的。1819年的危机在法国首先表现在对外贸易的缩减和物价的下跌上。毛织品、亚麻制品和丝织品的输出以及羊毛的输入大大减少，工业也面临困境。从1817年开始，法国的各主要工业部门就一直处于危机和萧条状态。1819年，棉纺织业遭遇了真正的困难，"生产过剩危机的影响，

① 西斯蒙第：《政治经济学新原理》，何钦译，商务印书馆，1997年，第219–220页。

② 门德尔逊：《经济危机和周期的理论与历史》（第一卷），斯竹等译，三联书店，1990年，第336–337页。

同粗呢、亚麻布等等的手工生产的衰落（这些手工产品经不住机器工业产品的竞争）交织在一起了。”①

表2–12　法国1819年的危机

项目	1818年	1819年	1819年与1818年相比的下降率（%）
毛纺织品（百万法郎）	45	41	9
亚麻纺织品（百万法郎）	53	43	19
丝纺织品（百万法郎）	148	112	24
棉花进口量（千吨）	17	17	0
羊毛进口量（千吨）	9.8	3.4	65
生丝价格（法郎/公斤）	78	57.2	27
铁产量（千吨）	80	74.2	7

资料来源：门德尔逊：《经济危机和周期的理论与历史》（第一卷），斯竹等译，三联书店，1990年，第351页。

综上所述，可以看出，在工业革命开始之后到1825年大危机之前的这一时期内，“危机的重演相当频繁，但它们的更替毫无规律性，而且还不可能有任何规律性。危机的爆发时间和演变形式往往取决于非经济性的因素，取决于战争、战争的影响以及诸如此类的因素。其所以如此，不仅是因为这个时代是充满战争的时代，而且是因为资本主义大工业不发达。”②而在另一方面，西方自由主义世界的经济危机，又表现为各个国家经济力量和政治力量的博弈，甚至是国与国之间的较量和竞争。这一切，在危机之前只是暗流涌动，在经济危机的情境之下它们就浮出水面，激荡冲突。这也使得宣称普世性的自由主义思想，在重新诠释这一阶段的经济大发展中，面临了不断“创新”的理论困难，并由此开启了新的问题语境。

① 门德尔逊：《经济危机和周期的理论与历史》（第一卷），斯竹等译，三联书店，1990年，第352页。

② 门德尔逊：《经济危机和周期的理论与历史》（第一卷），斯竹等译，三联书店，1990年，第362页。

三

1825年的大危机，开启了西方资本主义周期性危机的序幕，也使得众多的自由主义经济学家面临着为资本主义之“可完善性”（Perfectibility）进行持久辩护的重大历史使命。“随着机器工业的成长，地方性的、局部性的生产过剩危机，逐步转变为波及所有主要生产部门、严重震撼整个经济的普遍生产过剩危机。1825年第一次周期性普遍生产过剩危机的爆发，完成了这种从量变转变为质变的过渡。”[①]也正是以此为转折，造成了第一轮长波降波的出现，这次长波的降波一直延续到1945年。[②]而这次危机也就对思想领域的辩护工作提出了新的要求。西方资产阶级经济学家以其本质上的“特异”于世界文明多样性的斗争性“阶级意识”（Klassen Bewusstsein）而“特立”于（特别是19世纪中期以降的）世界性的“普遍历史”之中。[③]封闭的权力“体系”，是阶级意识的自我完成、自我建构，也是系统性的意识形态运作的背后的“生产”的逻辑，它取消了作为“个体”的人的单独行动，又以“权利”之名织造幻想之网，在其中所有的理

① 门德尔逊：《经济危机与周期的理论与历史》（第一卷），斯竹等译，三联书店，1990年，第364页。

② “在从拿破仑战争结束到这次危机爆发的十年内，大机器生产有了进一步的发展。在英国，随着资本主义的迅速成长，作为危机和周期的基础的资本主义的矛盾和规律性也日益发展起来。二十年代英国的经济生活，没有受到以往各次危机时期曾起过那么重要作用的战争和战争影响的干扰。1825年的危机是最早的一次生产普遍过剩和周期性表现得比较明显的危机。”门德尔逊：《经济危机与周期的理论与历史》（第一卷），斯竹等译，三联书店，1990年，第364–365页。

③ “从‘纯’资本主义社会的这种经济结构（它自然是作为趋势，然而却是作为一种决定一切理论的决定性趋势而产生的）里产生出以下情况：社会结构的不同方面能够而且必然相互独立，并能够而且必然意识到这样一些方面。18世纪末和19世纪初理论科学的巨大发展，英国的古典经济学和德国的古典哲学，标志着这些局部体系有独立的意识，标志着资产阶级社会的结构和发展的这些方面有独立的意识。经济、法律和国家在这里都表现为是一些自我封闭的体系，这些体系由于有自己完全的权力，以自己固有的规律而统治着整个社会。”卢卡奇：《历史与阶级意识》，杜章智等译，商务印书馆，1992年，第324页。

论表述都将陷于“主观”和“单向”。[①]阶级意识与危机理论的双重构建关系，也正是从这个层面来理解的。

这一点，如果从“阶级意识”的面对危机而生成的“生产关系”出发，在探讨经济危机理论的向“经济周期”理论的“自然”化与意识形态化之“演化”的过程中，就会清晰地发现，哈耶克所继承的以萨伊、李嘉图、西斯蒙第、巴斯夏、约翰·穆勒的代表性古典自由主义经济危机理论，本身已经构成了足够论证力度的“规范性”传统（这一点在后面将另辟专章进行讨论），因此探讨19世纪这一“自由主义的时代”的社会历史条件下的“分裂的新来源、对抗的新模式”，[②]并试图揭示资产阶级理论家如何如《共产党宣言》中所讽刺的：“像一个魔法师一样不能再支配自己用法术呼唤出来的魔鬼了。”[③]

当资本主义开始步入“真正”的循环之后，西方世界的自由主义“转型”也同时宣告完成。有限政府、自由贸易、言论空间、资本法权等观念的全面“君临”，也使得“开明自营”的个人主义经济哲学推动着科学与技术取得了长足的进步，资本的逻辑也进一步借助技术的宰制而逐步成为“宇宙的主宰”（Master of the Universe）。在第二次长波的升波阶段，资本主义自由竞争原则在思想观念、经济生活和政治、法律等各个领域都彻底摧毁了中世纪以来的封建传统而得以最终确立。资产阶级笃信以私有财产的神圣不可侵犯为基础，按照等价交换原则，通过市场供求关系的自发调节，可以使经济实现自然均衡，大量的廉价商品成了摧毁一切传统壁垒的

① “工业——只要它是制定了目标的——从根本的意义上，在辩证的和历史的意义上，仅仅是社会的自然规律的客体，而不是其主体。马克思曾反复强调要把资本家（如果我们谈论过去或者现在的“工业”，我们就只能是指资本家）看做只是一个特殊的戴假面具的人。……因此，工业，即资本家作为经济、技术进步的化身不是主动的，而是被动的，它的‘主动性’仅仅在于正确地观察和估计社会的自然规律的客观作用，这一点对马克思主义来说是不言而喻的（恩格斯在别的地方也是这样理解的）。”卢卡奇:《历史与阶级意识》，杜章智等译，商务印书馆，1992年，第213-214页。

② 卡尔·博格斯:《知识分子与现代性的危机》，李俊、蔡海榕译，江苏人民出版社，2006年，第200页。

③ 马克思、恩格斯:《共产党宣言》，人民出版社，1997年，第33页。

最有力的武器。资本主义国家又采取各种方式，主要从社会再生产过程外部保证了自由竞争得以顺利进行。资本主义自由竞争在第二次长波的升波阶段达到了其鼎盛时期。在第二次长波的升波阶段，英国由于其经济实力依然占有压倒优势的地位而号称“世界工厂”，成为资本主义世界经济的引擎和中心，也就是第二次长波升波的中心。

第一次长波期间开始形成的产业结构刚性虽然在一定时期内遏阻、拖延了结构转换的进程，但不可能从根本上改变这一进程。由第一次结构性危机和失衡引起的第一次长波降波（1825年之后）的出现，给资本主义经济以严重打击，迫使资本主义国家通过新的大规模的群体创新推动产业结构的逐步转换，进一步增强产业的相关度，实现产业的升级，以便克服重要的传统产业部门内资本的过剩和毁坏，摆脱资本主义经济发展的长期困境，使产业利润水平逐步得以恢复。在第二次长波当中，充当支柱产业的便是铁路运输业、炼铁业、机器制造业、煤炭工业等部门。19世纪40年代，随着国家的统一和对外扩展，以及政府对经济的扶持，德国和其他欧洲国家的经济实现了起飞。在19世纪60年代，日本经济也进入了高速增长时期。在第二次长波期间，资本主义世界经济体系已经形成。

1. 技术发展与进步

19世纪中期，第一次工业革命在英国等欧洲国家逐步完成；到19世纪70年代，第二次科技革命以更快的速度、更大的规模和更强的驱力在欧洲大陆铺展开来。伴随着由英国等确立了资本主义制度的国家所引领的新的科技与工业革命的发展，西方世界的社会经济领域发生了深刻的变化，垄断出现并逐渐操纵了资本主义国家的政治和经济生活，社会矛盾进一步激化，贫富差距拉大，阶级问题（包括中下阶层的教育问题）日益成为无法忽视的问题，在这一时期，社会主义运动也达到了发展的高潮。

19世纪上半叶，在英国的影响之下，身处欧洲大陆的法国、比利时和德国等国先后展开了以实现棉纺织业的机械化、工业动力的蒸汽化、交通运输的铁路化等为主要内容的工业变革。到19世纪60、70年代，英国和比利时的工业革命取得重大进展，法国和德国的工业化也进入高潮。由此，在新的科技革命浪潮到来之前，欧洲的主要资本主义（尽管并非都是完全的代议制民主国家）都不同程度地建立了近代意义上的工业体系，资本主义经济发展水平和社会财富总量均有极大程度的提高，这也为工业体系的深入发展奠定了坚实的物质基础。

表2–13　英国这一时期的铁路钢铁及机器出口量

（单位：千吨）

年份	铁路钢铁	机器
1845—1849	1291	4.9
1850—1854	2846	8.6
1856—1860	2333	17.7
1861—1865	2067	22.7
1866—1870	3809	24.9
1870—1875	4040	44.1

资料来源：霍布斯鲍姆：《资本的时代1848—1875》，中信出版社，2014年，第46页。

而在这一“物质”的基础之上，则是以英国为代表的资产者国度的根本性的制度转型，并且，因为这样的“转型”在“效果”（“经济的”与“效益的”而非传统意义上“政治的”）上的成功，又进一步地推动了“质料”（Matter）领域的进步。在这一时期，人们普遍将1846年的废除“谷物法”视作其标志性的“开端”。1840年代，时任英国首相罗伯特·皮尔（Robert Peel）认为当时的英国经济正由于工业革命的成功而大规模扩张，这样的制度安排虽然可以保证农业的发展水平，但却与当时的发展前景并不匹配，甚至会因为对低收入者征收粮食税而对劳动阶层造成额外的负担。由此，废除《谷物法》这样一种适应“时代”需要的政策调整就正成为资产阶级政府的体制转型的先声。1846年后，英国国会采取自由贸易政策，并同时开始推动英国经济的去农业中心化，在这个意义上，废除《谷物法》开了历史的先河，此后，在英国国会的推动之下，1849年国会又废除了《航海法》。《航海法》原本是重商主义的产物，规定运往英国及其殖民地的货物，只能由英国船只或原产地国船只运输。该法案还规定，大英帝国的殖民地必须经由英国港口进行贸易。1860年，格莱斯顿预算案以及科布登与舍瓦利耶缔结的英法协定，为日后的一系列商业协定铺平了道路，这些条约给予欧洲各国最惠国待遇，取消了400多项产品的关税，有效地废除了原有的商品保护。这一时期，“经济的高涨、由发展和繁荣而带来的普遍的幸福感，似乎说服各国人民应该放下戒心，舍控制求自由，丢开偏狭心态迎接四海为一的观念，撇下传统做法接受变革，抛开排外带来的安全性而迎接尽管危险但获利潜力高的开放世界。”①在这个全新的国际经济体系中，英国无可争议地处于优势地位，和后来称霸世界的美国一样，英国的繁荣兴盛也受到放诸四海而皆准的原则（“普世价值”）的保障。这些原则包括和平、自由贸易、低税收、言论自由带来的政治稳定性以及个人对其私有财产的自由支配。维多利亚时期，这些原则在各个层面上都能与英国迅速扩张的殖民帝国政治上的宰制相适应，并成就了国际政治经济的单极性。

表2-14　19世纪主要资本主义国家蒸汽机数量

（单位：万匹马力）

年份 国别	1850	1870
英国	40	90
美国	40	180
德意志	4	90
法国	6.7	90

资料来源：霍布斯鲍姆：《资本的时代1848—1875》，中信出版社，2014年，第48页。

19世纪中叶以后，欧洲具备了开展新的科技革命的有利条件，这个有利条件之一就是自然科学的重大突破和进步。在物理方面，最重要的突破是1842年德国科学家迈尔提出的能量守恒与转化定律，该定律后经英国物理学家焦耳的实验得以验证，经典热力学就此形成。这一发现的重大意义在于，它为机械传动系统的建立奠定了理论基础。其次是电磁理论的提出。早在1831年，英国科学家法拉第就发现了电磁感应现象，为发电机和

① 彼得·杰伊：《财富的历程》，杨建民译，国际文化出版公司，2005年，第219页。

电动机提供了科学原理，使电力工业得以建立。1865年，英国物理学家麦克斯韦为电磁理论确立了数学推导公式，电磁学得以建立，成为电气技术的先导。在化学领域，1808年英国科学家道尔顿提出的原子论，1869年俄国化学家门捷列夫发现的化学元素周期律为化学工业，尤其是有机化学工业的发展奠定了理论基础。科学领域的巨大突破是19世纪末欧洲技术革命的重要前提，技术领域的许多发明都是在科学理论的指导下完成的，与第一次工业革命相比，形成了明显的不同之处。它标志着人类社会进入了经济发展越来越多的依赖于科学进步的新时期。

表2-15　部分国家的成人识字率（百分比）

国别＼年份	1850	1900
瑞典	90	（99）
美国（白人）	85 ~ 90	94
苏格兰	80	（97）
普鲁士	80	88
英格兰和威尔士	67 ~ 70	96
法国	55 ~ 60	83
奥地利（不包括匈牙利）	55 ~ 60	77
比利时	55 ~ 60	81
意大利	20 ~ 25	52
西班牙	25	44
俄国	5 ~ 10	28

资料来源：卡梅伦、尼尔：《世界经济简史》（第四版），潘宁等译，上海译文出版社，2012年，第260页。

与第一次工业革命相对照，第二次工业革命最重要的技术成果是电力的应用和电气技术的推广。从19世纪60、70年代到20世纪初，欧洲主要资本主义国家基本上实现了向电气时代的转变。1866年，德国工程师西门子研制出第一台自激式发电机。1879年，美国科学家爱迪生发明了电灯，并在纽约建立了美国第一座火力发电站。1880年爱迪生制造出了大型直流发电机。19世纪70、80年代，欧洲各国纷纷建立发电站和输电线系统。1882年，法国工程师马·德普勒建成第一条远距离直流输电实验线路，到19世纪90年代，远距离输电技术日臻成熟。19世纪70年代末，交流电输电技术被提到日程上来，1888年，英国建成第一大型交流点输电系统。电力的应用引发了一场动力革命，出现了电车、电焊、电镀、电解和电冶等新的交通工具和新的生产技术，在生产和交通领域发挥了不可替代的作用，并且带动了以发电、输电、配电为主要内容的电力工业和发电机、电动机、电线电缆等电气设备制造工业的迅猛发展。化学与材料工业也取得很大进步。化学工业在19世纪后期得以建立。19世纪60、70年代，用氨生产纯碱和氧化氮为催化剂制造硫酸的无机化学工业诞生。19世纪末，主要用于制作肥料的硝酸盐、碱、过磷酸钙的产量已经达到千百万吨。有机化学工业则以煤焦油的综合利用为主。1856年，威廉·亨利·帕金发现了“苯胺紫”燃料，从此开始了人造燃料的生产。1884年，法国人圣·夏尔东用硝化纤维素造出人造丝，英国人克罗斯和贝温等化学家找到生产黏胶纤维的方法，人造纤维工业诞生了。1867年，瑞典发明家诺贝尔发明了雷管和甘油炸药，并开办了规模巨大的炸药厂。作为工业材料的钢铁特别是钢的冶炼技术进步也比较快。1856年，英国人贝塞麦发明了“吹气精炼”炼钢法，60年代贝氏转炉得到推广。1864年，法国的马丁和德国的查尔斯·威尔汉姆·西门子先后发明了平炉炼钢法。1875年，英国工程师托马斯发明了从含磷矿石中提炼优质钢的碱性转炉。新的冶炼技术的采用使钢的质量提高，产量迅速增长。钢产量从52万吨增至2830万吨。欧洲社会进入所谓“钢铁时代”。钢材和人造纤维等新材料的出现对欧洲和世界经济意义十分重大，从此以后，人造材料成为人类不可或缺的生产和生活材料。

随着速度更快、成本更低的轮船的发明应用，这一时期的海路运输发生了革命性的变化。到19世30年代，轮船就比帆船安全且快速得多了。不过，在当时也仅限于价值较高或较为紧急的航行，比如信件的运送等。而在19世纪50年代和60年代涌现的四个新发明则进一步降低了海洋运输中蒸汽引擎的成本，这些发明分别：螺旋推进器、铁质外壳、复合式发动机以及表面冷凝器。在这样的技术“组合”中，螺旋推进器能更有效地将水力转化为动力；铁质外壳的轮船要比以前的船轻30%左右，且在相同的蒸汽动力下载货多15%；复合式发动机能更有效地将煤炭转化为机械能；表面冷凝器能保存水分。另一些技术方面的进步则极大地减少了引擎每马力时的耗煤量。这一类的技术进步不仅直接降低了燃煤成本，而且是轮船行驶中可以多载货少装煤，从而进一步提高了利得。此外，蒸汽船的速度也明显提高了。在1838年，穿越大西洋航行的“大西部号”轮船的速度为每小时10英里，到1907年，毛里塔尼亚号（Mauretania）的航行时速已经达到了每小时29英里。1869年苏伊士运河的完工也极大地缩短了许多主要航线的距离。苏伊士运河使得从伦敦到孟买的航行距离缩短了41%，从伦敦到上海的航行距离缩短了32%，这使得欧洲与世界各地之间的联系前所未有的紧密起来。19世纪60、70年代，欧洲的出口增长率远高于欧洲经济的增长率，从而使各经济体更加开放，彼此间的竞争也更趋激烈。

19世纪中期的技术进步尤其是1844年电报的问世，以及1851年英法海底电缆的成功铺设，信息传播的速度提高了近100倍。在1866年，跨大西洋的电报服务兴起，到1870年英国和印度的电报系统已经能够部分通过陆地、部分通过海底电缆的联合有效运作。1874年，全世界已有65万英里以上的电线和3万英里长的海底电缆，总共有约两万个城镇与乡村通过线路而彼此联系在一起。1876年，亚历山大·贝尔取得发明电话的专利，从而语音通信也可以通过电线来进行，这一发明通过爱迪生的改进而获得更为广泛的利用。1895年，马可尼通过应用麦克斯韦与赫兹发展出的电磁波理论，发明了用无线电波传输信息的无线电报。1901年，无线信号横越大西洋的传输获得成功。在这个时期，“电报对19世纪社会产生了巨大的冲击，可能和铁路的冲击一样大。它具有极大的军事与政治价值，如同它在协调国际金融和商品市场时所具有的强大影响。”①

在铁路运输方面，第一条提供载人服务的、联结利物浦和曼彻斯特两

① 彼得·杰伊：《财富的历程》，杨建民译，国际文化出版公司，2005年，第218页。

地的铁路启用于1830年；到1840年，英国运行的铁路总里程为1500英里，美国大约是它的两倍，但包括当时的俄罗斯在内的欧洲大陆的铁路总长度却还不足1000英里。到1870年，这些数字相应增长为1.34万英里、5.26万英里以及4.4万英里；到1914年时，则各自为2.03万英里、2.55万英里和25.2万英里。铁路运输的速度优势带来了显著的效益，与此同时，铁路大大拓展了海外贸易的触角，突破了原有的长距离贸易的范围限制。铁路将许多的孤立的市场整合为一体，并且，只要其中一些市场已经与海路运输相联系，全世界的铁路沿线的所有市场也就合而为一，从而形成更加接近于单一的全球市场结构。到了19世纪80年代，德国工业家和美国工业家都享受到了新型运输体系的好处，他们能以前所未有的规模与速度，横跨大陆运输原材料和产品，并传送信息。这是取得规模经济效益的先决条件。欧洲大陆的铁路运输网使德国企业家比英国同行更容易接触欧洲各地的商品市场。

科技革命带来的后果是迅速提高了生产效率，促进了社会生产力的大发展，进而推动了国民经济的高速增长。19世纪最后30年至20世纪初，欧洲的工业和交通运输业发展最快，特别是以电力和化学工业、通信、汽车和铁路运输为标志的重工业尤为突出。这期间。欧洲经济发展速度是包括第一次工业革命在内的以往任何历史时期的无法比拟的。19世纪中后期，西欧社会经济的高速增长是在科学取得重大进步的前提下实现的，自此以后，科学技术不仅成为国民经济增长的强大动力，而且与人民生活密切相关，出现了所谓的“人类科学化与科学社会化”的局面。19世纪下半叶以来，科学技术在社会经济中发挥的作用越来越大，其地位一直处于直线上升状态。19世纪的新工业革命迎来了人类历史上的工业科技划时代，即现代工业的发展完全依赖于科学技术的进步和发达的时代。

表2–16　德国工业的产出和劳动生产率的增长率（1870—1913年）

工业部门	工业产出的增长率（%）	劳动生产率的增长率（%）
采石业	3.7	1.2
金属生产	5.7	6.3
冶铁	5.9	Na
炼钢	2.4	Na
金属加工	5.3	2.2
化工	6.2	2.3
纺织	2.7	2.1
制衣与皮革制品	2.5	1.6
食品与饮料	2.7	0.9
煤气、水、电	9.7	3.6
所有工业和手工业的平均值	3.7	1.6

资料来源：卡梅伦、尼尔：《世界经济简史》（第四版），潘宁等译，上海译文出版社，2012年，第260页。

2.资本主义“企业”的成就

举世瞩目的技术进步从根本上促成了新型机械化工厂的建立。正如马克斯·韦伯所体现的，自由主义学者的典型特征就是将人类在17、18世纪之后取得的物质领域的进步，都归结于“现代企业制度”的出现和资本主义企业家的革新性选择的结果。对此，米塞斯（Mises）论证：“这种文明的基础是资本主义制度，由此而必然带来的政治结果是代议政治以及思想自由和人际交流自由。尽管不断遭到愚蠢而怀有恶意的大众以及前资本主义思维和行为方式的阻挠，自由企业制还是从根本上改变了人的命运。”[①]在论证上，米塞斯剥离了韦伯的“新教伦理”的神学色彩，而完全站在一个查尔斯·泰勒所谓的“世俗时代”（Secular Age）的视角上，提出了对亚当·斯密所推崇的“自然自由”制度的无限拥护（以及由此对政府行为能

① 米塞斯：《经济科学的最终基础》，朱泱译，商务印书馆，2015年，第136页。

力的无限贬低)。“美好旧时光的停滞状态之所以转变为资本主义的生机盎然状态，并不是由于自然科学和技术发生了变革，而是由于采取了自由企业原则。那场肇始于文艺复兴，持续至启蒙运动，而在19世纪的自由主义思潮中达到顶点的伟大思想运动，既产生了资本主义，即自由市场经济，又产生了其政治后果(用马克思的话说，是其政治上的‘上层建筑’)，亦即代议政治和个人的公民权利。”①

历史地看，在工业革命早期，工业生产通常是由众多的熟练工匠来完成的，而这些熟练工匠是通过个人的学徒经历来获得各项技能的。在工业革命期间，纺织业不仅在技术进步方面具有革命性的意义，在劳动力的组织方面也具有突破性的进展。特别是在纺织业中，只有少量的负责监督的工人是熟练工，而大量的工人都是不熟练的、未经培训的短工。这种成本更低的工作方式是直到19世纪晚期环锭纺纱机的进一步发展才使这一组织形式成为可能。纺织业之所以能降低对纺织工技术、受教育程度和监管的要求，主要得益于环锭纺纱技术的推广。在“制式”的思考之下，环锭纺纱工人只需要执行固定的工作步骤，在一套工序过程中，纺纱工以相同的路线和巡视方式来开展他们的工作；而对工人们进行管理，则只需要工头定期计算工人的环锭各有多少停止运行，以及对各纺织工的机器停运比率进行计算。由此可以看出，尽管工业革命后技术变得越来越复杂，但通过人为地设计，很多生产过程的任务都被简单化、标准化了。各种各样的新技术推动着整个资本主义世界走向工业化，与此同时，组织领域的变革与转型也在加速各种技术的扩散。

在这一时期内，资本主义私有制的形式发生了新的变化，之前在所有制形式中居主导地位的以家族血缘关系为纽带形成的独资企业和合伙企业由于其筹资范围狭小、筹资金额有限、风险过于集中、受企业主专业知识和管理技能的限制等原因，已经愈来愈难以适应生产规模迅速扩大、生产社会化、商品化水平提高、分工进一步发展的客观要求，从而开始出现了由独资企业和合伙企业向公司企业过渡。如美国在18世纪90年代，建立

① 米塞斯:《经济科学的最终基础》，朱泱译，商务印书馆，2015年，第137页。

一个工厂需5～3万美元，而到1860年，则往往要50～100万美元，这显然是单个家族一般难以胜任的。美国新英格兰各州注册的公司，1831—1843年为803家，1844—1862年增加到1853家。法国在1847年一年内注册的股份公司有253家。在第二次长波时期居统治地位的公司企业是无限责任公司，也有少量有限公司或两合公司，其基本特点是在一定范围内发行股票，以股票形式筹措资金，并使风险相对分散化，实行所有权与经营权在一定程度上的分离等。在这次长波升波期间，由于一方面，由独资企业和合伙企业向公司企业过渡仅仅处于发端阶段，公司企业无论在社会生产还是流通领域占的地位都较弱小；另一方面，从公司企业的具体形式来说，这一时期的主要形式无限责任公司还带有浓厚的旧的组织形式的色彩，表现为还未突破家族血缘和友缘关系的限制，不在社会上公开发行股票，股东人数少，股权集中，不需公开账目，股东对公司债务负无限连带责任等。在第二次长波时期，公司企业开始兴起，虽然标志着马克思和恩格斯称为“资本主义私有制的扬弃”的过程的发端，但这种“扬弃”还是低程度、小范围的。从私人企业来说，适应生产规模扩大和生产进一步社会化的客观要求，克服单个资本的局限性,采取新的经济组织形式，加速资本积聚和集中，提高资本的社会化水平，尤其是促使资本投向对国民经济新的长期增长起决定性作用的那些新兴的战略性产业部门，为这类部门的研究、试验和开发提供了必要的条件。另外，从国家的角度，除了以法律和政策手段引导和保证战略性产业部门的发展，减低这些部门的风险外，还通过投资、贷款和补贴等经济手段，扶持这些部门的发展。由于私人企业和国家两者的努力，逐步打破了第一次长波期间的产业僵局，实现了资产存量的重新调整和资产增量向新产业部门的扩张，使新的支柱产业得以确立，实现了各部门之间生产要素的协调，从而摆脱了上一轮的严重的危机和失衡，使得资本主义经济活动了多方面的新进展。

正是基于这一视角，米塞斯在晚期名著《经济科学的最终基础》一书中，将工业革命以来人类取得的诸种进步，都归功于资产阶级“企业”的发展，可以作为“定言”：“在我们的时代，自然科学的实验性方法所享有的盛誉以及实验室的研究工作所得到的充裕资金支持，都是资本主义制度下不断积累的随附现象。将马车、帆船和风车的世界，一步一步地转变为飞机和电子学世界的，是曼彻斯特主义的自由放任原则。大量的储蓄不断寻求最为有利可图的投资机会，提供了将物理学家和化学家去的的成就用于改善工商业活动所需的资金。……不是科学，而是资本主义的社会和政治制度，带来了我们这个时代所特有的所有那些技术上的成就。只有在资本大量积累的环境中，像阿基米德和达·芬奇那样的天才人物的业余消遣，才会发展成为组织良好的、系统化的对知识的追求。”①

3. 产业的扩张与垄断的出现

随着资本主义工商业的发展，资本扩张采取了新的形式。以“自由主义”的践行之名，拒斥“平等”而独尊“禀赋”的资本主义在边沁—穆勒的功利主义与“生存者适”的社会达尔文主义的佑护下，开始了“新”的联合（并非被巴斯夏所排斥的社会主义意义上的“联合”）——垄断出现了。

表2–17　主要工业国在世界工业生产中所占比重

国别/年份	英国	法国	联邦德国	苏联	美国	日本	其他
1870	32	10	13	4	23	—	18
1881—85	27	9	14	3	29	—	18
1896—1900	20	7	17	5	30	1	20

资料来源：沈汉：《资本主义史》（第二卷），人民出版社，2015年，第158页。

在科技革命的展开进程中，欧洲的产业机构也发生了相应变化。总的趋势是，农业在国民经济中的比重迅速下降，工业比重明显上升，服务业不同程度地得到提高。工业内部结构变化的特点：重工业发展快于轻工业，生产资料生产的增长快于消费品生产的增长。在欧洲，以德国为中心的第二次技术革命（1870—1914）主要是优化了本国第二产业的内部结构：产业趋向重型化（生产资料生产部门开始占优势）、企业规模大型化（大公司）、新兴工业高速发展（电力和电器、有机化工、汽车等部门），

① 米塞斯：《经济科学的最终基础》，朱泱译，商务印书馆，2015年，第142–143页。

导致了第二产业的升级换代及其产值在三大产业部门中占有更大比例。产业结构的变化明显体现在人口结构的变动1900年左右，在西北欧甚至整个中欧，农业劳动力中的比重都在下降。在英格兰，农业劳动力仅占劳动力总人数的9%，比利时为20%，德国为35%，法国为42%。英国的产业工人人数从1881年的570万增加到1911年的860万（制造业620万、矿业120万、建筑业120万），另外，还有150万运输业从业者。德国工业生产中的劳动者人数从590万增加到860万。法国在1850至1910年间，工业公司雇工人数从120万增至450万。这样，欧洲主要资本主义国家在19世纪末20世纪初先后完成了第二次工业化进程，进入了以大工业为主要特征的历史时期。

在这个意义上，垄断是技术进步和生产力发展在生产关系领域的必然产物。19世纪后半期，新兴工业部门，如电力、化学、石油和汽车工业，以及经过技术改造的传统工业部门，比如钢铁工业，均需大量资金和生产资料，更多更高水平技术，这就对企业的规模和实力提出了要求，只有少数资金雄厚的大企业才能胜任，或者有少数大企业联合起来控制生产和销售，这样，经营企业和工业公司的平均规模普遍扩大了。大企业出现后，一方面为企业联合控制市场创造了条件，另一方面也加剧了竞争，竞争的结果是垄断的形成。大企业间很容易通过联合而控制市场。由于大工业企业巨大生产力，市场显得十分有限，企业争夺市场的斗争愈来愈激流，竞争的结果是利润率的逐渐降低，因此，竞争压力推动着垄断的产生。在市场竞争中，受弱肉强食规律支配，那些实力雄厚的大企业往往占据优势，通过吞并小企业而减少竞争者，进而垄断了市场。19世纪70年代早期，资本主义开始表现出新的形式，在企业、金融、交通和营销的重要领域，经济体系被成百上千家巨型公司控制。这种“集中”到20世纪早期又获得进一步发展。

垄断在欧洲大约出现于19世纪60、70年代以后，首先从流通领域开始，逐渐扩展到生产领域，从一个部门扩展到几个部门，最后发展为一种普遍的经济现象。垄断的主要形式有卡特尔、辛迪加、托拉斯和康采恩等。卡特尔是生产同类产品的企业通过签订关于产品价格、销售市场及生产规模的协定而成立的垄断组织。卡特尔在德国发展较为普遍。由于农村中容克地主保留大量封建残余，国内市场狭小，加之关税壁垒政策影响了德国在海外市场扩张，解决销售市场问题十分迫切，所以在产品销售上进行垄断联合的卡特尔在德国盛行。辛迪加是某一生产部门中的少数大企业以签订统一销售商品和采购原料协定而形成的垄断组织。辛迪加在德国、法国和俄国较为盛行。托拉斯是由若干生产同类商品的大企业或产品有密切联系的大企业合并而组成的垄断组织，这种形式的垄断组织在美国最普遍。康采恩是以实力雄厚的大企业或大银行为核心联合不同经济部门的企业、银行而组成的企业集团。在德国，有代表性的康采恩是克虏伯康采恩、西门子康采恩，企业规模之大和垄断程度之高实属空前。垄断特别是资金垄断和金融寡头形成后，成为影响欧洲国内政治、经济、文化等各个方面的支配性力量，通过参与和左右政治走向为维护自身利益。而随着垄断组织与政治的联系日益扩大和加强，资本主义输出的增加和垄断组织的国际化，欧洲大国瓜分国际市场的竞争日趋尖锐，“帝国主义”在这一次长波升波中发展起来。

英国的工业企业在早期一直规模较小，企业的管理模式偏向于个人或家庭管理经营。英国的大企业的形成主要有两种途径，一类是通过大宗投资建立；另一类是通过家庭和私人企业的合并建立。在英国，公司寻求在全国范围内获得市场控制力，是通过公司间的联合实现的，通过改进生产技术，优先生产当时需要的产品的策略，以及各企业达成关于产品的价格、产量、质量的协议，实现同业间的合并，以实现更大的控制力。这些企业在协议中除了规定价格的行业水平外，还规定了产品生产的市场份额、利润分配的原则等。[①]在英国，帝国烟草公司一开始就按照所谓的“联邦制”的原则来组建，它的中央管理机构为执行委员会。而在所有的工业部门中，钢铁行业中辛迪加和其他类型的垄断组织建立的最多。[②]1883年英国建立了国际铁路辛迪加，英国该行业的十八家公司除了三家之外都加入了这个联合体。加入这家联合体的还有德国和比利时的铁路公司。[③]英国的

① 沈汉：《资本主义史》（第二卷），人民出版社，2015年，第190–191页。
② 沈汉：《资本主义史》（第二卷），人民出版社，2015年，第192页。
③ 沈汉：《资本主义史》（第二卷），人民出版社，2015年，第193页。

水泥业中，大水泥厂都集中在泰晤士河和梅德韦河畔，它们离伦敦的市场很近，它们的产量占英国的水泥产量总量的80%以上。1900年，此地的27家企业联合其他的三家企业组织了企业联合组织，这个企业联合的名义资产有800万英镑。[①]1891年春，碱业联合公司建立，有49个企业加入，资本为850万英镑。该公司囊括了全英国的制碱业业务，是欧洲最大的卡特尔。在漂白粉的销售方面，取得了相当大的成绩。[②]

表2–18　英国主要生产部门在国民收入中比例的变化（1801—1901年）

年份	农业、林业和渔业		工业、矿业和建筑业		商业和交通业	
	收入（镑）	国民收入占比（%）	收入（镑）	国民收入占比（%）	收入（镑）	国民收入占比（%）
1801	75500000	32.5	54300000	23.4	40500000	17.4
1811	10750000	35.7	62500000	20.8	50100000	16.6
1821	76000000	26.1	93000000	31.9	46400000	15.9
1831	79500000	23.4	117100000	34.4	59000000	17.3
1841	99900000	22.1	155500000	34.4	83300000	18.4
1851	106500000	20.3	179500000	34.3	97800000	18.7
1861	118800000	17.8	243600000	36.5	130700000	19.6
1871	130400000	14.2	348900000	38.1	201600000	22.0
1881	109100000	10.4	395900000	37.6	241900000	23.0
1891	110900000	8.6	495200000	38.4	289600000	22.5
1901	104600000	6.4	660700000	40.2	383000000	23.3

资料来源：沈汉：《资本主义史》（第二卷），人民出版社，2015年，第183页。

在这一时期，国际垄断组织的出现也是非常典型的经济现象，其中电力工业的生产国际化非常突出。在这个部门建立了几个极大的协定性的国际组织。其中包括德国电器总公司、美国通用电气公司和法国—英国的汤

① 克拉潘：《现代英国经济史》（下卷），姚曾廙译，商务印书馆，1977年，第289页。
② 克拉潘：《现代英国经济史》（下卷），姚曾廙译，商务印书馆，1977年，第265页。

姆生—霍思东公司的联合组织，国际电镀辛迪加、白炽灯销售联合会。[①] 这一时期还建立了几百个国际托拉斯，其中最著名的有新泽西美孚石油公司，到20世纪初它拥有60多个公司的股份，而且和许多企业和公司有密切关系。美国钢铁公司是世界上最大的控股公司。其他著名的托拉斯还包括：巴门的面粉贸易股份公司、国际钻孔公司、诺贝尔信托公司、比利时—法国冶金托拉斯等。[②] 而关于垄断资本主义在国民经济中的占比问题，根据《1910年普尔氏铁路手册》所统计的数据，1910年的美国，托拉斯的股票和债券总值为330亿美元。当时托拉斯在国民经济中已占很大比重。在纺织工业中占50%，在玻璃制造业中占54%，在棉布印染业占60%，在除钢铁业外的金属工业占77%，化学工业中占81%，在钢铁行业则达到了84%。[③]

四

在《现代世界体系》的第四卷之中，沃勒斯坦清晰地勾勒了1825年前后的西方世界的意识形态状况："中庸的自由主义派试图既限制保守派的力量，他们被等同于教会势力；又限制激进派的力量……中庸的自由主义派能够利用新的科学的历史学来在公众头脑中灌输一种对过去的认识，这种认识能够将一个民族团结在一起，是民族认同成为国家主义的基础，由此使国家处于稳定状态。"[④] 以"秩序"的稳定性为前提，自由主义在工业革命的背景下获得了"中庸"的胜利。而从内在结构上来说，沃勒斯坦《现代世界体系》的论证结构向我们清楚地提示了外在物质性力量对于内在的

① 布哈林：《世界经济和帝国主义》，蒯兆德译，中国社会科学出版社，1983年，第34–35页。

② 布哈林：《世界经济和帝国主义》，蒯兆德译，中国社会科学出版社，1983年，第35–36页。

③ 布哈林：《世界经济和帝国主义》，蒯兆德译，中国社会科学出版社，1983年，第36–37页。

④ 沃勒斯坦：《现代世界体系》（第四卷），郭方、刘新成、张文刚译，社会科学文献出版社，2013年，第291页。

“资本主义—人”的影响，但这种外在的影响则最终仍需落实为自由主义意识形态的“当下化”。因此，也就如沃氏所说的，我们应“努力揭示中庸的自由主义是如何‘驯服’其他两种意识形态的，并使它们事实上持有某种类型的自由主义中间路线的。”①而这一典型性的思想状况在“经济学”领域的“践行”就在于：“使政策制定变得专业化，并阻止党派偏见直接发挥作用——简而言之，让经济学家接受中庸的自由主义派的主张。”②而在这一时期不断发生、发展的“危机”形势，则成为这种中庸立场的理论特质的一个重要注脚。

表2-19 英国物价水平变化的状况

种类	1825年上半年与 1824年7月至11月相比较	1826年上半年与 1825年上半年相比较
棉花	+109	–59
生丝	+21	–36
胡椒	+41	–40
糖	+38	–24
咖啡	+32	–39
脂油	+36	–27
铁	+76	–27
锌	+103	–38

资料来源：门德尔逊：《经济危机和周期的理论与历史》（第一卷），斯竹等译，三联书店，1990年，第379页。

自1825年起，伴随着资本主义诞生以来最严重的一次危机，发生了广泛的结构性危机和失衡。在从拿破仑战争结束到这次危机爆发的十年间，大机器生产有了进一步的发展。在英国，随着资本主义的迅速成长，作为

① 沃勒斯坦：《现代世界体系》（第四卷），郭方、刘新成、张文刚译，社会科学文献出版社，2013年，第343页。

② 沃勒斯坦：《现代世界体系》（第四卷），郭方、刘新成、张文刚译，社会科学文献出版社，2013年，第297页。

危机和周期的基础的资本主义的矛盾和规律性也日益发展起来。1825年危机前资本主义工商业繁荣的基础，是机器的进一步排挤手工业劳动以及由此引起的工业建设。国内货币资本充斥，资本和商品向中南美各国的输出剧增。这两种情况使经济呈现繁荣，最后转变为投机热潮。这一投机热潮明显地扩大了生产过剩的基础，也使得危机的破坏力显著增强。在这一新的历史情况下，机器制造业在英国工业史上第一次受到了危机的影响。这次危机打断了纺织工业的建设热潮，从而也深刻地打击了机器制造业。

这次大危机从1825年延续到1826年，“波及了英国所有的主要工业部门”。[①]在危机中，英国棉花的进口下降了23%，棉花生产缩减15%,棉布出口减少23%，毛织品出口下降19%，进口贸易量降低13%。美国1826年棉纱纱锭至少有1/3被闲置，棉花消费量降低到1820年的水平。出口额减少22%，进口额减少12%。法国出口额由5.44亿法郎减少到4.61亿法郎，其中纺织品出口额由2.47亿法郎降至1.93亿法郎。产业结构面临新的转换，即铁路、炼铁业、煤炭工业、机器制造业等部门要求有一个迅猛的发展，要求确立其作为独立的产业部门的地位，延长产业链，拓宽产业覆盖面，达到产业进一步高级化，以便实现经济的长期、稳定发展。而资本主义生产关系和经济机制却造成了结构的刚性，即一方面，铁路、炼铁业、煤炭业、机器制造业等新兴产业需要扩大投资，以加速大发展，实现结构的转换；另一方面，在既有的经济结构下，纺织工业等部门的资本出于对短期相对稳定的利润的追逐，一般又不愿将资本转移到铁路运输业等部门中。因为投资于新部门风险大，预期利润不明朗，耗资大，研究、试验和开发周期长。在纺织工业部门发展的初期，该部门通过创新，提高资本积累水平，使生产规模不断扩大，生产效率持续提高，生产成本降低，从而能获得大量的超额利润。而与此相伴随的便是资本有机构成的不断提高，即不变资本比可变资本增加得更快，不变资本在总资本中的比重趋于上升。相关行业相继模仿创新，使利润率趋于平均化，超额利润减少乃至消失，利

① 门德尔逊：《经济危机和周期的理论与历史》（第一卷），斯竹等译，三联书店，1990年，第379页。

润率趋于下降。但在相当长一段时间内，纺织工业部门的资本并不愿转入其他部门，而是通过加强对本部门工人的剥削，降低本部门不变资本的价值，压缩生产规模等途径将利润率维持在一定水平。旧的产业惯性造成资本结构性的过剩和闲置。纺织工业等部门的资本积累长期过剩，而铁路运输业等部门又长期资本积累不足，即资本积累的结构性滞存和短缺同时并存，结构转换受阻，资本主义史上首次结构性危机的发生便是这种矛盾长期积累的爆发。这次以纺织工业部门的危机为中心的危机，使这些部门的资本大量贬值和破坏，并给整个经济以沉重打击，且持续了约20年之久，给国民经济造成了极大的打击。

英国的固定资本投资年平均增长率1806—1815年为5.7%，1816—1825年为3.8%，1826—1835年降至1.5%。英国工业产值年均增长率，1827—1847年为3.2%，比1848—1875年低1.35个百分点。1825—1847年，英国长期平均利率为3.99%，比1852—1870年低0.25个百分点。英国棉制品出口额在出口总额中所占的份额，1824—1826年为47. 8%，1844—1846年下降为44.2%，1851年进一步下降到39. 6%。在1822—1842年期间，英国经济萧条的时间长达12年，而繁荣的时间只有9年。法国固定资本投资指数，以1908—1912年为100，在1825年就降到了28，但在1826—1835年期间持续下降，1831年曾跌到21.1的最低点，直至1836年才回升到29。法国工业总产值平均增长率，1815—1821年为2.4%，而1822—1848午下降到0.7%。①

1825年大危机还有一个重要的内容，即国际债务危机。国际债务危机的发源地是拉丁美洲国家。当时，拉丁美洲国家因为刚刚获得独立，面临繁重的振兴经济的任务，而要振兴经济，一个关键性的矛盾便是国内资本匮乏，这就迫切需要引进外资。而发达资本主义国家在19世纪20年代中期由于经济步入低潮，产生了大量的过剩资本需要寻找出路，利率也趋于下跌，这也增加了对拉丁美洲国家的吸引力。所以，拉丁美洲国家在19世纪20年代中期集中从发达国家接受了大量贷款。据不完全统计，金额达数

① 刘崇仪等：《当代资本主义结构性经济危机》，商务印书馆，1997年，第77页。

亿美元之巨。但由于拉丁美洲国家旧的经济结构僵化，所借外债投放方向不合理和借债规模庞大；而后随着发达国家经济逐步回升，其资金转为供不应求，利率趋升；还债期限到来，而拉丁美洲国家所借外债的相当大一个部分未能实现预期效益，创造新的生产能力；加上国际市场上竞争趋于激烈，拉丁美洲国家的贸易条件更趋恶化，使拉丁美洲国家无力按期清偿外债，陷入了举新债还旧债的困境，资本主义史上第一次国际债务危机就此爆发了。这次债务危机持续了十余年，不仅给拉丁美洲国家经济造成沉重的负担，而且通过财政机制的传导，使发达国家的债权银行以至整个银行业受到打击。

而在此之后的1857、1858年的经济危机则是资本主义历史上首次不在英国开始而在美国开始的危机。1847—1857年，是资本主义在欧洲和美国有了重大发展而资本主义的矛盾也迅速加剧的时期。危机的巨大规模、危机的世界性、危机的严重程度，反映了这些矛盾十分深刻。危机也暴露和加强了这样一种矛盾，即在一些国家里，资本主义要求发展，而这些国家中的前资本主义的关系，如美国的奴隶制度和奴隶主在国家机关中的权力都阻挠着资本主义的发展。危机激化了这一矛盾，这在美国表现得特别明显。在工业的北方和蓄奴的南方之间的斗争中，关税政策问题占着关键性的地位决不是偶然的。危机使工业家们更加致力于大大提高关税来保护国内市场以防英国的竞争，但这种努力遭到奴隶主们的坚决反对。直到1861年3月，林肯就任总统和内战爆发之后，工业家们才得以达到目的，毅然采用保护关税政策。后来保护关税政策就一直随着垄断组织的成长及其在美国经济中的势力的扩大而不断加强。从这一意义上说，1857年的世界经济危机是促使美国发生南北战争的一个重要因素。

在1857年的世界经济危机之后，自1860年开始的世界周期性高涨中的一个特点是由于美国南北战争所造成的棉荒。1860年，欧洲所需要的棉花约有85%是美国供应的。在美国内战期间，输入欧洲的美棉数量剧减，以致欧洲棉纺织工业大部分陷于瘫痪。但尽管如此，由于棉荒年代促进发展了毛纺织工业和亚麻纺织工业的繁荣，所以总的说来，仍然是资本主义工业的周期性高涨时期。在棉纺织工业严重衰退的条件下，出现高涨，主要是由于在这一段时期内各发达资本主义国家都大大发展了重工业。由于铁路建设的大规模展开，由此而引起的冶金、煤炭、机器制造业、造船业等一系列工业部门的扩展，各国的固定资本都得到了大规模的扩大。高涨时期固定资本的大规模扩大，带来创业兴隆，投机猖獗和物价上涨的后果。这样也就为危机的爆发打下了“物质基础”。1865年5月美国南北战争的军事行动一结束，便立刻影响了靠军事订货膨胀起来的工业而爆发危机。1866年5月以伦敦一家大银行的破产为信号，接着英国许多投机性的大金融公司纷纷倒闭；1867年，法国也发生了危机。这次危机在信贷金融领域表现得特别突出，所以，马克思也认为危机“主要带有金融的性质”，但历史资料证明，各主要资本主义国家生产领域内的生产过剩情况，还是相当严重的，它仍然是一场被恩格斯称为的“最出色的生产过剩危机”。当然，无论是1857年的危机，或是1866年的危机，都是不很深刻和持久的危机。这是因为当时各国的国内市场还都正在扩大，它帮助了这些危机的迅速克服。

1873年5月，在奥地利爆发的世界经济危机是19世纪中所发生的资本主义生产过剩危机中最严重也是最持久的一次。而与这资本主义有史以来最严重的一次周期性危机相伴随，资本主义世界经济发生了构性危机和失衡。与这种经济行情的变动相伴随，无论是资本主义所有制形式，还是经济运行机制，都发生了重大的变化，资本主义所有制形式和经济运行机制从社会环境方面适应和促进了经济发展的要求。但是，在经过了近30年以后，资本主义既有的经济结构又逐渐出现了与生产力的进步不相适应的状况。这是由于，在资本主义机器大工业得以确立，并开始了由轻工业化向重工业化、由以劳动密集型产业为主向以资本密集型产业为主过渡的进程后，生产力的进步要求完成这一进程，实现产业结构新的高级化。而完成这一进程的基本标志便是整个国民经济技术装备的显著增强和加工深度的提高，推动着附加价值的增大和积累能力的加强。而这就要进一步延长产业链，拓宽产业的覆盖面，实现产业的进一步升级。除了要拥有先进的、强有力的劳动工具外，还必须拥有充足、廉价的运力，发达、便利的交通和通信。显然，作为以往两次长波中坚产业的炼铁业、煤炭工业、铁路运输业、纺织工业等都难以完全胜任这种使命，需要有新的产业部门兴盛起来，也就是需要大量生产要素投入新的部门。作为这一波经济增长支柱产业的铁路运输业、炼铁业、机器制造业、煤炭工业等部门在经过一定时期集中创新和投资热潮后，技术、工艺走向成熟，资本有机构成达到了较高水平，创新扩散到许多相关行业，生产批量日益接近乃至超过了需求，超额利润不断减少乃至消失，利润率趋于平均化，并走向下降。但支柱产业部门的资本通过强化对劳动者的掠夺，使生产资料贬值和开工不足等途径，在一定时期、一定限度内拖延、减弱了利润率下降的速度和幅度。资本主义生产关系造成的已有的结构刚性又一次阻碍着结构的转换。一方面，由于在原有产业内还可获得相对稳定的利润，加上科研周期、工艺流程、固定资产、资金来源、原材料供应、产品销售渠道等方面的限制，使资本往往滞留于原有的产业部门内，而对流向新的产业部门裹足不前；另一方面，技术进步又要求确立新的支柱产业的地位，实现结构转换和升级，这两方面出现了明显的错位。已有的支柱产业内部资本积累过剩，新兴产业内部资本积累短缺，结构转换的步伐再次滞后于技术进步的客观要求，这种结构矛盾的深化又一次需要通过强制的手段——结构性危机和失衡来解决。通过结构性危机和失衡，使传统的重要产业部门的资本受到贬值和毁灭，并冲击到整个国民经济。

在1876年经济低潮时，美国工业生产比潜在能力低40%，有300万人失业，失业人口占劳动力的23%，占工业劳动力的3/4。在1873年以后的4年中美国全年铁路线增长率连年下降，生铁产量由260万吨降至190万吨，铁价在1873—1875年间下跌了27%。机车下降70%以上，采煤量下降9%，进口连续4年减少达36%，出口下降10%。德国生铁产量连续下降3年，危机前最高产量为224万吨，1876年降至185万吨，约40%的炼铁炉熄火。1873年的危机在英国来得稍迟，英国的棉纺业从1875年起开始了为期3年的停滞和萧条，拖到1878年才爆发危机。企业破产数字年年增加，苏格兰的格拉斯哥市银行因负债过重而倒闭，随后是西英格兰和威尔士银行。[①]这

① 杜冈－巴拉诺夫斯基：《周期性的工业危机》，张凡译，商务印书馆，1982年，第155–156页。

次的结构性危机和失衡的一个重要内容同样是国际债务危机。由于在这一次长波期间，资本主义世界经济体系已经形成，所以债务危机传输的范围要比上一次广泛得多；危机波及拉丁美洲、非洲、亚洲和大洋洲许多国家和地区，借债规模已达数十亿美元。其中有独立的国家，也有未独立或未完全独立的殖民地和保护国等，其中以拉丁美洲的情况最为典型。无论是已独立的国家，还是未独立或未完全独立的地区，都面临资金严重不足的矛盾，迫切需要注入大量资金启动经济，以适应资本主义世界经济体系扩大的需要，驱使这些国家和地区不断引进外资。尤其是在1873年危机发生后，由于发达资本主义国家经济萧条，过剩资本增加，加上利率下跌，更刺激了引进外资的直线上升，迎来了资本主义史上第二个借债高潮。但在这次危机中后期，随着发达国家经济的恢复，资金供应趋紧，还债期限到来，加上外债运用的低效益，旧的、畸形的经济结构呈刚性延续，不发达国家和地区在国际贸易中的地位下降，使国际资金循环状况恶化，国际债务危机爆发，国际支付和储备体系处于极度混乱状态。

美国是1882年危机的策源地。1882年美国大众卷入了证券投机和谷物、棉花、食品市场的多重投机热潮，投机的失败导致了连锁性的商业破产。铁路股票指数从1877年6月的51上升到1880年底的146，到1881年1月达到危机前的最高点，随后加快下跌。工业股票从1882年7月开始下跌，随后，危机侵袭到全国一切工业部门。由于铁路建设和工业生产的大减退，股票持有者疯狂低价抛售股票，1884年4月爆发了金融恐慌，约有12家纽约银行以及一系列大型铁路公司宣布破产，一年之内有11000家商业机构宣布破产。在英国，1882年的危机对工业产生全面影响，其中尤以造船和黑色冶金业受害最为惨重，造船业在三年的时间中，产量减少了三分之二，而在5700座搅铁炉里，有2800座熄火。[①]1882年的危机和萧条持续了四年多的时间，直到1887年经济才重新恢复正轨。[②]

1890年的危机主要是金融危机。这次危机首先在经济呈赶超之势的德

① 沈汉：《资本主义史》（第二卷），人民出版社，2015年，第539–540页。
② 沈汉：《资本主义史》（第二卷），人民出版社，2015年，第541页。

国爆发，采矿冶金业的股票贬值尤其突出。到1891年底，柏林几家大银行的股票市值都大幅度下降，总指数从1889年底到1891年11月下降了31%，损失到13~15亿马克。[①]在1890—1893年间，英国共有三万家商行破产，负债总额达到5400万镑。在1889—1891年间，英国商品对阿根廷的输出缩减了60%。1893年春，澳大利亚投机热破灭，12家银行连续数周停止支付，负债总额达到10300万镑，而这些银行实际上是伦敦银行的分支机构。1893年，危机在英国达到顶点，约两百家企业因订货不足而关闭或被迫暂停生产。[②]而美国的金融危机比德国和英国更为严重，从1890年起，欧洲资本不断从美国外流，到1893年，外资的流失至少达到5亿美元。而且在1893年，美国仅破产的商号就超过了15000家，其负债总额达到3.5亿美元。[③]

对于1857年之后的新的经济危机，马克思也做出了他的理论反应。在1883年为《资本论》第一卷第三版增加的一个脚注中，马克思提到："那种也称为货币危机的特种危机……可以单独发生，……这种货币危机的运动中心是货币资本，因此它的直接范围是银行、交易所和财政。"[④]而恩格斯更在1885年2月给倍倍尔的信中指出了当前的1876—1885年的萧条的观察："死气沉沉的萧条——所有部门的所有市场上都出现经常的过饱和现象，这就是我们在其中生活了将近十年的状况。"[⑤]在稍后，他进一步指出："在英国，在法国，在美国，经常萧条继续笼罩着一切关键性的工业部门，特别是制铁业和棉纺织业。虽然这种状况是资本主义制度的一种不可避免的后果，但是它是前所未有的：生产过剩达到如此庞大的规模，以致它竟能不引起危机。"[⑥]

---

① 门德尔逊：《经济危机和周期的理论与历史》（第一卷），斯竹等译，三联书店，1990年，第382页。

② 门德尔逊：《经济危机和周期的理论与历史》（第一卷），斯竹等译，三联书店，1990年，第391页。

③ 门德尔逊：《经济危机和周期的理论与历史》（第一卷），斯竹等译，三联书店，1990年，第408页。

④ 马克思：《资本论》（第一卷），人民出版社，1975年，第158页。

⑤ 恩格斯：《马克思恩格斯全集》（第22卷），人民出版社，1963年，第378页。

⑥ 恩格斯：《马克思恩格斯全集》（第36卷），人民出版社，1963年，第418页。

延续马克思的正确论断，到1886年，恩格斯认为，“我们已经进入这样一个时期（从急性变为慢性），这个时期对于旧社会来说，要比每十年就重复一次危机的时期危险得多。”[①]列宁则在这个意义上延续了马克思和恩格斯的考察路线，进一步提出，自1873年的大危机之后，到19世纪末期，资本主义处于长期萧条状态，但是，到了19世纪末以后，这种长期萧条又为新的加速性增长所替代。[②]马克思主义经典作家的危机讨论显示出自由主义理论家们对于“现实”的萧条的“显性”置之不理，而一味从“理想化”（数学化）的角度出发来构造“危机理论”的阶级性与立场性，而这也正说明了这一谱系的经济危机理论的“失败”之所在。

① 恩格斯：《马克思恩格斯全集》（第36卷），人民出版社，1963年，第554页。
② 列宁：《列宁选集》（第二卷），人民出版社，1972年，第743–744页。

第三章 古典自由主义与危机辩护

由亚当·斯密（Adam Smith）著名的批判性意见（在他的经济哲学名著《国富论》的第四篇《论政治经济学体系》的绝大部分篇幅，就是表达其对于这一政策措施的本质性的否定意见）所建立起来的重商主义（Mercantilism）话语，有着被斯密所论述的典型的理论主张，即“财富在于金银，以及无金银矿山的国家只有通过贸易差额，即使得输出价值超过输入价值才能输入金银”，[①]这一基于绝对主义权威而施行的贸易顺差策略，更进一步地，这种政策主张所落实的管制策略，将从根本上限制社会资本的依据价格信号在自由市场中进行有效的资源配置，从而给经济发展带来负面效应，而这一切，则正是对于当时的某些“特定”领域进行规划和调控的后果。“诚然，由于有了这种管制，特定制造业有时能比没有此种管制时更迅速地确立起来，而且过了一些时候，能在国内以同样低廉或更低廉的费用制造这特定商品。不过，社会的劳动，由于有了此种管制，虽可更迅速地流入有利的特定用途，但劳动和收入总额，却都不能因此而增加。社会的劳动，只能随社会资本的增加而比例增加；社会资本增加多少，又只看社会能在社会收入中逐渐节省多少。而那种管制的直接结果，是减少社会的收入，凡是减少社会收入的措施，一定不会迅速地增加社会的资本；要是听任资本和劳动寻找自然的用途，社会的资本自会迅速地增加。”[②]亚当·斯密的这种对于由国家主导的，预先设定的对于“特定领域”“特定效应”“特定用途”的计划、调控的反感，构成其著名的“看不见的手”的提出的理论动机，他所要论证的，恰恰就是“听任资本和劳动寻找自然的用途”情形下，“社会的资本自然增加”的“先验”观念。而对于斯密这样的自由主义者而言，“计划”条件下的“重商主义体系”是

① 亚当·斯密：《国民财富的性质和原因的研究》（下卷），郭大力、王亚南译，商务印书馆，2009年，第25页。

② 亚当·斯密：《国民财富的性质和原因的研究》（下卷），郭大力、王亚南译，商务印书馆，2009年，第32页。

根本无法容忍的："我国自夸爱护自由。无需说明，此等规定和此等夸大的自由精神是多么矛盾。十分明显，这种自由，在这场合，为了商人和制造业者琐细的利益而被牺牲了。"①

显而易见，在理论观点上与重商主义策士们势不两立的斯密，认定社会资本本身发展所面临的可能困境，恰恰在于过度管制带来的动力问题。失去了经济上的自由，被特别政策所激励的制造业之外的生产者，将无法有效调节自身的生产运作，从而只能面临进一步的"牺牲"，社会经济发展的微观基础得不到保障，也即是说，这样的威权"秩序"，正是经济社会"危机"概念之潜在的根源，而只有通过实施古典自由主义的贸易自由政策，才能够真正促进资本主义经济的良性发展。"谁是这重商学说体系的设计者，不难于确定，我相信，那绝不是消费者，因为消费者的利益全被忽视了。那一定是生产者，因为生产者的利益受到那么周到的注意。但在生产者中，特定的商人和制造业者，又要算是主要的设计者。消费者或不如说其他生产者的利益，就为着制造业者的利益而被牺牲了。"②

一

与亚当·斯密的标准版本的批判言论不同，凯恩斯（Keynes）在其《通论》的关于重商主义的附录中，强调了他所掀起的所谓经济学的"凯恩斯革命"，在根本的理论洞见上，与前亚当·斯密的重商主义经济学家之间的呼应之处，也由此指出了不同于自由主义所指责（这种"指责"将首先由"重农学派"所提出）的重商主义的管制视角下，经济危机的可能性条件。凯恩斯首先历史性地厘清了关于贸易顺差问题的历史语境，"大致在200年以来，经济理论家和现实主义者都不怀疑，外贸顺差具有一种奇特的好处，而外贸逆差则代表严重危险的信号；特别是，如果外贸逆差

① 亚当·斯密：《国民财富的性质和原因的研究》（下卷），郭大力、王亚南译，商务印书馆，2009年，第231页。

② 亚当·斯密：《国民财富的性质和原因的研究》（下卷），郭大力、王亚南译，商务印书馆，2009年，第234页。

引起贵金属的外流，那么，更是如此。但在过去的100年中，却存在着显而易见的意见分歧。……几乎所有的经济理论家都继续坚持，除了照顾到短暂的事态以外，害怕外贸逆差是完全没有理由的，其原因在于：外贸机制可以自行调节，而任何对自我调节机制进行干扰的企图不仅是无用的，二期，会使干扰国受到经济损失；因为，干扰国会失去国际分工所带来的利益。”[①]以国际贸易领域的“自动调节”的理性设想（这一论点后来会遭到马尔萨斯的强烈否定），凯恩斯将经济政策的评价者区分为实际决策的施行人（“现实主义者”）和作为亚当·斯密信徒的“几乎所有的经济理论家”，而且，这种区分（Distinction）就是在1929年大萧条之前的主要的“分歧”方面。“一般来说，目前的经济学者坚持认为，普遍存在的从国际分工带来的利益会大于重商主义者所声称的实行该主义所应得到的那些有利之处。不仅如此，他们还认为，重商主义的论点来自彻头彻尾的思维上的混乱不清。”[②]

但是，凯恩斯本人并没有重复当时的经济学主流意见，而是坚决地认肯了危机的不可掩盖的事实，同时站在政策的现实执行者一遍，如实地还原了重商主义的对于“繁荣与萧条”的特殊判断。“我的批评意见的重点是针对我所师承和在许多年中我也讲授的自由放任学说的不充分的理论基础——反对这种说法，即利息率和投资量可以在最优的数值上自行调节，从而没有必要去关心外贸是否平衡。在我看来，经济学界的同行们犯了一个想当然的错误，把数千年来管理国家的一个有现实意义的主要目标当做无聊的盲目信念。”[③]也正是从这一立场出发，凯恩斯揭示了他本人与重商主义经济学的共同的管制旨趣的理论直觉：“重商主义的思想从来都不认为存在着自行调节的倾向来是利息率处于合适的水平。恰恰相反，他们强调指出，过高的利息率是财富增长的主要障碍。他们甚至知道，利息率取决于流动性偏好和货币数量。他们所关心的一方面是减少流动性偏好，另一方面是增加货币数量，而他们中的几个人清楚地说明，他们之所以致力

① 凯恩斯：《就业、利息和货币通论》，高鸿业译，商务印书馆，1999年，第346页。
② 凯恩斯：《就业、利息和货币通论》，高鸿业译，商务印书馆，1999年，第347页。
③ 凯恩斯：《就业、利息和货币通论》，高鸿业译，商务印书馆，1999年，第351页。

于增加货币数量，其原因就是因为他们想减少利息率。”[①]由此，不难看出，凯恩斯对于重商主义政策的理论内涵的重构，实际上就是在重述他在《通论》中提出的经济观点，也正是由此，凯恩斯在论题中，非常有效地将历史上的金银偏好问题，转化为当代的危机语境下的萧条发生机制问题，也由此把亚当·斯密的理论偏见，完全抛在一边："如果我们所考虑的社会具有稳定的工资单位，具有稳定的消费倾向和流动性偏好赖之以决定的国民素质以及具有能把贵金属的存量和货币数量紧密联系在一起的货币制度，那么，为了维持充分就业，该社会的行政当局必须密切注意对外贸易平衡的状态。其原因在于：外贸顺差（如果不太大的话）非常有利于刺激经济增长，而外贸逆差则会很快造成持久性的萧条状态。”[②]这可以说是凯恩斯对重商主义的经济危机理论，做出的非常出色的总结。

而如果回到重商主义者的论述自身，则会发现区别于斯密和凯恩斯这两位重要的后世经济思想家的、基于当时的思想现实和历史语境的，更为复杂的思考与讨论。在这一时期的代表性文献，托马斯·孟（Thomas Mun）的《英国得自对外贸易的财富》（*England's Treasure by Foreign Trade*）之中，孟采取了后来为重农主义、斯密学派甚至直到哈耶克相继秉持经济行为的“自然”与“人为”的区分（而这样的区分甚至可以追溯至亚里士多德的《政治学》第一卷），而这不同时期经济理论的对于这一区分的关键性转换，正可说明经济思想的关键性转折。在孟这里，“一个国家用以抵偿一切外国货物的收入或财物，可以分为两种：一种是自然的；另一种是人为的。自然的财富，只不过是限于我们能够从自用品和必需品中节省下来而输出到国外去的东西。人为的财富，就是我们的工业品和我们勤勤恳恳地用外国商品经营贸易而来的。”[③]而基于这样的区分，孟所向我们展示的，则是一个绝非斯密所描述的少数特权制造商独占发展空间的图景，恰恰相反，孟在这里提出的，几乎是一种可以作为“功利主义”的前驱的“最大多数人的最大利益原则”。“对于一切的事物，不论是

① 凯恩斯：《就业、利息和货币通论》，高鸿业译，商务印书馆，1999年，第353页。
② 凯恩斯：《就业、利息和货币通论》，高鸿业译，商务印书馆，1999年，第350页。
③ 门罗：《早期经济思想》，蔡受百等译，商务印书馆，2011年，第107页。

自然的或人为的，我们都必须竭尽所能以求获得最大的效果。并且因为靠技艺生活的人，是远比种果实的能手多得多了，所以我们应该更加小心谨慎地使这大多数的人民群众能够努力工作，盖国王和王国的最大力量和财源，就是从他们的身上来的。”①

从这样的视角出发，孟的典型的危机观念得以呈现，这种思路有明显的凯恩斯所谓现实主义的特质，在题为《一个国王每年适于积累多少财富》的章节中，孟的论述得到集中表现，而其申论方式甚至与马基雅维利在《君主论》中对君主国的存续的方略取舍如出一辙，而与亚当·斯密的个人主义视角和乐观的调节自发性的信仰背道而驰。“一个国王的收入虽然是很多的，可是如果国家所得的利益很小，那么国王每年适于积存的财富的准则和比例也就应依后者而定；因为倘使他积聚的金钱对对外贸易的顺差数值的话，那么他对于人民就好比是在羊身上吸血而不是剪毛了，那么，由于以后羊死而无毛可剪之故，他也必将与他的羊同归于尽。”②国家与臣民的互相依赖关系，是重商主义深入理论的关键，对他们来说，真正的秩序，在于以“统治”的方式，使理想的经济前景确切地落实。“一个想要积存大量货币的国王，必须想尽一切良好的办法，来维护和发展他的对外贸易；因为这是唯一的方法，可以使他达到他的目的，而且还可以使他的属民更有利于他地富裕起来。要知道，一个国王之所以被人视为强大过人，与其说是在于他的钱柜里存着的大量财富，还不如说是在于他有许多既富裕而又心悦诚服的臣民。”③而非常有趣的是，孟所设想的理想治理的图景中，那些富裕的属民，并没有因其得自国王的恩禄而“心悦诚服”，相反，却以更大规模的实现经济自由为诉求，开启了对于“旧秩序”的革命议程，这也是如托马斯·孟这样的经济学者所不能设想的，因为在这些重商主义者看来，王国的“秩序与危机”完全系于国王一人的行为与操守，重商主义视野下的危机，既不是斯密式的更广大生产者群体的“被牺牲”，也不是凯恩斯式的贸易问题导致的萧条，而根本上是国王自身的意

① 门罗：《早期经济思想》，蔡受百等译，商务印书馆，2011年，第177页。
② 门罗：《早期经济思想》，蔡受百等译，商务印书馆，2011年，第192页。
③ 门罗：《早期经济思想》，蔡受百等译，商务印书馆，2011年，第193页。

志自律的成效问题，关乎仁爱与荣誉。“这一切将使他们令外人生畏，而为国人所爱，尤其是倘使所有这些东西（尽可能）都是出之于担负每年献纳的本国属民的材料和工业品，则更是如此；因为一个国王（在这种场合之下）正像人身体里边的胃一样，倘使它一旦不能起消化作用，也不能将养分送到身体的各部分去的话，那么它立即就要破坏那些部分，而同时也毁灭了它自身。”[①]

与重商主义的时时处处以君主的利益立场考量经济行为的“权贵”思路不同，重农学派一开始就把自己放在所谓“属民”的立场，并同时对高高在上的威权，表现出明显的抗争态度，亦即自由竞争对于宏观调控的拒斥与反驳。“重农主义”（Physiocracy）的原意，就是“来自自然秩序的治理”，在此，以魁奈（Quesnay）为代表的重农学派经济学家，延续了托马斯·孟的自然与人为的区分，但是却只将财富之“自然”的部分视作是合理的、可欲求的、可接受的，从而从“自然秩序”（Natural Order）出发，推论基于“自然权利”（Natural Right）的建制与伦理，而这也成为亚当·斯密等古典自由主义经济学家建立市场之“自然自由”观念的重要智识资源。

在作为重农学派的规范性宣言、与《经济表》同时发表的《农业国经济统治的一般准则》中，魁奈在其著名的“第二十五准则”提出：“必须维持商业的完全自由。因为最完全、最确实，对于国民和国家最有利的国内商业和对外贸易的政策，在于保持竞争的完全自由。”[②]这样的观念，几乎已经是后世的经济自由主义对“完全竞争”模型的最大倡导的模板，也可以说是十八世纪中叶在经济学领域的革命式宣言，因为在这样的思维模式下，任何对于自由竞争的干预和管制，都会被认为是带来危机之危险的根源，特别是在这里对“完全”的全称性强调的前提下。而能得出这样的坚决的论断，则是要奠基于“准则第二”的对于“自然秩序”的强调，即人们可以诉诸自然秩序设定的“自然法”来调整、改变现实权力的“实定

① 门罗：《早期经济思想》，蔡受百等译，商务印书馆，2011年，第194页。
② 魁奈：《魁奈经济著作选集》，吴斐丹等译，商务印书馆，1979年，第338页。

法”的指向。“国民明显的应该接受构成最完善的管理的自然秩序一般规律的指导。对于一个大政治家应该具备的学识来说，只研究人法是很不够的。有志于行政职务的人，必须对于构成社会的人们最有利的自然秩序进行研究。更加重要的是把由国民的体验和总结所获得的实际而有益的知识，和管理的一般科学结合起来，由被证明是开明的政权，为一切人的安全和达到社会的最大限度的繁荣。”①

超越于“人法/实定法”的“自然秩序”之法，所规定的人的权利，就是自然权利，“因此，很明白的，每个人的自然权利是与结合成社会的人，对于构成最有利的秩序的可能最好的法的确实遵守程度而成比例地伸展的。这种法，对于构成人的自然权利的一部分的人的自由，丝毫没有限制。因为对自由所进行的最好选择的目的，明显的就在于这些最高规律所产生的利益。”②在这个意义上，依循于“最高规律”的自然法，就成为人世的秩序的根据：那些“对于自然法的过程有一定程度明确认识的，知识渊博的，发展完成的理性，是可能的最好统治所必不可缺的条件；由于遵守最高规律，可以使维持人类生存和监护权威所必要的财富充分地增加，而且由于监护权威的庇护，可以使结合成社会的人的财富所有权和人身安全受到保证。”③这样，对于“自然法”的援引，就构成律则性的社会行动之秩序基础，而且，这种“秩序”从根本上讲，是超越性的。“社会秩序的自然规律，同时也就是实际规则，为人们的饮食、继续生存和安适所必需的财富的再生产，就是按照这种规则进行的。因此，人根本不是能以调节自然现象和人类劳动的这些规则的创造者。这整个秩序是实际制度的一个组成部分；而这种制度形成一种实际的秩序，迫使组成社会的人们服从自己的规则；只有依靠自己的智慧和相互联合，同时遵守这些自然规律，人们才能获得他们所必需的丰富的财富。”④

在这里，魁奈大胆地提出他的“理性启蒙”方案，即那些欲求“丰富

① 魁奈：《魁奈经济著作选集》，吴斐丹等译，商务印书馆，1979年，第332–333页。
② 魁奈：《魁奈经济著作选集》，吴斐丹等译，商务印书馆，1979年，第306–307页。
③ 魁奈：《魁奈经济著作选集》，吴斐丹等译，商务印书馆，1979年，第306页。
④ 魁奈：《魁奈经济著作选集》，吴斐丹等译，商务印书馆，1979年，第401–402页。

的财富”的人民，在具体的行动当中，不必因循世俗权力的规导，也不必等待重商主义的仁慈“国王”的圣恩浩荡，而是要使用自己的理智，以相互结合的方式，“遵守这些自然规律”，而且，更进一步地，作为现实秩序的最高权威的统治者，也仍旧必须以这些规律为根本的原则来指导行动。“认识这些最初的规律，以及这些规律的不容置疑的威力，是对政治体的最有力的保卫，因为一个懂得上帝的意志和它的不可抗拒的规律的国家、一个以理性之光作为指导的国家，是不会去破坏这种一切人类政权都必须服从的上帝的规律的。而且这些规律一经宣布，本身就是真正非常强大和有力的，以其明确性和优越性成为国家的支柱。”①在魁奈看来，他最重要的使命，也就要将这“规律”公之于众（而绝非简单地提出恳请重视农业发展的陈述），特别是：“君主不能忽视这一点：他的权力的确立，是为了认识和遵守这些规律，不管是为了他本身的利益还是为了人民的利益，必须使自觉地遵守这些规律成为社会的不可分割的联系。”②从这样的服从原则出发，人类理智所赖以成就的自然秩序，就是最为可欲的“完全”自由的前提，“实际规律确立对人类最有利的自然秩序，确切地规定一切人们的自然权利，这是永久不变的、最好的规律。这些规律的明确性使一切人类的理智无条件地服从于它们，并且在一切细节中都表现得非常精确，不容许发生任何的误解、迷惑或不合法的要求。”③而之所以可以建立这样的认知/服从关系，且如是的“规范性”原则对人类的行为的规约是强制性的，对魁奈来说，其规范性的来源则无疑是作为至高权威的上帝。“对于确立社会最初的根本法规的立法权，是不可能有争论的；它不可能属于任何人，只能属于上帝，上帝在世界的整个体系中建立了一切，并且预先做出了规定；人只会在这里制造混乱。只有切实地遵守自然规律，才能把他们应当避免的这种混乱现象消除掉。”④很显然，与重商主义的言必称“国王”的现世观念相区隔，魁奈的论述里建立了由上帝的无限权威限制、规

① 魁奈：《魁奈经济著作选集》，吴斐丹等译，商务印书馆，1979年，第405页。
② 魁奈：《魁奈经济著作选集》，吴斐丹等译，商务印书馆，1979年，第405页。
③ 魁奈：《魁奈经济著作选集》，吴斐丹等译，商务印书馆，1979年，第405页。
④ 魁奈：《魁奈经济著作选集》，吴斐丹等译，商务印书馆，1979年，第402页。

训现实君主的“超越”（Transcendence）标准，这无疑是经济学者妄图借助神法的论证，重构绝对主义国家的经济政策的理论策略，在这个意义下，魁奈的“自然”秩序的经济学指向，就是指出当时政策中商业、制造业与农业的比例失当，而符合“自然“的经济体系，又必然是以农业为基础的，一旦政策出现偏差，由国家行为“在这里制造混乱”，那便必然会出现“失序”意义上的危机。

如上观点的具体论述，首先体现在《经济表》的编制，魁奈的将制造业工人、商人排除出“生产性劳动”的概念之外，列为“不生产阶级”，也即是附属性、依附性的阶级，“他们的支出，是从生产阶级和从生产阶级取得收入的土地所有者阶级取得的。”①而更为明确的观点呈现，则是“准则第三”中无可辩驳的基于自然秩序论而提出的断言：“君主和人民绝不能忘记土地是财富的唯一源泉，只有农业能够增加财富。因为财富的增加能保证人口的增加，有了人和财富，就能使农业繁荣，商业扩大，工业活跃，财富永久持续地增加。国家行政所有部门的成功，都依靠这个丰富的源泉。”②魁奈自己通过呈现这种近似于因果关系的“还原论”（Reductionism）的财富溯源方式，也就规定了他所认定的“危机”形式，必然是由于君主的任意胡为，而干扰到了农业的健康持续发展，即正如他在给启蒙运动的标志性著作《百科全书》撰稿时，所描述的“谷物交易的不自由、输出的禁止、人口的减退、农村中财富的缺乏、任意的课税、民兵的征集、赋役的滥用”。③由此，我们可以恰切地把握魁奈所批判的重商主义的体系性政策之下的产业推动比重失当、经济行为严重失序的“危机”图景：“农业是最丰富的，占我国贸易最贵重的部分，是王国收入的源泉，但却没有把它看做是我国一切财富的基础。只把农业看做与租地农场主及农民有利害关系，只把农民的劳动，看做是限于由出售农产品，支付耕作费用，提供国民以生活资料；但深信只有以工业为基础的商业交易，能使王国取得金银。这样就阻碍了葡萄的种植，奖励了桑树的栽培，

① 魁奈：《魁奈经济著作选集》，吴斐丹等译，商务印书馆，1979年，第311页。
② 魁奈：《魁奈经济著作选集》，吴斐丹等译，商务印书馆，1979年，第333页。
③ 魁奈：《魁奈经济著作选集》，吴斐丹等译，商务印书馆，1979年，第54页。

并且妨碍了农产品贩卖，使土地的收入减少了。这一切都是为了庇护制造业，然而制造业的贸易，对我们是没有好处的。”①而正是基于这样的“危机”观察，提倡贸易领域的“完全竞争”“完全自由”的魁奈，就于其所代笔的《农业哲学》一书中，阐述了可以作为斯密“看不见的手”的援引范本的基于自然法之权威的非管制—繁荣论述：“一切的事物，只有由种种关系的相互联结而在自然中活动。有人说种种的要素都处在相互斗争的状态中，但同时相反地，它们相互支持、相互促进。每一个要素都想取得优越的地位，并且给它的对立物以抗衡与活泼的反应力量。凝聚力量和活动是斗争与对立的结果，自然的作用的再生和持续，是自然的伟大力量的凝聚和集中的结果。这种令人惊叹的机构的秩序和经过，是由造物主所最后决定的。对于规定着一切事物的伟大规律，是贯穿各个部分，并且统辖着全体。”②

值得注意的是，魁奈的自然秩序—自然权利宰制论，被作为启蒙运动和革命叙事的反对者的“保守主义”的代表人物埃德蒙·柏克（Edmund Burke）所根本反对，在《反思法国大革命》（*Reflections on the Revolution in France*）一书中，柏克就明确的开辟专章以声言：“政府统治的基础不可能是自然权利”。③ 柏克认为，在现实世界，“政府并非在自然权利的精神上建立起来的。自然权利可以也确实独立存在，它存在于更加清澈的环境下，存在于更抽象的完美情境里；然而它们在抽象意义上的完美也正是它们在实际上的弱点。”④完美的理论设定无法在复杂的现实之中真正的实现，自然权利的革命企图也就泥足于人类本性的复杂多样的泥沼，使得所有貌似可以证成的理论设想，都只能流于空幻。“这些形而上的权利走入了普通生活，就如同光线刺进一种高密度的介质，根据物理法则，经过折射后偏离了自己本来的方向。事实上，在人类繁多而复杂的激情和焦虑中，最原始的人的权利已经经历了各类折射与反射，因此如果再将他们当

① 魁奈：《魁奈经济著作选集》，吴斐丹等译，商务印书馆，1979年，第39–40页。
② 魁奈：《魁奈经济著作选集》，吴斐丹等译，商务印书馆，1979年，第244页。
③ 柏克：《反思法国大革命》，张雅楠译，上海社会科学院出版社，2014年，第67页。
④ 柏克：《反思法国大革命》，张雅楠译，上海社会科学院出版社，2014年，第69页。

做最初的那条直线来讨论，便会显得奇怪了。”[①]在这里，柏克的“保守”就完整地呈现为对于人性之复杂的整全体认之后的怀疑态度，即对于人类理性的种种现代许诺抱持基本的否定态度，并认为理性的过度狂妄，一定会遭际新的危机（这事实上也预估了凯恩斯在大萧条后对经济理论做出的革命性翻转，但却同样是以“理性”的名义来进行的）。“人类本性复杂，社会的目标也有着最大可能的复杂性；因而没有任何一种简单的权力性质或方向可以适合人类的天性，或是人类事务的本质。当我听到有人意欲在任何新的政治体制内轻而易举地做出如是发明时，我都会十分确定这些能工巧匠显然对自己眼前的任务一无所知，或者完全忽视了自己的责任。”[②]

尽管自其诞生之时，就有着如柏克这样的保守之士的质疑声音，但自魁奈、斯密、穆勒的古典自由主义的高歌猛进，仍与广泛开展的资产阶级革命一起，将经济思想领域的“启蒙运动”推向深入；这一过程，也是古典自由主义的政治经济学主张得到典范化的过程，那些各式各样的保守言论，则很难进入经济学说的主流。而这其中起承转合的关键人物，就是虽然视财富的“农业根源说”为无稽之谈，但是在自由竞争的理念上完全服膺于魁奈的斯密，其《国富论》中的相应论述，可以视作是自身“自然自由”思想之全面阐述前的理论准备。“这一学说虽有许多缺点，但在政治经济学这个题目下发表的许多学说中，要以这一学说最接近于真理。因此，凡愿细心研讨这个极重要科学的原理的人，都得对它十分留意。这一学说把投在土地上的劳动，看做唯一的生产性劳动，这方面的见解，未免失之偏狭；但这一学说认为，国民财富非由不可消费的货币财富构成，而由社会劳动每年所再生产的可消费的货物构成，并认为，完全自由是使这种每年再生产能以最大程度增进的唯一有效方策，这种说法无论从哪一点说，都是公正而又毫无偏见的。”[③]在同样的坚持“准则二十五”的“完全自由”律则，并认定只有遵循一个“自然”的社会运行规律的前提下，斯

① 柏克：《反思法国大革命》，张雅楠译，上海社会科学院出版社，2014年，第71页。
② 柏克：《反思法国大革命》，张雅楠译，上海社会科学院出版社，2014年，第71页。
③ 亚当·斯密：《国民财富的性质和原因的研究》（下卷），郭大力、王亚南译，商务印书馆，2009年，第250–251页。

密与魁奈们一样，认定一个能带来繁荣与幸福生活的人类秩序，就是对任何意义的政府干预的戒除。“任何一种学说，如要特别鼓励特定产业，违反自然趋势，把社会上大一部分的资本拉入这种产业，或要特别限制特定产业，违反自然趋势，强迫一部分原来要投在这种产业上的资本离开这种产业，那实际上都和它所要促进的大目的背道而驰。那只能阻碍，而不能促进社会走向富强的发展；只能减少，而不能增加其土地和劳动的年产物的价值。”[①]因此，一个社会的“富强之路”，在斯密看来，只有在完全竞争的状态下进入自由资本主义的设置，在政府、君主之外，只有市场的力量才能保证人类的行为不会“和它所要促进的大目的背道而驰”，虽然这种神秘的力量，不过是魁奈所笃信的“造物主”的变体。“一切特惠或限制的制度，一经完全废除，最明白最单纯的自然自由制度就会树立起来。每一个人，在他不违反正义的法律时，都应听其完全自由，让他采用自己的方法，追求自己的利益，以其劳动与资本和任何其他人或其他阶级相竞争。”[②]就是这样，尽管怀疑者如柏克，仍然会以“最自由最单纯的自然自由制度”虽然有其“绝对的”好处，但是却无法在人性的复杂折射下构成统治秩序的基础为理由，提出对立性的抗辩，但斯密所开启的对于重商主义与重农主义的秩序/危机观念的反思，并由以形成的资本主义发展的辩护术，仍旧成为贯穿整个经济危机理论史的“典范”论述，而被以各种方式改写和传播，即使凯恩斯的“革命”企图，依然无法撼动其对于“市场”之至高性的自由至上主义（Libertarianism）辩护。

二

古典自由主义的经济危机理论奠基于资本主义赖以建立与存续的个人主义（Individualism）和效用主义（Utilitarianism），旨在为资本主义市场

① 亚当·斯密：《国民财富的性质和原因的研究》（下卷），郭大力、王亚南译，商务印书馆，2009年，第258页。

② 亚当·斯密：《国民财富的性质和原因的研究》（下卷），郭大力、王亚南译，商务印书馆，2009年，第258页。

经济的合理性与合法性提供终极辩护。这一理论阵营，以反对“乌托邦主义”的激进革命论为其显著特征，虽然其理论社群（Society）中仍有西斯蒙第、马尔萨斯等认为资本主义存在偶发的、非本源性的、暂时性的生产过剩的情形，但是仍在总体上认为人类社会的真正意义上的发展归根结底只可能被呈现在市场经济的全球性统治的实现之中（所谓的“唯一自然的”经济形式[①]），而在这个意义下，“市场没有失败”（也即是“不可错”的）。“建立并维持一个自由市场的政治/经济体系，以自由放任的资本主义著称，这是唯一与人类生活需要相一致的社会体系，因此也是唯一道德的社会体系。”[②]而作为古典自由主义经济理论的奠基者与创新之源，亚当·斯密学说体系的复杂性在晚近的研究中得以展现，[③]在所谓“亚当·斯密问题”[④]的理论框架之下，斯密的研究者（“斯密学者”）试图以斯密的人性理论（如同其各方面的同路人休谟的思想那样）来重新思考他的市场经济观念，[⑤]而在这其中，斯密所曾经许诺、但并未真正完成写作的“关于法律和政府的理论和历史”的著作[⑥]中所居于核心地位的“自然法”（Natural Law）观念系统下的“自然权利”（Natural Rights）理论就成为衔接其道德学说与市场思辨的重要中介。[⑦]“自然权利的来源是十分明显的。一个人有权利保护他的身体不受损害，而且在没有正当理由的情况下

① “市场太重要了，我们不能只把它留给理论家。”约翰·麦克米兰：《重新发现市场：一部市场的自然史》，余江译，中信出版社，2014年，第14页。

② 辛普森：《市场没有失败》，齐安儒译，中央编译出版社，2012年，第3页。

③ 这一方面的代表性的研究成果参见：Istvan Hont、Michael Ignatieff：*Wealth and Virtue : The Shaping of Political Economy in Scottish Enlightenment,* Cambridge University Press, 1983.

④ 参见：Istvan Hont、Michael Ignatieff：*Wealth and Virtue : The Shaping of Political Economy in Scottish Enlightenment*, Cambridge University Press, 1983, PP253-269.

⑤ 相关讨论可参见：哈列维：《哲学激进主义的兴起——从苏格兰启蒙运动到功利主义》，曹海军、周晓、田玉才、赵闯译，吉林人民出版社，2006年，第113-115页。

⑥ 伊安·罗斯：《亚当·斯密传》，张亚萍译，浙江大学出版社，2013年，第24页。

⑦ 有关斯密在1760年代格拉斯哥大学的《法理学讲义》（*Lectures on Jurisprudence*）的文献情况，参见：Knud Haakonssen：*The Science of A Legislator : The Natural Jurisprudence of David Hume &Adam Smith*，Cambridge University Press , 1989, 2-3.

有权利保护他的自由不受侵犯，这是毫无疑问的。”①而斯密的这一明显承继自约翰·洛克（John Locke）的“权利自由主义”传统的理论主张就更为清晰的为我们厘清了其奠基于私利之“公益性”设定的交换正义的“自由主义性”所在：通过限制权力之作用的发挥而达成资产阶级的经济自由与政治自由的共构，②亦即是市场的最大化发展，而这正是在对于（包括“危机”情形下的）政府行为与市场行为之有效性（Efficiency）的深刻区分的前提下而得以提出的，自由主义的危机理论也由此获得了关键性的理论前设。

自由至上主义(Libertarianism)通过对经济自由的追求确证其政治自由。“经济安排在促进自由社会方面起着双重作用。一方面，经济安排中的自由本身在广泛的意义上可以被理解是自由的一个组成部分，所以经济自由本身是一个目的。其次，经济自由也是达到政治自由的一个不可缺少的手段。”③十八、十九世纪自由主义政治经济学所导致的世界性的“自由化”趋势（亦即“殖民主义”的扩张表象）也正是在这个先以“自由—市场”模式作为前导，再希图进行“自由—民主”模式演变的“不可缺少的手段”。而其理论基底，则正如洪堡（Wilhelm von Humboldt）在1792年所声言的：“人真正的目的——不是变换无定的喜好，而是永恒不变的理智为他规定的目的——是把他的力量最充分地和最均匀地培养为一个整体。为进行这种培养，自由是首要的和不可或缺的条件。”④经济自由的发展在同“法律”与“国家”这两个维度的对话中得以论证。在由罗马法传统所构

① 坎南：《亚当·斯密关于法律、警察、岁入及军备的演讲》，商务印书馆，1962年，第35页。

② 在这一点上，“亚当·斯密认为，在这样一个自然而且自由的系统中，政府只有三项责任：第一，保护社会不遭受其他社会的侵略和暴力侵犯；第二，保护每个社会成员不受到其他人的压迫和不公正待遇，建立公正的行政管理系统来达到此目的；第三，建设和维护一些市政工程和公共机构。”梅德玛：《捆住市场的手》，启蒙编译所译，中央编译出版社，2014年，第26页。

③ 弗里德曼：《资本主义与自由》，张瑞玉译，商务印书馆，2004年，第11页。

④ 威廉·洪堡：《论国家的作用》，林荣远、冯兴元译，中国社会科学出版社，1998年，第30页。这一思想后来为约翰·穆勒所引申使用。

造的“人法”系统中，“人将自己置于保护性权力制定的成文法的保护之下，这便扩展了他们拥有财产的能力；通过这种方式，他们扩大了而不是束缚了自己的天赋人权。这意味着法律若是良法，就不会限制人的自由，而且明显地是自由人的最好选择；个人没有理由拒绝服从它。”①在“天赋人权”的意义上，现代法律增强了人们“拥有财产的能力”，也因此是“自由人的最好选择”，这也就意味着“良法”前提下的资本主义市场体系是经济自由的“最好选择”。对于“国家”而言，“让人判断他自己的经济利益，就如同他对自己的宗教良心完全自主。国家不能以人的力量带来对活动的协调分配，增加唯自然能创造的东西。既然国家不是自然的敌人，而是遵循自然的途径去工作，则国家能做的唯一有用的事情，就是通过除去因误解个人利益而在历史过程中布下的障碍，来促进自由发展。”②这也就是17世纪英国思想家霍布斯（Thomas Hobbes）在“自然法”议题下提出“消极自由”的意旨所在：外在的强制权力退出，“让人判断他自己的经济利益”，使得各经济主体相对于政治当局保持其独立的、“消极”的“经济自由”。而且，这样的基于工商业资本主义社会的“民情”给出的“繁荣”论证，也无疑是18世纪荷兰思想家曼德维尔（Mandeville）的《蜜蜂的寓言》中，对于“私人追求私利，公众得到公益”（Private Vice, Public Benefit）的“悖论”（Paradox）式思辨的深度沿袭，即对人的低下欲望的高度重视，并视之为构造商业社会的“基础”。“使人变为社会性动物的，并不在于人的追求合作、善良天性、怜悯及友善，并不在于人追求造就令人愉悦外表的其他优点；相反，人的那些最卑劣、最可憎的品质，才恰恰是最不可或缺的造诣，使人适合于最庞大、最幸福与最繁荣的社会。”③也正是在这个意义上，“曼德维尔悖论”（Mandeville's Paradox）才真正说出了后来由亚当·斯密以“看不见的手”来进行辩护的社会结构（Social Structure）的道德心理学（Moral Psychology）内设。“本书通篇已经充分地证明：要使我们的一切贸易及手工业兴盛发展，人的种种欲望与激情绝对

① 拉吉罗：《欧洲自由主义史》，杨军译，吉林人民出版社，2001年，第32–33页。
② 拉吉罗：《欧洲自由主义史》，杨军译，吉林人民出版社，2001年，第34页。
③ 曼德维尔：《蜜蜂的寓言》（第一卷），肖聿译，商务印书馆，2016年，第1页。

是不可或缺的；而谁都不会否认：那些欲望和激情不是别的，正是我们的恶劣品质，或者至少可以说是哲学恶德的产物。因此，我便应当开始详细阐述各种阻碍和困扰，它们妨碍着人不断满足欲望的劳作，即追求自己所需的劳作。换言之，这种劳作被称之为自我持存的生意。同时，我还应当阐明人的社会性仅仅来自两件事情，其一是人的欲望不断增长；其二是在竭力满足欲望的道路上，人不断遇到障碍。”①

正是基于对于人的整全性(Human Integrity)的理性诉求，自由主义的政治经济学（即市场自由主义）在英国典范性地发展起来。“大英帝国国内政策的两个支柱，是古典自由主义的自由放任政策与单边自由贸易政策。对古典自由主义者亚当·斯密和大卫·休谟来说，这两个政策的目标都是维护国家利益；同时，通过自由贸易，也有助于促进政府间的相互理解。”②作为亚当·斯密之理论前驱的大卫·休谟（David Hume），其对“私利”与“公益”的辩证同曼德维尔的“寓言”一起为苏格兰启蒙运动与古典政治经济学的天真观念奠基，他对人性中“自利”原则的阐发构成了现代性世界图景下市场经济学发展之正当性论证的重要基础。在休谟看来，对人性的研究必然采取一种不同于自然科学研究的方式，因为“我们总是发现，理性和想象力的生气蓬勃的发挥必然由于人类心灵的狭小容量而摧毁感情的全部活力。”③而这种“理性和想象力的生气蓬勃的发挥”更是“完全发端于那种是极端虚妄的哲学推理之源的对简单性的热爱。”④而“理性与想象力”的“对简单性的热爱”就成为休谟批判的对象：“一种哲学如果不允许人道和友谊获得敌意和怨恨这些阴暗的激情所不争地享有的那一些特权，必定是多么恶毒的一种哲学，……它可以构成自相矛盾式的机趣和嘲弄的一个良好基础，然而却是任何严肃的论证或推理的一个很坏的

① 曼德维尔：《蜜蜂的寓言》（第一卷），肖聿译，商务印书馆，2016年，第289页。
② 迪帕克·拉尔：《复活“看不见的手”：为古典自由主义辩护》，史军译，译林出版社，2012年，第54页。
③ 大卫·休谟：《道德原则研究》，曾晓平译，商务印书馆，2001年，第151页。
④ 大卫·休谟：《道德原则研究》，曾晓平译，商务印书馆，2001年，第150页。

基础。"[①]休谟在这里批判的观念（"多么恶毒的一种哲学"）正是那种以公益（"仁爱"）为口号的社会经济观，它实际上是亚里士多德与阿奎那思想在现代早期的（正在不断失去生命力的）延传，无论是"城邦的正义"还是"至上的谕令"，休谟认为，由于这种观念"摧毁感情的全部活力"，即是使人失去"私己"的主体性和主动性而必须予以彻底否定，否则就会成为沦为"自相矛盾式的机趣和嘲弄"。在此基础上，休谟提出真正开启现代货币经济学说理路的"自爱"原则："这条原则就是，整个仁爱是纯粹的伪善，友谊是一种欺骗，公共精神是一种滑稽，忠实是一种获取信任和信赖的圈套；当我们全都心底里只追求我们自己的私人利益时，我们就披上这些漂亮的伪装，以解除他人的防备，使他人更暴露于我们的诡计和阴谋面前。"[②]而同时，"不论一个人可能感受到或者想象自己同情到什么感情，没有一种激情是/或能够无私的；最慷慨的友谊，不论多么真诚，都是自爱的一种变体；甚至我们自己也不知道，在我们看来全心全意从事为人类谋划自由和幸福时，我们只是在寻求我们自己的满足。"[③]

因此，借助休谟的极端的"怀疑论"（Skepticism）的批判性建构，亚当·斯密得以在其"自然法"佑护下的自然—自由的市场经济观念下奠立良序稳定的自由主义经济思想体系。"亚当·斯密政治经济学的心理学前提是：自身利益乃是人类经济活动的主要动机。"[④]同时，斯密也在其"人性假设"中加入了得以使"自我利益"（Self-Interest）观念得以普世/普适化的"社会性"界定：在现代社会，每个人都必须是作为建议的主体而出现的"商人"，于是，"商业社会"就成为"现代性"的经济面向的本质性刻画。"商业有助于自由的实现，不过也只是在存在政治与法律秩序的环境之中才可以。这种环境能够自觉地调整并扩展，把社会关系日益增加的复杂性以及因一个'每个人在某种程度上都是商人'的社会的出现所引

① 大卫·休谟：《道德原则研究》，曾晓平译，商务印书馆，2001年，第154页。
② 大卫·休谟：《道德原则研究》，曾晓平译，商务印书馆，2001年，第147页。
③ 大卫·休谟：《道德原则研究》，曾晓平译，商务印书馆，2001年，第148页。
④ 亚·沃尔夫：《十八世纪科学、技术和哲学史》（下），周昌忠、苗以顺、毛荣运译，商务印书馆，1991年，第950页。

发的变迁过程纳入考虑。”[①]由此，斯密通过“自然权利”界定下的“自我利益”，建立了“商业—自由”与自由主义的“政治与法律秩序”的诉求，并进而构造了现代意义的道德前设。“斯密的社会道德观是其商业社会观及其优越性的内在部分。他对商业社会的正当信心十足，就意味着他必定也深信在人人为商的社会中，普遍规则一定会得到遵守。斯密的信心建立在对人际关系的新评价之上。在一个文明（市场）社会中，个人‘随时都需要与他人合作以及得到他们的帮助，而他的一生却只获得少数几个人的友谊。’这意味着市场社会中的个人主要是和陌生人打交道。”[②]而基于对“普遍规则”的虔信，斯密就给出了他的“自利”意识的宣言：“人类几乎随时随地都需要同胞的协助，要想仅仅依赖他人的恩惠，那是一定不行的。他如果能够刺激他们的利己心，使有利于他们，并告诉他们，给他做事，是对他们自己有利的，他要达到目的就容易多了。不论是谁，如果他要与旁人作买卖，他首先就要这样提议。……我们所需要的相互帮忙，大部分是依照这个方法取得的。我们每天所需的食料和饮料，不是出自屠户、酿酒师或烙面师的恩惠，而是出于他们自利的打算。我们不说唤起他们利他心的话，而说唤起他们利己心的话。我们不说自己有需要，而说对他们有利。”[③]

从亚当·斯密的自利（“有利”）的正当性论说出发，当自由主义政治经济学观念下的“经济自由”最终指向消除国家管控的“自由的私有企业交换经济”，则在根本上以这种“自由”为“不可缺少的手段”的“政治自由”，就必然指向在“良法”的“保护性权力”的佑护之下，免于政府强力的阻滞，同时又实行“竞争的资本主义”的国家建构。“随着政治进入我们现在所称的自由主义模式，即制定普遍规则，为个人的经济活动

① 洪特、伊格那季耶夫：《财富与德性——苏格兰启蒙运动中政治经济学的发展》，李大军、范良聪、庄佳玥译，浙江大学出版社，2013年，第288页。

② 克里斯托弗·贝里：《斯密和现代性》，载《奢侈的概念：概念及历史的探究》，江红译，上海世纪出版集团，2005年，第163页。

③ 亚当·斯密：《国民财富的性质和原因的研究》（下卷），郭大力、王亚南译，商务印书馆，1974年，第13-14页。另：关于“恩惠”的说法请参校基督教世界对上帝的“恩典”（Grace）的相关讨论。

提供一个中立的框架的阶段，道德观也同样成为了个人选择的问题，而揭示人的本性的则是这些选择背后的物质动机。”[①]而对于动机的“物质性”界定，就为斯密的“看不见的手”的“神秘”论证开辟了意识形态前提。

三

在对于西方自由主义经济学的经典解释中，“理性的经济人”作为超阶级的、绝对均质的行为主体（Individual Agent）而出现，他们能够计算得失，从事经济活动，而虽然人们都是从利己的动机出发来考虑事情，但是却会导致每个人都选择有利于社会的行为，分散的经济活动可以自然地形成秩序，这都是由于一切行为背后的“看不见的手”的作用使然：在“看不见的手”的宰制之下，公益“自然”可以实现，均衡“自然”可以达成。

自由主义经济学的这种经典的普遍主义、基础主义论述先不论其论域的可普遍性、基础要素的可确定性成立与否（如对共同普遍人性的假设），仅就这一论述本身而言，其实也是通过对亚当·斯密的思想的（合“理”的）误读或过度诠释得以实现的。亚当·斯密在《国富论》中对“看不见的手”这样表述：“把资本用来支持产业的人，既以牟取利润为唯一目的，他自然总会努力使他用其资本所支持的产业的生产物能具有最大价值……确实，他通常既不打算促进公共的利益，也不知道他自己是在什么程度上促进那种利益。……由于他管理产业的方式目的在于使其生产物能达到最大程度，他所盘算的也只是他自己的利益。在这场合，像在其他许多场合一样，他受着一只看不见的手的指导，去尽力达到一个并非他本意想要达到的目的。也并不因为事非出于本意，就对社会有害。他追求自己的利益，往往使他能比在真正出于本意的情况下更有效地促进社会的利益。”[②]

① 克里斯托弗·贝里：《斯密和现代性》，载《奢侈的概念：概念及历史的探究》，江红译，上海世纪出版集团，2005年，第162页。

② 亚当·斯密：《国民财富的性质和原因的研究》（下卷），郭大力、王亚南译，商务印书馆，1974年，第27页。

在这里，亚当·斯密的论述其实有着明确的指向，那些“把资本用来支持产业的人”一定不是超阶级的经济行为人，而“管理产业的方式目的在于使其生产物能达到最大程度”也真实的说明了这位苏格兰启蒙运动思想家真正的服务对象是资产阶级。“看不见的手”的提出，就是斯密并不巧妙地为资产者牟利行为寻求辩护的努力，在这一由假设构造的假象中，资产者的利润追逐（资本逻辑的外化）被伪饰为人人皆有的趋利避害本性，而那些价值的真正的创造者们却因其“被决定”的地位而使其无法质疑资产者如何去“达到一个并非他本意想要达到的目的”，以及最终又是否真的“更有效地促进社会的利益”。然而，亚当·斯密作为自由主义政治经济学的开创者，还不会像他后来的追随者那样仅仅满足于通过排他性的权份划分来完成一个粗糙的“自然法”假设，而事实上从这一段落在整体论证结构中的功能位置及其论证有效性的指向上，[①]就可以清楚地发现斯密的目的所在。“每个人都不断地努力为他自己所能支配的资本找到最有利的用途。固然，他所考虑的不是社会的利益，而是他自身的利益，但他对自身利益的研究自然会或毋宁说必然会引导他选定最有利于社会的用途。”[②]在这样一个总论性质的段落里，我们可以确信，斯密论证的“每个人”所指的就是“资本家”（商人），是“努力为他自己所能支配的资本找到最有利的用途”的“理性者”，是自我膨胀、自我扩张为根本特性的资本的逻辑，虽然就其内在而言蕴涵着达成社会公益的可能性，但构成这一所谓的“论证”的真正的困难却是：这种“公益”的达成似乎是不证自明的，因为在实际的质疑者缺席的情况下答案只能根据强力而被给予，真正的证明

① 从亚当·斯密对“看不见的手”的表述在《国民财富的性质和原因的研究》下卷的位置来看，它是在第四篇“论政治经济学体系”中的讨论“重商主义”的第二章“论限制从外国输入国内能生产的货物”中的对第二个分论点“每个个人把资本用以支持国内产业，必然会努力指导那种产业，使其生产物尽可能有最大的价值”而进行的论证。本文稍后征引的就是作为这一章的中心论点的论述。而值得注意的是，从这样一个论证结构来看，其论述的行为主体绝不可能是如通常经济学教科书所声称的所有的“经济人”，又或者成为普遍均质的“经济人”也需要英国下院一般的资产最小值限定。

② 亚当·斯密：《道德情操论》，蒋自强译，商务印书馆，1997年，第25页。

不可能也无法有效进行。当我们回顾传统的将“看不见的手”视为市场的万能规约的体现时，就会发现这种以外在力量促成的对资本逻辑的佑护并非根本。也正是在这个意义上，资本的欲望机制成为自由主义与新自由主义根本的理论前提，“市场”的客观性不过是“资本的逻辑”的设定或外化，它本质上服从于资本的强力，也为资本的扩张效劳，而关于“秩序的实现”与“均衡的达成”的理论证明，当然是站在资本的立场上提出的更多的“看不见的手”式的“片面的正确”，或将实际的混乱描述为秩序。

更进一步地，当我们关注到《道德情操论》(*The Moral Sentiments*)中的另一处“看不见的手”的论证的时候，就可以更为清楚地认识到这种“片面的”偏见的根源之所在：“在任何时候，土地产品供养的人数都接近于它们所能供养的居民人数。富人只是从这大量的产品中选用了最贵重和最中意的东西。他们的消费量比穷人少；尽管他们的天性是自私和贪婪的，虽然他们只图自己方便，苏安然他们雇用千百人来为自己劳动的唯一目的是满足自己无聊而贪得无厌的欲望，但是他们还是同穷人一样分享他们所作一切改良的成果。一只看不见的手引导他们对生活必需品作出几乎同土地在平均分配给全体居民的情况下所能作出的一样的分配，从而不知不觉地增进了社会利益，并为不断增多的人口提供生活资料。”[①]在这一次的“证明”之中，看不见的秩序力量被明确地区分为看得见的两极：“富人”和“穷人”；在这个实际上体现了“目的论”意义的序列中，“富人”是绝对的宰制者、威权者（这正体现了斯密所代表的古典自由主义的经济–政治立场），他们可以随意择取“最贵重和最中意的东西”，而这些东西无疑是由“穷人”阶层制造出来的。紧接着，斯密为他自己都认为不够充分的论证性“描述”提出了“至高性”辩护：“当神把土地分给少数地主时，他既没有忘记也没有遗弃那些在这种分配中似乎被忽略了的人。后者也享用着他们在全部土地产品中所占有的份额。在构成人类生活的真正幸福之中，他们无论在哪方面都不比似乎大大超过他们的那些人逊色。”[②]

---

① 亚当·斯密：《道德情操论》，蒋自强译，商务印书馆，1997年，第229–230页。

② 亚当·斯密：《道德情操论》，蒋自强译，商务印书馆，1997年，第230页。

至此，“看不见的手”的证明的真正合法性源泉终于发现，全知全能全善的“神性”原则成了“人类生活的真正幸福”的唯一裁断者，在这样的神性视野下，富人和穷人的阶级界分和对立不再存在，因为“在肉体的舒适和心灵的平衡上，所有不同阶层的人几乎处于同一水平。”[①]这里的“同一水平”无疑是及其含混的，但确定的却是亚当·斯密的论证正指向了一种以“自由”为名的市场“神话”：每个人都是资本宰制下的被奴役者，每个人都是逐利者，每个人都自以为快乐，每个人也都以为自己是意识形态灾难中的唯一幸存者。在资本这最终的“神”的规导之下，“社会可以在人们相互之间缺乏爱或感情的情况下，像它存在于不同的商人中间那样存在于不同的人中间；并且，虽然在这一社会中，没有人负有任何义务，或者一定要对别人表示感激，但是社会仍然可以根据一种一致的估价，通过完全着眼于实利的互惠行为而被维持下去。”[②]而结合《国富论》与《道德情操论》的“看不见的手”的论证，当代的斯密解释者埃蒙·巴特勒（Eamonn Butler）提出了一个“融合论”的社会图景：“好的社会制度的基础在于我们学会与人共处。我们都想满足自己的欲望，但往往我们的欲望会与他人有冲突。慢慢地我们懂得什么行为会被别人容忍，并且不会导致毁灭性的暴力。因此，在与生俱来的人类同情心帮助下，我们制定了正义规则，遵循这些规则，我们就可以在不损害别人利益的情况下追求自己的利益。不仅在经济领域，在其他社会交往中也一样，我们学会合作共赢，尽管这完全不是我们的初衷。”[③]在这个论域之下，哈耶克通过其对斯密理论的阐述进一步展示了这样的企图：“亚当·斯密及其同时代之人的所作所为，就是把归因于建设性制度的一切东西都分析成某些明确原则之自发而不可抗拒的发展——并解释出：即使是人工痕迹明显的最为复杂的政策

① 亚当·斯密：《道德情操论》，蒋自强译，商务印书馆，1997年，第230页。
② 亚当·斯密：《道德情操论》，蒋自强译，商务印书馆，1997年，第106页。
③ 埃蒙·巴特勒：《亚当·斯密思想导读》，赵根宗译，商务印书馆（香港），2014年，第94页。

体系，其产生也很少是出于人工设计或政治智慧。”①在哈耶克的论述中，“自发而不可抗拒的发展”的“原则”便是“资本的逻辑”，而在对笛卡尔式的理性主义进行批判②的前提下，哈耶克从根本上认为任何“人工设计或政治智慧”对资本及其外化的“市场”的政策性规约都是不适用的因而也是必须放弃的。这样一种“唯资本”的论调在新自由主义的另一核心人物米尔顿·弗里德曼那里更发挥到了极致。弗里德曼提出：“迄今为止，亚当·斯密提出的看不见的手仍然是强有力的，其强大足以消除政治领域那只看得见的手所起到的削弱作用，克服其带来的恶果。”③进而，弗里德曼认为，资本是一种内在的、包容性的力量，总是“可以突破一切难关，恢复原来的健康。”④而从后世所发展出的对“看不见的手”的理念的延伸性阐释之中，我们得以敞开斯密文本的内核性构造，即市场（资本）行为与政府（管制）行为之间的几乎不可调和的紧张关系（Tension），也正是这种“紧张”规划了整个西方自由主义经济危机理论的关键性指向和论证旨趣。

在这个意义上，资本主义—自由主义的意识形态以构造人的商业—交易动机的首要性（使穆勒意义上的“经济人”的理性意涵得以确立）为其理论标的，展示一完整的内在化市场逻辑。“即使是被认为不可异化（被分享而非被交换）的事物——美德、仁爱、知识、意识——都一一落入交换价值的范围。这是‘全体腐化’的纪元，‘普遍图利’的纪元，是‘每

① 弗雷德里希·哈耶克：《自由宪章》，冯克利译，中国社会科学出版社，1999年，第86页。

② 在此哈耶克借米塞斯的话提出对作为经验主义的对立面的理性主义的批判：“旧信仰认为应将社会制度归诸于神，或者至少应追溯到神灵启示下的启蒙，但理性主义在摒弃了这种旧信仰后，也没有找到其他解释。由于理性主义造成了现在的条件，人们也就把社会生活的发展视为完全有目的的与理性的；然而，除了通过在承认其是有目的的和理性的这一事实的前提下进行有意识的选择，还能如何实现社会生活的发展呢？”（哈耶克：《自由宪章》，冯克利译，中国社会科学出版社，1999年，第86页。）

③ 米尔顿·弗里德曼、罗丝·弗里德曼：《自由选择》，张琦译，机械工业出版社2008年，第6页。

④ 米尔顿·弗里德曼、罗丝·弗里德曼：《自由选择》，机械工业出版社，2008，第6页。

件物品都被带入市场的时代，不管是物质的或精神的物品，都被视作具有商业价值，以便能准确地估计物品的价值'。"[①]而在这一“非物质”形态的“异化”进程（“美德、仁爱、知识、意识”）中最具有“生产性”的典范力量，就是斯密的古典自由主义“目的论”，在其中“普遍意志‘以一般法则来治理全部事物，指引向整体的维护及繁荣兴旺’，又‘作为一个连贯的系统，这个宇宙是受它的普遍目标来管治的，即促进它本身以及所有在这系统内的物种的维护与兴旺繁荣’。”[②]

斯密的市场自由主义希图确立的使得“物种的维护与兴旺繁荣”得以可能的“普遍目标”，就是通过“看不见的手”的论证所建立的“自然—自由”的“市场行为”系统（“全体腐化”）。“在几个世纪的瞬间里，国家被认为是一个用来挽回利己主义带来的负面影响的工具。而亚当·斯密的论点刚好相反。个体追求私利的行为不仅有它的作用，而且还能发挥比政府行为更好的作用。事实上，亚当·斯密认为，个人追求私利的行为是一种有力而且正面的力量，甚至可以抵消政客们管理不善带来的负面影响。”[③]从而，“简单地说，亚当·斯密的观点是，市场对于增加国家的财富非常有用，而国家对于市场运作的干预，害处必然大于益处。”[④]亚当·斯密式的“独断论”（Dogmatism）标示了自由“贸易”论（扩大的人性论的意义上的）的“自由”奥义，出于《道德情操论》的“同情—共感”性、合于《法理学讲义》的具身性“权利”，并且恰切地体现了“物理科学反思”[⑤]的“市场行为”本身，就是“自由”的意涵在现代商业社会中的充分体现，而“使国内产业中任何特定的工艺或制造业的生产物独占国内市场，就是在某种程度上指导私人应如何运用他们的资本，而这种管制几乎

---

① 让·鲍德里亚：《游戏与警察》，张新木、孟婕译，南京大学出版社，2013年，第179页。

② 约瑟夫·克罗普西：《国体与经体：对亚当·斯密原理的进一步思考》，江红译，上海世纪出版集团，2005年，第31页。

③ 梅德玛：《捆住市场的手》，启蒙编译所译，中央编译出版社，2014年，第25页。

④ 梅德玛：《捆住市场的手》，启蒙编译所译，中央编译出版社，2014年，第25页。

⑤ 亚当·斯密：《亚当·斯密哲学论文集》，石小竹、张明丽译，商务印书馆，2013年，第105–121页。

毫无例外地必定是无用的或有害的。”[①]而对于亚当·斯密来说，真正可以取代这一系列“无用或有害”的管制—政府行为的，就是根源于“权利”观念（“私有产权”）的自利—互益模型下的经济学推演，也即是理想性的“自由竞争经济学”。“任何人，只要他的言行并没有违反法律，他就应当有绝对的自由以他自己的方式追求个人的利益，使用自己的资本去和他人自由竞争。”[②]

亚当·斯密的商业—市场观念（当时的“异端”与当下的标准版本的“市场经济”意识形态）依赖一种特殊的“德性”（Virtue）理解，特别值得关注的是，这种理解不仅与古典世界（作为典范的希腊—罗马谱系）的思想意旨大相径庭，更加同文艺复兴一向的强调政治参与、公民文化的“市民人文主义”（Civic Humanism）格格不入。斯密“尊崇的是独立的精神与商人自我的意识，而非古典共和主义者们的自由主义市民德性。”[③]斯密所面对的两种不同意义上的“古典性”前设，其共同点都是以拒斥自利的市场行为的“放任性”而强调城邦—国家的政治共同体的在先性与首要性（“人是城邦的动物”/“人是政治的动物”）。在这些古典经济哲学的视野下，“如果没有道德活动的稳固基础，失去了引导其合理公共福利的社会，会盲目地漂游在变幻莫测的海洋上，这海洋就是以商业和信用为基础的经济。”[④]作为“莫测的海洋”的拒斥者，这些实际上迥异于当代自由主义管制经济论者的像亚里士多德传统（Aristotelian Tradition）的思想家们从根本上不承认的存在独立于政治共同体之外的、独立于政治行为之外的私己的行为，并且他们认为，“用个人的财产积累私利或沉湎于个人的奢

---

① 亚当·斯密：《国民财富的性质和原因的研究》（下卷），郭大力、王亚南译，商务印书馆，1974年，第26页。

② 梅德玛：《捆住市场的手》，启蒙编译所译，中央编译出版社，2014年，第26页。

③ 洪特、伊格那季耶夫：《财富与德性——苏格兰启蒙运动中政治经济学的发展》，李大军、范良聪、庄佳玥译，浙江大学出版社，2013年，第198页。

④ 克里斯托弗·贝里：《斯密和现代性》，载《奢侈的概念：概念及历史的探究》，江红译，上海世纪出版集团，2005年，第152页。

侈，就是腐败。”[①]进而，在更为根本的意义上，亚里士多德在他成熟时期的作品《尼各马可伦理学》（*Nicomachean Ethics*）中将那些只按本性的欲望（私利）去行事的人描述为“孩子”，并认为他们只有在更成熟个体的道理（Logos）的管制之下，才能够正当地采取行动，也才能更好地为自己的行为负责。亚里士多德认为，在城邦共同体中，“我们的欲望应当是适度的和少量的，并且不违背于逻各斯。我们所说的服从的、受过管制的品质也就是指这种状态。因为，正如一个儿童应当按照他的教师的指导去生活，我们身上的欲望的部分也应当服从逻各斯的指导。”[②]

亚当·斯密作为一个坚定的自由—市场论者，当然对这种“理智不成熟”论极端拒斥，在这个意义上，他的市场主义就是在经济领域的“反亚里士多德主义”（Anti-Aristotelian）。因而，在相反的意义上，他强调个人利益行为的合理性（Rationality）与规范性（Normativity）。“关于可以把资本用在什么种类的国内产业上，其生产物能有最大价值这一问题，每一个人处在他当地的地位，显然能判断得比政治家或立法家好得多。如果政治家企图指导私人应如何运用他们的资本，那不仅是自寻烦恼地去注意最不需要注意的问题，而是僭取一种不能放心地委托给任何个人、也不能放心地委之于任何委员会或参议院的权利。把这种权利交给一个大言不惭地、荒唐地自认为有资格行使的人，是再危险不过了。”[③]在此，我们清晰地看到，斯密使用了极其近似于古典主义反市场论证的言说策略，并且将“危险”的指斥安插在前者所认为的将带来安稳与和谐的政府的“教导性”的行为上，也就根本上造成了对古典语境的颠转。而结合前面的对于“看不见的手”的论述，我们知道，对于斯密来说，真正“安全”的便只有“放任”个人，以自由（经济自由，但更加是政治自由）为市场正名。在这个意义上，斯密的市场和谐—均衡论也就展现了最为核心的、排他性的“主

① 克里斯托弗·贝里：《斯密和现代性》，载《奢侈的概念：概念及历史的探究》，江红译，上海世纪出版集团，2005年，第152页。

② 亚里士多德：《尼各马可伦理学》，廖申白译，商务印书馆，2003年，第94页。

③ 亚当·斯密：《国民财富的性质和原因的研究》（下卷），郭大力、王亚南译，商务印书馆，1974年，第25–26页。

观”意蕴。“我从来没有听说过，那些假装为公众幸福而经营贸易的人做了多少好事。事实上，这种装模作样的神态在商人中间并不普遍，用不着多费唇舌去劝阻他们。”①叙事恢宏的“自然规律”、言辞庄重的“神性论证”最终还原为极端“视角主义”（Perspectivism）的“我从来没有听说”和“用不着”的经验性（非“论证性”）说服②（Persuade），就恰如还原了中世纪告解实践中神父的解经与开示，也正是这种借助于自由主义市场信仰的“论证”与“解释”，进一步发展出“萨伊定律”中更为主观臆断性的对资本主义经济危机的否定性辩护。

在此，我们清晰地看到，在从重商主义向斯密模式的过度过程中，自由主义政治经济学危机学说的造作以“资产阶级性”为前提，“新教开始从精神上解放人，资本主义则从心智、社会和政治上继续这个任务。经济自由是这个进步发展的基础，资产阶级则是它的生力军。”③但是，这一“自由”的驱动力却在资本主义社会的不断发展中成为“某种残忍和奴役”的造物，就正如别尔嘉耶夫所指称的“有产者”的困境那样：“与无产者相比较，有产者更加是客体化的生存，更加是远离人生存的无限主体性的异化物。资产阶级性完全丧失精神的自由，其生存完全受决定论钳制。……资产阶级性的自然力彰显个体性。一切社会都受其裹挟，而把自己掷进这种氛围中去，贵族、无产阶级、知识分子一并劫数难逃。有产者的致命弱点在于他始终无法克服自身的资产阶级性，即他始终受自己的财产、金钱、致富意志、资本主义社会舆论、社会地位的俘获，并始终受那些被他剥削且害怕他的人的俘获。资产阶级性作为灵魂和精神的一种受束缚状态，它把人的生存都抛给了外在的决定势力。”④因此，资产阶级性是

① 亚当·斯密：《国民财富的性质和原因的研究》（下卷），郭大力、王亚南译，商务印书馆，1974年，第27–28页。

② 自由主义经济学者的这种“说服”理念有着“良好”的延传，这一点在后来的巴斯夏和穆勒、门格尔，以及新自由主义的米塞斯、哈耶克、罗斯巴德身上都有非常好的体现。

③ 弗罗姆：《逃避自由》，刘林海译，国际文化出版公司，2002年，第77页。

④ 别尔嘉耶夫：《人的奴役与自由》，徐黎明译，贵州人民出版社，2007年，第134–135页。

一种“异化物”，是“财产”和“致富意志”的不断膨胀的“客体化”呈现，自由主义政治经济学货币学说正反映了这样一种“异化”状态：在追逐自由权的过程中将自己“抛给了”市场这一“外在的决定势力”。由于市场这一“自然自由”的作用，“不但经济，而且人与人之间的关系也具有这种异化特征，它呈现出物与物之间的关系特征，而非人与人之间的关系。但是，这种工具精神与异化现象最重要最危险的方面或许在个人与自我的关系上。……同其他商品一样，市场决定了这些人类特质的价值，甚至他们的存在。”①

四

尽管现实世界中的经济危机一直存在，但是法国经济学者萨伊（Jean Baptist Say）作为亚当·斯密的重要的阐释者和阐发者，其所论证与论争的“市场定律”正是西方自由主义思想系谱下对“看不见的手”的论证的关键性沿袭，也由以使得因斯密的“自利”教育而开启的资本主义市场的非政府操控论之下的“自然的自由”得到进一步的延伸，并构成自由至上主义经济危机—经济周期思想“建构”（Construction）的核心性构件。在“范式”传播的意义上，萨伊的这一思想理路通过詹姆斯·穆勒（James Mill）的宣传推广而深刻地影响了英国经济学家李嘉图（Ricardo）及李嘉图学派的相关理论；在欧陆的范围内，则发展出神意—经济学的维度的极端“护教”版，也即巴斯夏的“神意和谐”经济论。古典自由主义危机理论的萨伊定律化倾向，也成为后来凯恩斯的危机理论所“批判”的中心论点，并以之成为被新自由主义所严重诟病的新“强制”论的思想源头。历史地看，萨伊的思想在被广泛讨论的同时，也有被简化（如穆勒）甚或被扭曲（如凯恩斯）的倾向，但是，如果回到“萨伊市场定律”的内容本身，我们也许可以说：至少在这个意义上，“萨伊定律”的“供给”，有效地寻找到了其所相因应的“需求”。

① 弗罗姆：《逃避自由》，刘林海译，国际文化出版公司，2002年，第86页。

法国经济史学者罗桑瓦隆（Rosanvallon）在其“市场观念史”著作《乌托邦资本主义》中提出：“亚当·斯密把政府的行为看做建立一个市民社会即一个市场社会的时刻。他所拒绝的是国家作为一个寄生体，他所期望的是建立健全的市场体系。一旦这个任务完成，政府退出的问题就应提到议事日程上来，由市场独自统治社会。从这个意义上讲，亚当·斯密既是市场经济理论家，也是向这种经济过渡的经济理论家。然而，朝这个方向演进的迫切性和根本性，掩盖了市场社会是个乌托邦的问题。”①与社会主义的变革理想一样，沃勒斯坦意义上的“历史资本主义”也是“变革”性的“乌托邦”思辨的产物，资本建制的辩护士与智术师也正是在这个意义上具有了“生产性”；而萨伊就是这样一位资产阶级阶级意识的“生产能手”，他要以“观念”中的（贝克莱式唯心主义的）无危机运行的市场体制替代掉“经验”现实中不停“试错”的“自利”永动机，并把维持这一“人为”（Artificial）系统的“无障碍”（作为“障碍”的政府与“制度”）运转视为是对“自然”（Nature）秩序的终极服从，而由此得来的繁荣与丰裕，则是仰赖这一至高权威的“恩典”（Grace）所赐。萨伊的这种基本教义派的“说服者”的形象，被李斯特（List）形象地描述为：“从来不从有一个学者会像萨伊那样，所具有的真材实料是那样少，而在学术上造成的威胁却是那样大——对于他的学说稍有质疑，就会被蒙上恶名，被视为离经叛道。”②

而进一步的，在《就业、利息和货币通论》中，凯恩斯曾借用约翰·穆勒的话批评他认为萨伊和李嘉图“并没有很清楚的加以说明”③的“萨伊定律”，实际是由约翰·穆勒本人在《政治经济学原理》中首先给出了“标准”表述：“商品的支付手段仍是商品。每一个人购买别人生产物的手段，是由他自己所有的生产物构成的。一切卖主必然是，而且最终都是买主。如果我们能够使本国的生产力突然增加一倍，我们就将使每一市场商品的供给增加一倍。但是，我们同时也将使购买力增加一倍。每个人

① 罗桑瓦隆：《乌托邦资本主义》，杨祖功译，中央编译出版社，2004年，第102页。
② 李斯特：《政治经济学的国民体系》，邱伟立译，华夏出版社，2009年，第260页。
③ 凯恩斯：《就业、利息和货币通论》，高鸿业译，商务印书馆，1999年，第23页。

的需求都会像供给一样增加一倍；因为每个人所能提供交换的物品已增加一倍，因而每个人所能购买的物品也增加一倍。”①

穆勒站在功利主义（Utilitarianism）的角度对萨伊的理论的善意解释（相对于凯恩斯及其追随者的归谬分析而言），可以被视为是对后来的那些显然“并不是萨伊本人在阐述与他的名字如此密切联系在一起的那个命题的时候本来使用的表达方式”②的一种校正：萨伊所讨论的是在一个实现了充分分工的经济体中，每个人获得其他商品的手段是生产相等价值的商品，从而，“生产增加的不仅是商品的供给，而且，根据对生产要素所支付的必需的成本，还产生购买这些商品的需求。”③这也就是萨伊所说的“单单一种产品的生产，就给其他产品开辟了销路。”④

“萨伊市场定律”首先作为对生产过剩的“不可能性”的证明而出现。在萨伊看来，任何商品的“供给”的出现，就一定意味着它可以在“价值”的意义上找到相应的“需求”，因此，“除非存在某些激烈手段，除非发生某些特殊事件，如政治变动或自然灾害等，或除非政府当局愚昧无知或贪婪无厌”⑤的情况，所有商品的相对生产过剩是不可能出现的。⑥“一个人通过劳动创造效用，从而把价值授予某些东西。但除非别人掌握有购买这价值的手段，便不会有赏鉴，有人出价购买这价值。上述手段由什么东西组成呢？由其他价值组成，即由同样是劳动、资本和土地的果实的其他产品组成。这个事实使我们得到一个乍看起来似乎是很离奇的结论，就是

① 约翰·斯图亚特·穆勒：《政治经济学原理》（下卷），郭家麟译，商务印书馆1991年，第95页。

② 约翰·米尔斯：《一种批判的经济学史》，高湘译，商务印书馆，2005年，第127页。

③ 马克·布劳格：《经济理论的回顾》，姚开建译，中国人民大学出版社，2009年，第113页。

④ 萨伊：《政治经济学概论》，陈福生、陈振骅译，商务印书馆，1963年，第144页。

⑤ 萨伊：《政治经济学概论》，陈福生、陈振骅译，商务印书馆1963年版，第145页。

⑥ 弗里德曼后来在《美国货币史》中对于“大萧条”的成因的分析实际上就是从这一角度出发来反驳凯恩斯的“有效需求不足”论的。而这一思路也受到了巴斯夏的启发。具体讨论见后文相关部分。

生产给产品创造需求。”[①]而在这样的一种“商品的支付手段就是商品”的市场模式下，“某一种货物所以过剩，是由于它的供给超过需求。他的供给所以超过需求，则因为它的生产过多，或因为别的产品生产过少。正由于某些货物生产过少，别的货物才形成过剩。”[②]也就是说，从总体供求的角度来说，某一特殊产品的供给过剩必然意味着另一商品的需求过剩，也因此不可能影响对于资本主义所有生产部门的“均衡”增长的判断，更进一步推论，就是所谓生产过剩的危机是根本不可能发生的。而这也就成为熊彼特对这一理论的批评的关节点所在：“它只表现了工业的胜利向前推进，除了局部性的失调和限制性的政府政策以外，没有什么东西阻碍工业在充分就业条件下的持续发展。人民呻吟其下的所有其他的罪恶，在‘供给’创造‘需求’这个口号下都消失了，赋予这个口号的意义比它在严格解释的可能具有的意义要大得多。”[③]

同时，萨伊在“工业在充分就业条件下的持续发展”的理论前提下提出了无危机版本的货币理论（这也成为后来凯恩斯受启发于马歇尔而展开深入批判的理论标的）。萨伊认为，“货币的干预对于他的规律不会造成任何原则上的差异。不论有无货币，产品归根结底还是同产品交换，因为货币只不过是一种交换媒介，由于让他呆滞就会丧失满足或商业上的利得，所以每一个人都将在收入和商业支付两者的习惯所许可的范围内，尽快的花掉它。”[④]货币只是一种“交换媒介”，而绝非交换的目的，“钱毕竟只是移转价值的手段。钱的全部效用，在于把你的顾客想买你的货物而卖出的货物的价值移到你手中。……你是使用只暂时变成银钱形式的他的产品的价值购买他所需要或所喜欢的东西。”[⑤]因此，只要一个商品的供给出现，就自然会“给价值与它相等的其他商品开辟了销路”，进而，只要这

① 萨伊：《政治经济学概论》，陈福生、陈振骅译，商务印书馆，1963年，第142页。
② 萨伊：《政治经济学概论》，陈福生、陈振骅译，商务印书馆，1963年，第145页。
③ 约瑟夫·熊彼特：《经济分析史》（第二卷），朱泱、孙鸿敬、李宏译，商务印书馆1992年，第369页。
④ 约瑟夫·熊彼特：《经济分析史》（第二卷），朱泱、孙鸿敬、李宏译，商务印书馆，1992年，第371页。
⑤ 萨伊：《政治经济学概论》，陈福生、陈振骅译，商务印书馆，1963年，第143页。

种“用商品购买商品”的模式持续，根据货币作为有效流通手段这一性质而言，也就不会出现货币经济条件下的商品的一般供给过剩。[①]“把销路疲滞归因于缺乏货币的说法，是错误地把手段看作原因。……如果其他产品存在，我们不怕得不到充分数量的货币以处理这些价值的流转和互换。如果交易扩大，需要更多货币以便利它的进行，这需要不难得到满足。……货币不久自必涌至，因为无论什么产品，什么地方最需要它，它自然就涌到什么地方。”[②]从萨伊对货币的相对于实体经济的绝对服务性、“辅助性”作用的论述中，已经可以看出实体与货币的二分法的图示，而根据萨伊“在以产品换钱、钱换产品的两道交换过程中，货币只一瞬间起作用”[③]的说法，这一点也正为大卫·李嘉图所承继和发展。

而与德国历史学派的否定性批评（“沿袭”论）不同，奥地利学派的当代代表人物罗斯巴德（Murray Rothbard）在其两卷本自由主义经济学说史中，对于萨伊的“市场”论证给予了极高的肯定：“J.B.萨伊的《政治经济学概论》特别显著的特点就是，他是第一个深入思考自己学科的适当的方法论的经济学家，并且尽可能使自己的著作以这种方法论为基础。根据以前的经济学家他本人的研究，萨伊得出了研究经济理论的独特方法。一个多世纪以后，路德维希·冯·米塞斯将这种方法称为‘人类行为学’。”[④]萨伊的这种从个人/私人（Private）行为的“一般事实”（General Facts）出发来推导经济运行的“特殊事实”的方法论原则，使得萨伊的“自由主义”具有了在罗斯巴德看来（或奥地利学派新自由主义的视角下）不同于斯密—李嘉图传统的“另类”特征：“尽管萨伊没有能够称自己为重农主义者，而是称自己为斯密的信徒，但他基本上仅仅是斯密名义上的信徒而已。……他的观点实际上是后坎替隆和前奥地利学派的思想，而不是经典

① 约翰·斯图亚特·穆勒：《政治经济学原理》（下卷），郭家麟译，商务印书馆，1991年，第96页。

② 萨伊：《政治经济学概论》，陈福生、陈振骅译，商务印书馆，1963年，第143页。

③ 萨伊：《政治经济学概论》，陈福生、陈振骅译，商务印书馆，1963年，第144页。

④ 罗斯巴德：《古典经济学：奥地利学派视角下的经济思想史》，张凤林等译，商务印书馆，2012年，第20页。

的斯密学说。”[①]萨伊这一思想上的“非经典”性，在罗斯巴德的视野之中，也正好开示了其危机理论的特质，也即其“危机意识”的结构性特征。“本质上，萨伊定律是对各种经济学上的不学无知者以及利己主义者所做出的严厉而适当的回应。这些不学无术的人和利己主义者在每次经济衰退或危机时就开始大声地抱怨普遍‘生产过剩’的严重问题，或者用萨伊时代常用的语言，市场上商品的‘普遍饱和’问题。‘生产过剩’意味着生产超出了消费：即产量从总体上与消费相比太大了，因此产品无法在市场上售出。如果产量相对于消费量而言太大了，那么很显然这就是现在所说的‘市场失灵’问题，这种失灵必须通过政府干预来平衡。”[②]

以论证普遍性“生产过剩”的不可能性为己任的“市场定律”，在结构上申明了资产阶级的、自由主义的政府—市场观念。首先，对于萨伊——作为“前奥地利学派”的、同时也是作为斯密的传承者的——理论意识而言，现实的“危机”本身的存在及其造成的危害性并非“直接性”的视而不见（当然，在萨伊的思想方法中对的将“统计方法”排斥出“经济学”的做法也已经使得“直接性”的承认成为不可能），而是在于其论证地位的次要性：自由主义的市场—危机理论并非如那些“不学无知的人”那样，将全部的学术兴趣投向危机之“根源”的寻找，或论证（或者“抱怨”）“市场”之失灵及“失灵”条件下的“干预”的正当性；甚至可以说，这正是萨伊流派的危机论说所要尽力消解的理论倾向：要首先“界定”好“干预”的非正当性，之后才可以讨论“市场”本身所存在的问题，而且“市场”本身存在的问题，也应当通过市场本身的“发展”来获得“自足”与“和谐”。其次，对于萨伊定律的信仰者而言，萨伊的“斯密性”至少提示了“市场”观念中的“均衡”要旨，完全价格机制下的“市场出清”“市场均衡”作为本身应当捍卫的“价值”，所对应的就正是“政府”与诸多“制度”因素所构造的影响市场机制有效发挥作用的“障

① 罗斯巴德：《古典经济学：奥地利学派视角下的经济思想史》，张凤林等译，商务印书馆，2012年，第18页。

② 罗斯巴德：《古典经济学：奥地利学派视角下的经济思想史》，张凤林等译，商务印书馆，2012年，第44页。

碍”，由此，自由主义危机理论也得以将危机之危害性的治理模式，成功还原为“群己权界”议题下的私人领域与公共领域的区分，从而公共权力的干预行为（即使有“宏观调控”的正义之名）并不能“侵入”到私人性的市场领域（约翰·穆勒对此有不同意见），在“权界”的范围之内，只能等待价格机制引导下的市场“自然”（Natural）出清。“法律和政府必须严格地限于保卫个人、自由以及人民的财产不受侵犯。任何超出这一角色的行为，都是对自由和繁荣的破坏。”[①]也正是在这个意义上，“J.B.萨伊通过提出自己的积极的（Activist）方案：削减税收的自由主义计划。反驳了认为消费不足的马尔萨斯和西斯蒙第所提出的经济统制论（Statist）的主张。”[②]

萨伊的“重构”的危机意识与其“观念”中的“均衡”意识（“自由主义的计划”）相呼应，使得其“市场定律”成为“唯市场领域”论的先见，这一点在其对于“定律”本身的应用中可以清楚地看到：“产品的性质，总是决定于社会的需要。我们看到：产品的总产量越多，社会的需要就越大；整个社会所控制的购买手段就越多，它所能购买的数量就越多。如果政府当局出来干涉，阻碍事态的自然趋势，指导生产者的行为。政府的这种行动显然将把国家的一部分生产力引到次要东西的生产，使人们更迫切需要的东西的生产大吃其亏。”[③]在萨伊的理论体系中，政府的指导或干预只能带来更坏的“可见的”后果（在这一点上，萨伊比后来的法国通向巴斯夏更加“激进”）。在当时的历史条件下，“萨伊仇视那些发展以奢侈消费为基础的商业大贵族，因为他们为私利而操纵市场。在重商主义对贸易的控制的背景下，区区的部分自由根本就称不上自由。萨伊认为英国和波拿巴帝国一样，只是名义上的现代共和国，领导者以人民的名义来统治，但实际上却与人民的利益背道而驰。英国和法国人民都缺乏自己

① 罗斯巴德：《古典经济学：奥地利学派视角下的经济思想史》，张凤林等译，商务印书馆，2012年，第725页。

② 罗斯巴德：《古典经济学：奥地利学派视角下的经济思想史》，张凤林等译，商务印书馆，2012年，第51页。

③ 萨伊：《政治经济学概论》，陈福生、陈振骅译，商务印书馆，1963，第164页。

的政治代言人。”[①]显而易见，萨伊的经济—危机意识奠基于其“激进的”（Radical）政治（“自由”）意识，也因此他在“私人行为”的绝对价值的意义下提出的“研究目标、方法和成果被严格界定的能够被观察和实验所确立的实验科学”的“经济学”定义，也实际上成为他在学术领域（“私人行为”）反对政治强力的必然“显现”，这一点，也成为大卫·李嘉图对他的承袭与延传的重要理论特色之所在。

李嘉图的经济危机理论也拓展了“萨伊定律”的论述范围。“活跃而积极进取的英国李嘉图学说的追随者从萨伊的思想中挖掘出的唯一一点就是‘萨伊定律’。詹姆斯·穆勒，这位李嘉图主义运动中的‘列宁’，在自己的著作《为商业辩护》（*Commerce Defended*）中攫取了这个定律，而李嘉图则从其发现者和导师那里接受了这个定律。”[②]这一点（“挖掘”的指向性）也体现在李嘉图本人在《政治经济学及赋税原理》的“序言”中对萨伊学术功绩的颂扬上。“萨伊先生是大陆学者中首先或者前几位之一正确了解和运用了斯密原理的人，将这一具有启迪意义并大有益处的理论体系介绍给欧洲各国，他的功绩大大超过了其他所有大陆学者的全部功绩。除此之外，他成功地使这门科学的逻辑性更强，更具有指导意义，并通过几次独创的、正确的和深刻的讨论使其更为丰富。”[③]

从“意识形态”的恰切性出发，市场经济的“看不见的手”—“萨伊定律”[④]之“斯密原理”的“深刻”的传播的过程中，李嘉图采用了“货币面纱观”的分析范式：“产品总是要用产品或劳务购买的，货币只是实际交换的媒介。某一种商品可能生产过多，在市场上过剩的程度可以使其不

① 贝维尔、特伦特曼：《历史语境中的市场：现代世界的思想于政治》，杨芳、卢少鹏译，人民出版社，2014年，第64页。

② 罗斯巴德：《古典经济学：奥地利学派视角下的经济思想史》，张凤林等译，商务印书馆，2012年，第43页。

③ 李嘉图：《政治经济学及赋税原理》，郭大力、王亚楠译，译林出版社，2011年，第2页。

④ 关于实践理性中的“相容论”问题，相关讨论参见：Morton White：*The Question of Free Will: A Holistic View*，Princeton University Press，1993.

能偿还所用资本；但就全部商品来说，这种情形是不可能有的。”[①]于是，这种基于“总量”之“和谐”（巴斯夏会作出更进一步的论证）的信仰，就构成了李嘉图对于萨伊思想的拓展的关键性论述。否定普遍生产过剩危机的可能性，使得李嘉图同萨伊一样将资本主义/自由主义的无危机论建构在人类行为的“需求”的无限性指向的基础之上。“需求是无限的——资本的运用只要还能产生一些利润，便也是没有限制的。”[②]而根据萨伊的思想，“在一切社会，生产者越众多，产品越多样化，产品便销得越快、越多和越广泛，而生产者所得的利润也越大，因为价格总是跟着需求增长。但是，这种利益只能得自实际生产，强迫产品的流转并不能产生这种利益。”[③]

李嘉图也正是根据萨伊的上述论断而提出了自己的拒斥“强迫”、强调无拘束自我的“经济性”自由的“个人主义”观念。“任何人从事生产都是为了消费或销售；销售则都是为了购买对于他直接有用或是有益于未来生产的某种其他商品。所以一个人从事生产时，他要不就是成为自己商品的消费者，就必然会成为他人商品的购买者和消费者。”[④]也正是在这样的论述的基础之上，李嘉图丰富了“萨伊市场定律”的教条性。他由生产不可能过剩的基础性“原理”外推，认为既然全部的生产性支出都一定会用于（直接地或间接地）购买产品以不同程度上地“实现”自己的需求，则资本主义私有产权制度之下的储蓄与投资则必然保持一致。这也就是他所谓的“积累的资本无论多少，都不会得不到有利的运用。”[⑤]由此可见，李嘉图版本的“守成乐观主义”要较萨伊更为“热烈”，也更呈现为一种

① 李嘉图:《政治经济学及赋税原理》，郭大力、王亚楠译，译林出版社，2011年，第248页。
② 李嘉图:《政治经济学及赋税原理》，郭大力、王亚楠译，译林出版社，2011年，第252页。
③ 萨伊:《政治经济学概论》，陈福生、陈振骅译，商务印书馆，1963年，第157页。
④ 李嘉图:《政治经济学及赋税原理》，郭大力、王亚楠译，译林出版社，2011年，第247页。
⑤ 李嘉图:《政治经济学及赋税原理》，郭大力、王亚楠译，译林出版社，2011年，第247页。

自由理论方面的“相容论”。[①]

对于李嘉图对于萨伊的无危机论证的发展，马克思给出了明确的评价：“李嘉图自己对于危机，对于普遍的、由生产过程本身产生的世界市场危机，确实一无所知。”[②]在《政治经济学批判》之中，马克思则更具针对性地指出，萨伊定律的“建立平衡的方法是把流通过程变成直接的物物交换，又把从流通过程中搬来的货物买者和卖者偷偷地塞到直接的物物交换中去。……买和卖之间的形而上学的平衡，不过是说每次买就是卖，每次卖就是买，这对那些不能卖出，因而也不能买进的商品监护人，并不是什么特别的安慰。”[③]虽然有马克思深刻的批评性评述在前，但是在自由主义的理论视域之下，本质意义上的“资产者”（马克斯·舍勒语）仍旧将萨伊—李嘉图的思想范式采纳为一种“特别的安慰”，并最终由穆勒理论化为“无害的静止状态”。从根本上讲，萨伊—李嘉图系谱的资本主义观是积极而乐观的，“资本主义经济对他来说是一架理想的可调整的机器，销售方面的一切困难很容易得到解决：哪个生产者的商品过多，他就会从市场上得到信息，于是转而生产别的商品。”[④]但是，历史的发展有其不可更动的律则性，这架运转良好的“机器”的“可调整”性在1825年的大危机

① 美国自由放任主义哲学家诺齐克有关于市场的“看不见的手”性质的专门论述：“市场在西方的存在而不是市场内的平衡在相当程度上是看不见的手的过程的产物。人们试图从某个方向扩大市场，但‘市场’是不受意图控制一点点发展起来的（甚至在一个全面概念出现以后，市场的扩展也很少仰赖掌握了市场这个普遍概念的经济学家）。但试图建立市场或一个迄今未有的市场社会的自觉努力一直存在。如果成功，市场社会的产生不能做看不见的手的解释，但市场内的某种平衡可以。新的市场能否产生某种全面模式能不能做看不见的手的解释，如果那些市场时为了产生这种模式而建立的？（如果我们的市场继续维持，部分是因为人们认为它能产生那样的全面模式，这能否做看不见的手的解释？）对新的社会制度能否做看不见对手的解释，如果它不是模仿以前的制度，而是为了实现某种模式而设计并建构出来的，通过这样的结构激励，人们的相互作用就会产生那种模式？在制度内的人看来，这个模式是看不见的，但对于它的设计者而言，它是看得见的。”罗伯特·诺齐克：《苏格拉底的困惑》，郭建玲、程郁华译，商务印书馆，2015年，第237–238页。

② 马克思：《剩余价值理论》（第二册），人民出版社，1975年，第572页。

③ 马克思：《马克思恩格斯全集》（第13卷），人民出版社，1965年，第87–88页。

④ 阿尼金：《改变历史的经济学家》，晏智杰译，华夏出版社，2007年，第203页。

之后就受到了根本性的质疑和挑战，其猛烈程度并不是休谟、斯密或李嘉图与萨伊所能够想见的。

五

迥异于萨伊—李嘉图系谱的对资本主义前景的乐观与辩护态度，马尔萨斯（Malthus）延展其对于有限资源与人口盲目增长条件下“危机”（“人口危机”也就是根本上的“经济危机”）可能性的审理，对资本主义的发展提出了他的“盛世危言”，并且非常深刻地影响了他的同代人西斯蒙第的经济观念。

正如在《人口原理》（*An Essay on The Principle of Population*）一书中，马尔萨斯致力于“探求使一国人口限制在实际供应所容许的水平的原因”[①]这样的从“实然”的限制出发的思路一样，马尔萨斯拒斥斯密、萨伊以降的对于经济发展的规范性（“应然”）辩护，并如其所援引的法国哲学家孔多塞所论，认为经济危机的辩护士所试图论证的“由界限不能确定的局部改善推论无止境的进步，是一个谬误。”[②]在马尔萨斯看来，基于人类需求的无限滋长与客观资源的现实有限性之间的无法调和的矛盾，人类社会的不加节制、调控的增长模式，是必将招致其内在而必然的限制力量的，这就是自然法则（Law of Nature）所加诸于社会运行的因果力量，并不可能在没有现实质料的基础、又缺乏明晰的论证的情况下，仅凭言语的修辞性鼓动，就附会成真的。马尔萨斯说：“自然法则的不变性和因果的不变性是一切人类知识的基础，不过，我完全不是说制定和执行自然法则的力量不能‘在一刹那，在转瞬之间’完全改变自然法则。这种变化无疑是可以发生的。我要说的只是，我们不能从理性推论这种变化。倘若实现没有任何明显的征兆或迹象表明某种变化会发生，我们就能够推断这种变化必

① 马尔萨斯：《政治经济学原理》，厦门大学经济系翻译组译，商务印书馆，1962年，第258页。

② 马尔萨斯：《人口原理》，朱泱等译，商务印书馆，2009年，第60页。

将出现，那么，我们做出任何判断都可以认为是合理的。”①

在经济危机的论域下，如马尔萨斯所批评的，其论敌（如萨伊）所遵循的，正是仅仅凭借“理性”（Rational）的辩说，就在没有现实的、实然的基础上，做出了“合理”（Reasonable）的推断，从而论证了经济危机的不可能性。在马尔萨斯看来，萨伊们的最大问题，是以人之“应然”的断言（Assertion）代替对人之“实然”的论证（Justification），也就是对“把人类看做仅仅是具有理性的动物”这一点上，对人的行为（Human Action）的合规则性的过分强调，而这实际上是对于恰切运作的“自然法则”的无视与误读。马尔萨斯从人的“意愿行动”（Voluntary Action）的因果性（Causation）出发，指出“人的自觉行动或许产生于信念，但是信念受影响的程度，在既有理性又具有肉体的动物那里同在仅仅具有理性的动物那里，是迥然不同的。”②

马尔萨斯的这种论断，无疑承袭了文艺复兴时代的马基雅维利以来的“现实主义”人性观念，而正如马基雅维利在其著名的《君主论》（*Prince*）第十五章所论述的，认识人的“实然”，是使得人类真正得以存续发展的前提条件。“对于那些通晓它的人是有用的东西，我觉得最好论述一下事物在实际上的真实情况，而不是论述事物的想象方面。许多人曾经幻想那些从来没有人见过或者知道在实际上存在过的共和国或君主国。可是人们实际上是怎样生活同人应当怎样生活，其距离是如此之大，以致一个人要是为了应该怎样办而把实际上是怎么回事置诸脑后，那么他不但不能保存自己，反而会导致自我毁灭。”③在这个意义上，仅仅从合理性角度对人的行动及其后果做出论断，是不可取的，“不真实”的，甚至是异想天开的（如柏拉图的《理想国》和西塞罗的《共和国》），因为“人是一种复合动物，情欲对于人类理智做出的决定永远是一种干扰力量。”④而对于马尔萨斯来说，恰恰是当我们正视了人类作为“身心复合体”的这一实然状况之

① 马尔萨斯：《人口原理》，朱泱等译，商务印书馆，2009年，第62页。
② 马尔萨斯：《人口原理》，朱泱等译，商务印书馆，2009年，第97页。
③ 马基雅维利：《君主论》，潘汉典译，商务印书馆，1985年，第73页。
④ 马尔萨斯：《人口原理》，朱泱等译，商务印书馆，2009年，第60页。

后，在我们有效地考察了“理性的选择”与“任性的欲望”之间的复杂关系之后，在我们恰切地质疑了资本主义制度下“有效需求”的不可满足之后，萨伊市场定律的内在张力就将向我们显现出来：“萨伊先生在他的有关政治经济学的名著中，甚至认为，商品离开市场进入消费会减少需求，商品的生产则能相应地增加需求。然而，在一般应用上，我觉得这个学说没有根据，而且与支配供给与需求的重要原理完全相反。”①在马尔萨斯的分析中，对于“供给创造需求”的直接线性联系的批判，正是基于他自身对于人类行动主体的反思性把握：“我愿承认，每一自觉的行动都先有理智做出的决定，但是倘若说人的肉体倾向不会作为干扰力量严重影响理智做出的决定，那就与我所认为的有关这一问题的正确理论大相径庭了，也与一切实际经验显然相矛盾了。所以，问题并不仅仅在于是否能使人理解清楚明白的问题，是否能使人相信无可辩驳的论点，人作为理性动物会明白真理，相信真理，但作为复合动物，人又会决心逆真理而动。贪婪的欲望，会促使人行动，尽管他们在采取行动时明明知道这样做会给整个社会的利益带来极其严重的后果。倘若消除了肉欲，他们会毫不犹豫地反对这种行为。若别人有这种行为，问他们怎么看，他们会立即予以谴责。但如果他们有肉欲，则在具体情况下，复合动物的决定会完全不同于理性动物的信念。”②

在为自己的经济危机理论奠定了“人性论”基础之后，马尔萨斯提出了在经济学意义上，仅仅以理想模型完成现实政治的辩护的理论恶果，也正是从这个角度出发，马尔萨斯给认了承认危机的可能性对于推动资本主义本身更好地发展的正面建议，即正视问题，才可以实现完善，而不是抱持梦想，完全忽视实际情况的发展变化，从而失去了改进的契机。“常有人说，虽然不能指望任何事情达到尽善尽美的状态，但在眼前树立起一尽善尽美的模式，总是有益无害的。这种观点表明看来似乎有道理，但实际上却远非如此。如果我们所追求的完美模式不同于并强于自然存在的模

① 马尔萨斯：《政治经济学原理》，厦门大学经济系翻译组译，商务印书馆，1962年，第262页。

② 马尔萨斯：《人口原理》，朱泱等译，商务印书馆，2009年，第97–98页。

式，我们肯定会向这种完美模式有所迈进，不过，由于我们的双眼紧盯着如此完美的模式，我们在其他方面的进步很可能会因此而受到阻碍。一种具有高度智慧而无需吃饭、无需睡觉的生物，无疑要比人类完美得多，但人类倘若要模仿这种生物，不仅无论如何模仿不来，而且还会由于尽力模仿不能仿效的事物，而损害他力图改善的那点理智。”[①]而从这样的“力图改善”的明智审察出发，马尔萨斯将其批判理论的矛头，直接指向了萨伊的理论“理想”：“事实上，商品决不是都和商品交换，很多商品是直接和生产性劳动或私人服务相交换的。显然，这很多的商品，和它们所要交换的劳动比较起来，它们的价值可能因过剩而下跌，正像任何一种商品的价值，与劳动或货币比较起来，会因供给过剩而下跌一样。”[②]

与马尔萨斯（Malthus）一道，西斯蒙第（Sismondi）以其直面危机现象的“消费不足论”而开展反对自由放任市场主义的理论努力。列宁在《评经济浪漫主义》一文中指出，“如果我们一贯把‘生产’看作生产中的社会关系，那么无论‘分配’或‘消费’都会丧失任何独立的意义。如果生产中的关系阐明了，各个阶级获得的产品份额也就清楚了，因而，‘分配’和‘消费’也就清楚了。相反的，如果生产关系没有阐明（例如，不了解整个社会总资本的生产过程），关于消费和分配的任何论断都会变成废话，或者变成天真的浪漫主义的愿望。西斯蒙第是这种论调的创始人。”[③]与列宁的“浪漫主义”定名（这一点在后面会展开论述）相呼应的是马克思、恩格斯在《共产党宣言》中的“阶级”评断：“在农民阶级远远超过人口半数的国家，例如在法国，那些站在无产阶级方面反对资产阶级的著作家，自然是用小资产阶级和小农的尺度去批判资产阶级制度的，是从小资产阶级的立场出发替人说话的。这样就形成了小资产阶级的社会

① 马尔萨斯：《人口原理》，朱泱等译，商务印书馆，2009年，第108–109页。

② 马尔萨斯：《政治经济学原理》，厦门大学经济系翻译组译，商务印书馆，1962年，第262页。

③ 列宁：“评经济浪漫主义”，《列宁全集》（第二卷），人民出版社，1962年，第166–167页。

主义。西斯蒙第不仅对法国而且对英国来说都是这类著作家的首领。”[①]“站在无产阶级方面反对资产阶级”的西斯蒙第，以其对分配的“公正”性后果的强调而成为传统的市场自由主义者的重要批判家（也由此而成为巴斯夏—哈耶克系统的批评对象），而其理论重心，就落在危机问题上。“斯密—李嘉图学派认为积累是资本主义的关键问题，因而他们忽视了实现问题；与此相反，西斯蒙第则把生产与消费的矛盾以及与此相关的市场和实现问题提到了首位。对李嘉图及其门徒来说，经济过程是一个均衡状态的不中断的链条，从一个均衡过渡到另一个均衡是经由自动‘适应’来实现的；相反地，西斯蒙第则集中注意到这种过渡，即经济危机。”[②]

在分析经济危机的成因时，西斯蒙第将消费与生产之间的平衡关系问题放在首位，并因此而将理论论战的矛头直接指向了“萨伊市场定律”（以及在理论承袭上相应的萨伊与李嘉图学派）。“这里有李嘉图和让·巴蒂斯特·萨伊，他们是英国和法国所怀念的人，还有麦克库洛赫、西尼尔。今大，大家常常把他们当做活神仙，向他们请教，这些人一致说，经济学家只要管生产财富就行了，因为各国之所以达到兴旺的顶峰，正是因为不断生产更多的东西的缘故。他们说，在创造交换手段的同时，生产也创造了消费的原因。他们说，不管人类的劳动生产多么大量的财富，都永远不应害怕财富会充斥市场，因为人的需要和欲望是永无止境的，总是会把这些财富转化为享受的。”[③]而与这些乐观的生产（必然）创造消费的自由主义学者（同时也是“自由”—“市场”论的辩护士与智术师）的观点截然相反，西斯蒙第从祖述他的思想渊源（即马尔萨斯）出发来讨论这一问题。“经济学家马尔萨斯先生，他具有伟大的思维天赋，如果他最初不是太经常地把他的敌人卷进形而上学的深处和过分地把精密科学的计算方法应用到精神力量上，他本来是可以加速科学的步伐的，因为他已经隐约地看到必须在生产和消费之间保持差不多准确的平衡。他十分明白消费并不是生产的必然结果。他看到了市场可能发生壅塞，以致使生产活动成为

① 马克思、恩格斯：《共产党宣言》，人民出版社，1997年，第53页。
② 阿尼金：《改变历史的经济学家》，晏智杰译，华夏出版社，2007年，第243页。
③ 西斯蒙第：《政治经济学研究》，胡尧步等译，商务印书馆，1989年，第46页。

生产者本身破产的一个原因。”①而在题为《关于萨伊先生的<消费与生产的平衡>一文的几点意见》的文章中，西斯蒙第在对萨伊主张的回应中进一步展开自己对于“生产者本身”的思考：“我认为，需求、报酬、消费要求增加产品，提高生产就是一件好事；需求毫无增加，而生产者完全依靠剥夺竞争对手的产品的消费者，提高生产就是一件坏事。我指的是各国走向繁荣的自然发展过程，也就是要按本国对新产品的需求和购买力的提高而逐步提高生产。但是，我们的制度和法律，一方面剥夺劳动阶级的一切财产和保障，另一方面也把他们推到盲目生产中去，这种生产与需求、与购买力都毫不适应，以致使他们更加贫困。”②在西斯蒙第的理论反思中，萨伊正是作为那导致“剥夺”与“贫困”的“制度和法律”的代言人而出现的，他所提出的那种基于生产与消费的平衡的前设的理论主张因而都对现实的不平等负有不可推卸的责任，西斯蒙第本人在因此而在一个更为“反讽”（Irony）的意义上向萨伊提出了他的忠告：“像他这样公正无私、毅力坚强的人，如果悉心研究几个强大国家所显示的新现象——物质财富越增加，群众的贫困越严重，生产各种财富的阶级越接近一无所有的穷苦境地，他将获得更显著的进步。”③或者也可以说，上述说法正是西斯蒙第对自己提出的要求，也是他对于自己的相对于其他的资产阶级经济理论家的“更显著的进步”的期许所在。“西斯蒙第拒绝亚当·斯密的下述原理：如果每个社会成员都有可能最自由地追求个人的经济利益，则社会利益将会得到最好的保障。他指出，自由竞争的社会经济后果是灾难性的，由于财富集中在少数人手中，使大多数居民贫困化，结果造成了严重的经济危机。”④

西斯蒙第就是这样以其不可动摇的学术洞见开启了他的所谓“政治经济学新原理”的“新”意所在：“我坚决要求，我要求大家面对这些至今还使我们很多弟兄遭受极大痛苦的灾难来同意我的意见，因为旧的科

① 西斯蒙第：《政治经济学研究》，胡尧步等译，商务印书馆，1989年，第46–47页。
② 西斯蒙第：《政治经济学新原理》，何钦译，商务印书馆，1997年，第530页。
③ 西斯蒙第：《政治经济学新原理》，何钦译，商务印书馆，1997年，第531页。
④ 阿尼金：《改变历史的经济学家》，晏智杰译，华夏出版社，2007年，第242页。

学没有教导我们去了解和预期新的灾难。”[①]进而，西斯蒙第给出了他的对于“新灾难”的洞察所在：“我对于最近几年欧洲遭受的商业危机感到触目惊心；我在意大利、瑞士和法国亲眼见到产业工人所遭受的极度痛苦，至少说在英国、德国和比利时，社会情况完全相似。我认为这些国家、民族都走错了路，他们虽然努力设法补救，但是灾难愈益严重。”[②]

对于西斯蒙第来说，真正“走错了路”的，当然首要的是“这些国家/这些民族”所秉持的政治经济思想，而这一点，又以英国的情形最为关键。“我特别为了使我的读者注意英国，我想通过英国所遭受的危机，根据全世界各种工业之间的联系，来说明我们目前的灾难的原因；我也指明，如果我们继续奉行它所遵循的原则，那我们自己未来的历史会是怎样的。”[③]根据西斯蒙第的考察，“在相距只有几年的期间，就发生两次可怕的危机，它使一部分银行家垮台，使英国的全部工厂都受到灾难；同时，另一个危机摧毁了农场主，从而打击到零售商身上。”[④]但是，与通常所期待的状况相反，英国这样一个古典政治经济学的重要发源地，却没有能够切实有效地推出应对危机的关键性思考（这一点同后世凯恩斯对新古典经济学的批评如出一辙），这在另一个层面上也可以说是宣告了古典理论的破产。“如果英国下定决心，那么，它的生命力以及它那些政治家的天才，会帮助它比其他任何国家更容易回到正路上来的；但是，他们的政治经济学包含偏见，他们的人民有自己的一套习惯，现在呢，处在灾难之中的英国人，并没有采取任何防止灾难日益严重的措施。”[⑤]

受益于“看不见的手”的“不作为”的规范性与对“萨伊市场定律”的本质性信仰的资本主义经济，却在19世纪中叶遭际“生产与消费不平衡”的连续的危机现状，这一点在西斯蒙第看来，其实已经远远超出了简

① 西斯蒙第：《政治经济学新原理》，何钦译，商务印书馆，1997年，第13页。
② 西斯蒙第：《政治经济学新原理》，何钦译，商务印书馆，1997年，第16页。
③ 西斯蒙第：《政治经济学新原理》，何钦译，商务印书馆，1997年，第13页。
④ 西斯蒙第：《政治经济学新原理》，何钦译，商务印书馆，1997年，第8页。
⑤ 西斯蒙第：《政治经济学新原理》，何钦译，商务印书馆，1997年，第10页。

单的经济思想所能涵盖的范畴。“这种问题需要良心正如需要理智一样。明眼人应该认识那些不应有的灾难是人为的，而被害者还是人。他对于灾难不应漠然视之，置之不理，而不想补救的办法。”[①]对于西斯蒙第来说，他甚至有理由相信，导致灾难正可以是“旧”政治经济学的根本问题所在：那种限制政府行为的“有限”话语，其实正是招致“危机”的源头所在；他所谓的“新”式的政治经济学甚至在“道德”或“伦理”的意涵上都是全新的。而在批判旧势力的意义上，西斯蒙第宣称：“我相信我给政治经济学奠定了一个新的基础，因为我确定了全民的收入和研究了收入的分配；收入既然给国家带来莫大的幸福，那么通过研究收入就能够最好的达到这门科学的目的。”[②]从资本主义国家的收入分配的现况出发，从劳动阶级的真实利益状况出发，西斯蒙第的反“斯密—萨伊—李嘉图”谱系的“新政治经济学”构想（或对政治经济学的重新奠基以及对“另一个开端”的历史性思考），就是以“消费不足”论为批判性、否定性的先导，从社会的不平等状况出发，最终试图重构整个政治经济学体系的理论尝试。在这样的理论图景下，西斯蒙第得以重启“政府行为”的合理性维度。“我再一次申请社会力量的干涉，以便使财富的进步正常化，而不使政治经济学遵循一个最简单的、在表面上好像最自由的所谓‘自由放任和自由竞争’（laisser faire et laisses passer）的方针。”[③]

而作为西斯蒙第理论的坚决的对立面，巴斯夏是资本主义“市场决定论”的坚定捍卫者，并且是以哈耶克为代表的当代的新自由主义（Neo—Liberalism）的重要的思想前驱。在1825年危机之后，资产阶级的经济理论阵营发生了深刻的转化，马克思说：“在这种情况下，资产阶级政治经济学的代表人物分成了两派。一派是精明的、贪利的实践家，他们聚集在庸俗经济学的辩护论的最浅薄的因而也是最成功的代表巴斯夏的旗帜下。另一派是以经济学教授资望自负的人，他们追随约翰·斯图尔特·穆勒，

① 西斯蒙第：《政治经济学新原理》，何钦译，商务印书馆，1997年，第13页。
② 西斯蒙第：《政治经济学新原理》，何钦译，商务印书馆，1997年，第12页。
③ 西斯蒙第：《政治经济学新原理》，何钦译，商务印书馆，1997年，第5页。

企图调和不可调和的东西。”[①]正如马克思所正确揭示的，巴斯夏作为资本主义危机理论的“辩护”一派的卓越代表，他的关于“和谐与强制”“政治经济学与社会主义思想”“自然秩序与人为秩序”“可见的与不可见的”的一系列的重要区分，不仅在当时成为自由贸易论与反社会主义论的重要理论武器（巴斯夏还是自由贸易的重要鼓吹者柯布登的好友兼策士），而且作为米塞斯、哈耶克、罗斯巴德、诺齐克等重量级“自由至上主义”（Libertarianism）思想家的“理论前件”，成为全球资本主义时代的“自发秩序与意图伦理”之造作的理论图景的关键性根基。而这些理论和现实的思考，又都是以他的对资本主义经济之先在的“和谐性”的论说为立论基础的。

经济思想史学者阿尼金在其著作《改变历史的经济学家》一书中，在“回顾李嘉图以后的十九世纪经济科学的演进”的论域下，指出“这一过程表现为持续的‘无波折’的庸俗化过程，在英国是李嘉图——麦克库洛赫——西尼尔；在法国是重农主义学者（和亚当·斯密的影响）——萨伊——巴斯夏”。[②]而从“庸俗化”的发展性上考虑，则巴斯夏正可以被算作是这一“演化”过程的集大成者，他深谙自由主义的辩护术，又是“萨伊市场定律”的坚定地守护者，也在这一立场前设下对自由主义危机理论的建构提出了极具创造性的理论“贡献”。

对于他自己的论述谋划（Projection），巴斯夏界定为要真正地揭示“一切正当的利益彼此和谐这个真理。”[③]巴斯夏的这种较萨伊定律更加保守和“规范性”的“前定和谐”论无疑回应并推进了斯密在《道德情操论》中所设定的“神学—经济学问题”（Theological—Economical Problem），也就是巴斯夏在《和谐经济论》中所论述的“上帝关于建立社会秩序的答案以及他赋予人类的用以实现人类进步的全部力量的机制。”[④]进而，这也成为巴斯夏这样的“自由至上主义的典范人物”（哈耶克语）在应用自由

① 马克思：《资本论》（第一卷），人民出版社，1975年，第18页。
② 阿尼金：《改变历史的经济学家》，晏智杰译，华夏出版社，2007年，第232页。
③ 秋风：《市场二十讲》，天津人民出版社，2008年，第83页。
④ 秋风：《市场二十讲》，天津人民出版社，2008年，第83页。

主义的意识形态话语（“经济—和谐”）以抵消当时已有相当影响的（以西斯蒙第为代表的）对资本主义的长期稳定繁荣持悲观态度并寻求外在的（“社会的”以及“国家的”）“干预”的“有危机论”者的现实影响力，并特别要回击这样的“社会公正”经济学家的针对于生产与消费之间的不平衡状况而寻求社会财富的再分配结构的理论主张（甚至晚近的皮凯蒂也仍旧是在这样的思想脉络中跋涉，并其实仍旧受巴斯下的门徒如哈耶克理论影响的钳制）。

巴斯夏的理论奠基于詹姆斯·穆勒式的“阶级聚落”性判准，强调对“和谐”本身的“信仰”，超越了对于经济社会发展的“理解”中的客观性与科学性，并将“干预”设定为绝对不可以接受的“工具性”选项。“凡是承认人的利益彼此和谐并以此为出发点的人，都会赞同用这样的方法来解决社会问题：对各种利益不横加干涉，不人为地进行分配。”①巴斯夏的对于市场性行为的“先验条件”（Transcendental Condition）的刻画，是对后来哈耶克所遵循的自然（Physis）与人为（Poesis）的截然二分的“建构主义”批判的纲领性前设，在这样的视域之下，自由市场主义者甚至都不需要预设上位的（更高“位格”的）“看不见的手”的（永续均衡的）运作就可以论证“私益”与“共利”的必然统一：因为它们本来就被定义为统一的，从“统一性”并不能推论出“歧异性”（但当然这是在前提本身是可确证的意义上才可以成立的命题，而后一点则无疑是可质疑的）。进一步的，巴斯夏不仅仅是要持守其作为“对于一种完全无障碍的自由市场的倡导者”②的纯粹经济（瓦尔拉斯意义上的）层面的辩护士的作风，他的论证目标更是要在思想领域根除涉及到“保护”与“干预”的任何“强制”话语，以实现经济政治的理想化的、自然化的运作（“自生自发秩序”）。这一点（“资本”的辩护士）就在《和谐经济论》的《资本》章的论述中集中地体现了出来：“资本使我们的需要高尚了，使我们的努力减轻了，使我们的满足洁净了，使自然降服了，使道

① 秋风：《市场二十讲》，天津人民出版社，2008年，第83页。
② 罗斯巴德：《古典经济学：奥地利学派视角下的经济思想史》，张凤林等译，商务印书馆，2012年，第723页。

德变成了习惯，使社会性发展了，带来了平等和自由，它还通过最巧妙的方法使得公正无处、无时不在。因此，不管人们从什么角度来看待资本，只要将它与以上各点联系起来，只要它依照不脱离自然轨道的社会秩序去形成和活动，我们就能在它身上找到一切合乎上帝的伟大法则的特点：和谐。”①无危机的“和谐经济”，在巴斯夏的建构之下，不仅成就了理论设想上的“至善”，也同时从根本上革除了制度性、体制性的反资本主义运动的合法性。

从“资本”的利益与立场出发，巴斯夏进而在《致法国青年》一文中展开了对于共产主义革命倾向的“伟大的说服”。“共产主义者们，你们希望人们情同手足，共享上帝赐予的财富。我力图阐明的是，现存社会只要争得自由，就能实现你们的心愿和希望。因为，只要人人为领受上帝的赐予承受一些劳累，一切就可以为所有的人共享，这是非常自然的，当然也可以向为领受上帝的赐予承受了劳累的人自由地付给报酬，这是非常公正的。”②巴斯夏的这种“公正—和谐”观其实是建立在对于当时已经甚为发展的“共产”理想的重新诠释的前提之下，在他看来，只要将人类利益的源头与本质定义为“根本上一致”的，那么整个资本主义的生产—交换—分配—消费的过程也就不可能存在任何的“残酷性”，而干脆就是所谓的“上帝的赐予”的“恩典”的一部分了。这也就成为了巴斯夏努力证成的“阶级”属性之所在，“产业所有者们，不管你们有多少产业，如果我能证明，你们的权利仅限于你们自己的或先辈的实际劳务换取等量劳务，这同工人的权利没有两样，那么，你们的权利虽然如今遭到非议，今后却可以具有不可动摇的基础。”③为资本主义市场的无危机运行奠定“道德”基础，并以这种理论诉求（“如果我能证明”）而展开全面的公共策略，巴斯夏也因此而必然的与社会主义运动站在了对立面上：“社会主义学派之所以力图探索一种人为的社会制度，原因在于他们认为自然的社会秩序有缺陷，而他们之所以认为自然的社会秩序有缺陷，则是因为认定人的利益是

① 巴斯夏：《和谐经济论》，王家宝等译，中国社会科学出版社，1995年，第216页。
② 巴斯夏：《和谐经济论》，王家宝等译，中国社会科学出版社，1995年，第44页。
③ 巴斯夏：《和谐经济论》，王家宝等译，中国社会科学出版社，1995年，第44–45页。

彼此激烈对抗的。否则，他们就不会求助于统制。不言而喻，对于原本就是和谐的事物，当然无须借助强制使之和谐。”①

巴斯夏的对于“自由”资本主义的无危机—和谐论证，无疑正是站在拒斥社会主义运动的“社会”变革诉求的理论立场之上而谋划并造作的，这一“立场至上”的“信仰告白”（与卢梭在《爱弥儿》中给出的颠覆性论述不同，巴斯夏的讨论是极端保守和功利化的）从一开始就预先设定了“社会主义”思想者的对于人类利益的原初冲突的事实上属于“自然法”理论家的学术特质，并同时根据对这一（武断的）理论前设的否证性推演而将社会主义思想鉴别为本质上“反自然”的。而顺应自然，“无争”于世道人心的巴斯夏，也就意旨恢宏地将由他的理论所指导而规划出来的未来社会明晰地揭示了出来：“我们将看到，人们会抛弃通过国家代价高昂而危险的干预互相掠夺的普遍的狂热。政府将严守其职能和责任，一切从简，成本低廉，不把它们一环套一环的承重代价强加于被统治者，以获得公众的好感。这样的政府将具有凝聚力，而这种凝聚力是我们国家从来没有过的东西；我们也可以彻底解决一个大难题，也就是：终结革命。”②

六

约翰·穆勒（John Stuart Mill）理论体系的丰富性（或曰复杂性）使得对他的危机理论的考察必须在《政治经济学原理》（*Principles of Political Economy*）、《论自由》（*On Liberty*）、《功利主义》（*Utilitarianism*）与《代议制政府》（*Considerations on Representative Government*）等文本所构造的

① 秋风：《市场二十讲》，天津人民出版社，2008年，第83页。

② 巴斯夏：《财产、法律与政府》，秋风译，商务印书馆，2012年，第298页。可以说，巴斯夏的这种理论向度，也充分地印证了法兰克福学派对于思想理论的资本主义属性的断言：“思想难免会成为商品，而语言则成了对商品的颂扬，那么，揭示这一堕落过程的尝试在被其世界历史成果彻底毁灭之前，就必须拒绝有关的语言要求和思想要求。”霍克海默、阿道尔诺：《启蒙辩证法》，曹卫东译，上海世纪出版集团，2006年，第1页。

统构的文本脉络之间来进行。约翰·穆勒无疑在马克思所标示的“科学的资产阶级经济学的丧钟”[①]的意义下展开工作，但他理论中“平淡无味的混合主义”则由包含了那个时代重要的对于“社会公正”的“精英”式的关注；他认定资产阶级民主制度（“代议制政府”）为政体的最佳选择，但又在重要的议题上放开了改革的空间；他看到“自由放任”的缺陷，但也指出了“政府干预”的限度；他是自由主义者，“个性”的发展即使带来“危机”也仍被奉为至高，但他又是功利主义者，认为在最大多数的福利计算之下，私人领域仍有被“改变”的需要。而且更重要的，他的“温和品格”[②]并非无理由的“中庸”，他的“自由主义的功利主义”也为资产阶级的对危机的“包容”性开辟新局；在容纳“停滞”的意识形态“周期”里，穆勒的意图正在于通过“所有制”的定论划清“改良”的“界限”，这样，在理论形态上，穆勒的思想就呈现为对西斯蒙第与巴斯夏的“功利主义”式的融合立场。

当代奥地利学派的代表人物罗斯巴德（*Murray Rothbard*）在其学说史溯源性著作《古典经济学》（*Classical Economics*）的相关章节中，展示了聚焦于约翰·穆勒的思想旨趣方面的思想史困境：那些关于“‘究竟什么是穆勒真正的信仰’这一问题所展开的争论，变成了一种无尽无休的家庭手工业式的研究。”[③]而这样的理论困难从根本上说就正体现在穆勒自身经济思想的“光谱”意义的左右摇摆甚至左右混淆的情形之上。“穆勒是一个主张自由放任的自由主义者？还是一个社会主义者？一个浪漫主义者？一个古典主义者？一个主张公民自由的意志论者？一个国家强制道德规范的信仰者？对这些问题都会给出肯定的答案。因为在穆勒长寿且多产的一生中，导致这种争论的素材多如牛毛，他的学术立场既属于上述每个流

① 马克思：《资本论》（第一卷），人民出版社，1975年，第17页。

② 罗斯巴德：《古典经济学：奥地利学派视角下的经济思想史》，张凤林等译，商务印书馆，2012年，第446–452页。

③ 罗斯巴德：《古典经济学：奥地利学派视角下的经济思想史》，张凤林等译，商务印书馆，2012年，第443页。

派，又哪个都不属于，而是一个万花筒，充满变化、转型与矛盾。”[①]显而易见，以罗斯巴德的极端自由主义（Libertarianism）立场来衡定穆勒的调和性的品格（Character），其实本身就是无法达成最优解的理论纷争；或者从更具方法论意义的面向上来探讨穆勒的思想（特别是他在古典政治经济学的框架下对危机理论进行的重构），其实恰恰不能如哈耶克、罗斯巴德那样建构一个既定的观念模板，并以之来裁断一切理论思虑的真值（Truth-Value），而恰恰要在他对于多个理论标签下的理论内容的实质性推进之中，也即是在他本人的思想脉络之中来把握他的理论价值与思想史意义。

根据如上思路，我们的理论考察就将首先从穆勒所追随并发扬光大的以其父詹姆斯·穆勒（James Mill）为代表的“哲学激进派”（Philosophical Radicals）的整体思想旨趣与阶级意向开始。在詹姆斯·穆勒的代表性著作[②]《政治经济学要义》（*Elements of Political Economy*）之中，老穆勒描述了这样的“阶级愿景”：“为社会改良做出了最大贡献的人，他们有可自己安排的时间，没有必要去做体力劳动，不受任何人权力的支配，从事最愉快的职业，因而作为一个阶级，得到的享受最多。”[③]在将“社会改良”与“阶级结构”相勾连的理论设计之中，詹姆斯·穆勒以绝对的排他性视角来对待诸如“体力劳动”这样的区分性因素，仿佛只有充分地远离“劳动”这一阶级性要件，才有可能真正构成历史发展与“社会改良”的动力，也才能够“得到的享受最多”。“来自我们本性的恢宏与卓越特性的全部福祉，它的进步属性，它不断推动人类知识和掌握幸福手段一步步前进的力量，在很大程度上看来有赖于一群有时间供自己支配的那种人的存在；也就是，这些人有钱，是以免除为获得过一定富裕生活的生活资料而担心。就是依靠这批人，知识才得以提高和扩大；也由于这批人，知识得以普及；就是这批人的孩子接受最好的教育，准备承担社会高等和困难的职责，如议员、法官、官员、教师、各种技艺的发明家、重要工程的指挥

① 罗斯巴德：《古典经济学：奥地利学派视角下的经济思想史》，张凤林等译，商务印书馆，2012年，第443页。

② 必须注意的是，这部政治经济学著作就是由约翰·穆勒本人手录完成的。

③ 詹姆斯·穆勒：《政治经济学要义》，吴良健译，商务印书馆，2010年，第36页。

者，有了这些人才，人类支配大自然的力量才能扩展。”[①]在这里，穆勒系谱的对于知识与道德之传播的近似决定论的区分，以及对于罗尔斯所谨慎处理的代际正义（Inter-Generational Justice）问题上，功利主义的穆勒表达（直陈对于“累积性”差异的无条件接受）都毫无疑义的呈现了基础信念（Basic Beliefs）意义上的“主义”倾向，同时，这也可以看做是穆勒将亚当·斯密在《道德情操论》中将“富人”与“穷人”的道德意涵上升到经济哲学的高度的一种回应。因而，“为了幸福，为了把我们的自然装点得更加美丽，让这样的阶级在每一个社会里占有尽可能大的比例，这是特别令人想望的。”[②]而这种“想望”的“幸福”的阶级意涵也就为《共产党宣言》中一针见血的剖析预留了理论前提：“资产阶级抹去了一切向来受人尊敬和令人敬畏的职业的神圣光环。它把医生、律师、教士、诗人和学者变成了它出钱雇佣的雇佣劳动者。”[③]

而作为被资本所“雇佣”的资产阶级化的“学者”，约翰·穆勒（这个有闲暇、有地位的“人才”）所要构造的社会意识形态的另一个面向，就必然是要为“资本”及其制度性建制的最大发展开辟言论上的“自由”空间。在其代表性著作《论自由》（*On Liberty*）的“导论”之中，穆勒为作为资本主义发展之思想基础的个人主义作出“主权”（Sovereignty）的辩护。“任何人的行为，只有设计他人的那部分才须对社会负责。但仅只涉及本人的那部分，他的独立性在权利上则是绝对的。对于自己本人，对于他自己的身和心，个人乃是最高主权者。”[④]这样的断言性论述，结合到前面的“阶级”性分析，我们就可以发现，这里的“绝对性”个人，恰恰是霍布斯（Thomas Hobbes）《利维坦》的“人造神”化以降的在公共领域与私人领域之间做出“群”/“己”划分的进一步深化，在这种“决定性”的区分之下，国家/政府（或其他的以“群”的名义来运作的总体性机构）除特殊情况之外是不能够以“共”或“公”的名义对私人领域进行干预或

① 詹姆斯·穆勒：《政治经济学要义》，吴良健译，商务印书馆，2010年，第36页。
② 詹姆斯·穆勒：《政治经济学要义》，吴良健译，商务印书馆，2010年，第36页。
③ 马克思、恩格斯：《共产党宣言》，中央编译局译，人民出版社，1997年，第30页。
④ 穆勒：《论自由》，许宝骙译，商务印书馆，1959年，第11页。

强制的。“没人所应不断努力以赴特别是志在影响同人的人应永远注视的目标，乃是能力和发展的个人性。”[1]而这也就是穆勒在《政治经济学原理》之最后的部分所处理的问题“自由放任原则或者不干预原则的依据与限度”实际指向所在，在穆勒看来，作为普世价值而存在的“自由放任原则”本身“应该是普遍原则，任何偏离这项原则的行为，除非能证明有很大的益处，否则就一定是有害的。”[2]

但是，与此同时，约翰·穆勒的“危机”观念中贯穿的功利主义要义，又决定了他并不会直接采取（或者也并不真正认同）萨伊—巴斯夏系谱的简单而粗糙的论证模式。虽然穆勒认为“无论我们信奉什么样的有关社会联合体的建设的理论，也无论我们生活在什么样的政治体制之下，每个人都拥有一定的活动范围，这一范围是政府（无论是一个人统治的政府、少数人组成的政府还是多数人组成的政府）不应该予以侵犯的”，[3]但他的立足于总体功利要求的基本立场又要求他修正并推进自由主义经济学的对于1825年以来的经济停滞现象的理解和阐释。“政治经济学家们总是或多或少地意识到，财富的增长并不是无限的，他们将前进中的终止状态称之为停滞状态，所有财富的增长只不过是在延缓停滞状态的到来，财富增长的每一步，都是向停滞状态迫近的一步。”[4]

穆勒的将“停滞”或“危机”形态纳入到其经济理论的探讨范围，虽然是对于古典自由主义传统的认识上的推进，但是事实上这样的理论让步也仅只是其意识形态计划的一个中间环节，这样的理论要素仍受制于他的整个论述的自由主义背景。“在所有较为发达的社会，受到政府干预的大多数事务，还是不如让对相关事务最感兴趣的个人去完成更好些，或者听人事态的发展使其自行得到解决更好些。产生这种情况的原因可以用人们惯于作出的某种陈述相当准确地表达出来，即人民要比政府更为了解他们自己的事务，并且比可以期望政府所能够做到的更加关心他们自己的利

① 穆勒：《论自由》，许宝骙译，商务印书馆，1959年，第11页。
② 梅德玛：《捆住市场的手》，启蒙编译，中央编译出版社，2014年，第53页。
③ 穆勒：《政治经济学原理》（下），金镝、金熠译，华夏出版社，2013年，第699页。
④ 穆勒：《政治经济学原理》（下），金镝、金熠译，华夏出版社，2013年，第697页。

益。对于生活中的绝大部分事务来说，这种理论都是正确的，因而在适用的情况下，与其相冲突的各种类型的政府干预都应该受到谴责。”[①]有了这样的认识基调，以及对于政府与人民的决然二分，穆勒的立论方式就显现为对于前辈自由主义思想家（当然包括其父亲詹姆斯·穆勒）的全面性超越。“对于最近两代的政治经济学家来说，最终也无法避免的停滞状态——人类产业的涓涓细流终将不可抗拒地汇入表面平静的大海之中——肯定是一种令人不快甚至沮丧的前景。因为他们在论述中所采用的语调或者姿态，总是把经济上美好的事物与前进状态，而且仅仅与前进状态紧密相连。”[②]由此可见，在约翰·穆勒看来，传统政治经济学家们面临困境的根源，其实在于他们在自己的理论之中，对资本主义的整体发展态势做出了不必要的、过多的承诺：一种仅仅是前进/增长态的经济历程不仅是不可预设的，而且根本是不可欲求的。但是，穆勒的这种对于“真实”的“表象”（Representation），并没有导向西斯蒙第式的“干预”诉求，而是运用其理论“洞见”，以个人的利益“视角”（Perspective）为出发点，将停滞/危机的可怖意涵消弭于无形。“我更倾向于相信，从总体上看，资本和财富的停滞状态是对我们当前的状态所做出的重大改进。……它也许是文明进程中的一个必要阶段，那些至今还幸运地没有经历这一阶段的欧洲国家，最终也可能无法幸免；它是增长的伴生物，而并非衰落的标志。”[③]也正是在这个意义之上，认定即使在危机时刻仍旧“应该将公共权力对于社会事务的干预限制在最小的范围之内”[④]的穆勒，就通过对于“危机”的无害化处理（事实上的“幻觉化”规避），将整个功利主义—自由主义的经济危机思想建立在《德意志意识形态》所批判的“错误意识”的基础之上，并为之后的杰文斯、瓦尔拉斯的数学化、规范化思考开辟了意识形态上的基本前提：为私有制而“祭献”思想。“在没有试图限制人类本性所决定的终极能力的前提下，我们可以断定，在为未来相当长的一段时期

① 穆勒：《政治经济学原理》（下），金镝、金熠译，华夏出版社，2013年，第879页。
② 穆勒：《政治经济学原理》（下），金镝、金熠译，华夏出版社，2013年，第697页。
③ 穆勒：《政治经济学原理》（下），金镝、金熠译，华夏出版社，2013年，第699页。
④ 穆勒：《政治经济学原理》（下），金镝、金熠译，华夏出版社，2013年，第882页。

内，政治经济学家们将以私有制和个人竞争为基础，去关注与一个社会的生存与发展的条件相关的问题；并且，当前人类的发展状况决定了我们所追求的主要的目标并不是废除私有制度，而是改进私有制度，并且使每一位社会成员都能够分享到它所带来的利益。”①

① 穆勒：《政治经济学原理》（上），金镝、金熠译，华夏出版社，2013年，第183页。

第四章 作为理论对手的凯恩斯

哈耶克的经济危机与经济周期理论，是在不断与凯恩斯及凯恩斯学派的理论斗争中逐步确立起来的（只是其“历史”进程，并不像《凯恩斯大战哈耶克》一书所描绘的那样具有“均势”的意味），因此，要准确刻画哈耶克新自由主义经济危机思想的本质性面貌，就必须通过对凯恩斯经济危机理论（所谓的“凯恩斯主义”）的全面清晰整理，才能够获得深刻的理解。

正如哈耶克将凯恩斯主义的经济危机理论和政策主张归谬为“通货膨胀运动”[①]一样，凯恩斯也将1929年开始在西方各主要资本主义国家出现的经济衰退和严重失业问题归咎于“声称”（但其实是“被阐述为”）“供给自然创造需求”的萨伊定律。凯恩斯以“消费倾向”和“投资诱导”为基底的“有效需求原理”的建构论图示对“作为发现过程的市场竞争”进行规约，力图从外部对资本主义经济观念进行修正，进而在对货币流动性与利率理论的阐发中展开扩张性货币政策的论证，从而实现以政府的力量从总量的观念上重整经济秩序，疗救经济衰退的目的。

在前凯恩斯的主流经济理论界，新古典主义化的“萨伊定律”将市场界定为一种“会自动实现稳定的过程”，[②]即在资本主义市场经济条件下，（商品的）供给会自发创造需求，由此不仅可以获得足够的收入来购买所需要的产品，而且所有的产品最终都可以卖出。按照这种理解，失业问题也就是不可能出现的，因为无论现有的劳动力供给是怎样的状况，总会产生相应的对于劳动力的需求。进而，由于新古典主义的经济政策建议的首要目标是稳定市场价格因此当出现周期性问题的时候，他们所希望采取的也是自我调整式的货币行为，“把降低实际工资当作在发生经济衰退的时

① 哈耶克：《反凯恩斯主义通货膨胀运动》，见哈耶克：《哈耶克文选》，冯克利译，江苏人民出版社，2007年，第118–157页。

② 约翰·米尔斯：《一种批判的经济学史》，高湘译，商务印书馆，2005年，第244页。

候劳动力资源借以赢得市场的一种途径。”[①]由此可见，“萨伊定律”是作为对自由主义政治经济学“自由竞争、自动均衡”的理想模式的辩护工具而存在的，但是其反干预的“唯竞争主义”理路却在20世纪30年代的“大萧条”面前遭遇了空前的理论困境。

大萧条带来了物价下跌、通货紧缩、失业和普遍贫困，其中失业问题是其核心。新古典主义经济学对于“供给自发创造需求”理念的信奉使得当时以费雪为首的主流经济学家仍旧认为应当对经济采取顺其自然的态度，而不能加以干预，让大萧条按其内在的规律运作，只待自我调节的机制发挥作用使经济重新走上正轨。在这个过程中，任何人（特别是政府）的外在干涉都会导致问题加剧而延缓复苏的到来。新古典的这一理论取向是自由主义政治经济学的“有限政府”观念的体现，也隐含着“私利能够达成公益”的天真愿望，但是当大萧条带来的经济问题愈发严重，就业状况愈发严峻，新古典阵营的等待与观望并没有换来复苏的前景的情况下，凯恩斯的理论就应时而出，以其干预主义（“积极自由”的向度）的方式向新古典主义的放任经济观提出了批判。

凯恩斯认为，就业问题的出现是由于有效需求不足造成的：当需求旺盛时，经济呈现繁荣，厂商将扩张业务并雇佣更多的工人，而一旦需求低迷，厂商无法卖出商品，必将被迫减产和裁员，若情况持续恶化（“大萧条”的境遇），就会出现高失业率和经济不景气。“仅仅存在着有效需求的不足便有可能、而且往往会在充分就业到达以前，使就业量的增加终止。尽管在价值上，劳动的边际产品仍然多于就业量的边际负效用，有效需求的不足却会阻碍生产。”[②]总需求的不足决定了厂商在成本—收益决策框架下基于利润最大化原则而采取的雇佣策略，大萧条的情境下人们对于经济持续不景气的预期又加剧了这一判断的持续性。从根本上讲，“没有理由能够说明为什么经济活动总会为保证每一个人都能就业创造出充足的需求。尤其是，虽然每个人的现实支出不得不成为别人的收入，但是，对于

① 约翰·米尔斯：《一种批判的经济学史》，高湘译，商务印书馆，2005年，第244页。
② 凯恩斯：《就业、利息和货币通论》，高鸿业译，商务印书馆，1999年，第36页。

其收益者打算将其储蓄起来的那种收入来说，情况就并非如此了，除非恰好有与这种储蓄计划相协调的投资意图。假若投资意图弱于储蓄意图，就会出现不协调，而这种不协调则将导致需求不足。”①在凯恩斯的理论体系中，有效需求是由消费倾向和新投资的数量而决定的，因此，“如果消费倾向和新投资量造成有效需求不足，那么，现实中存在的就业量就会少于在现行的实际工资下所可能有的劳动供给量。”②由此可见，在凯恩斯看来，充分就业绝非新古典学者所希求的那样可以轻易保持，整个经济体总是会出现生产能力不错充分利用的状况。因此，萨伊定律所提供的乐观论调，即认为经济波动只是充分就业均衡的暂时中断，市场自身必然会有能力使均衡得到恢复的观点就正是凯恩斯所批判的，“萨伊定律所意味着的整个产量的总需求价格在一切产量上都与总供给相等的说法就相当于到达充分就业不存在任何障碍这一命题。”③进而，凯恩斯对于新古典主义理论中认定自由市场具有“趋于最优就业率的自然倾向”的观念提出了批评：“传统经济理论的众所周知的乐观主义已经使经济学者们被看作类似甘迪德那样的人物；他离开了现实世界来耕种自己的园地，并且教导人们：只要听其自然，在可能有的最美好的世界中的一切都会走向最美好的途径。我认为，这种状态可以被归之于他们忽视了有效需求的不足所造成的对经济繁荣的障碍。”④沿着这一思路，凯恩斯进一步断言，如果将新古典化的萨伊定律继续运用于经济实践之中，“它的教言会把人们引入歧途，而且会导致出灾难性的后果。”⑤

综上所述，凯恩斯对所谓“古典学派理论”的“把社会总产量的需求价格和其供给价格假设为相等的说法”⑥所做出的批判，实质上是对资本主义市场经济的自由竞争—自动均衡模式的厌弃。对凯恩斯来说，“认为

① 约翰·米尔斯：《一种批判的经济学史》，高湘译，商务印书馆，2005年，第239–240页。
② 凯恩斯：《就业、利息和货币通论》，高鸿业译，商务印书馆，1999年，第36页。
③ 凯恩斯：《就业、利息和货币通论》，高鸿业译，商务印书馆，1999年，第32页。
④ 凯恩斯：《就业、利息和货币通论》，高鸿业译，商务印书馆，1999年，第38–39页。
⑤ 凯恩斯：《就业、利息和货币通论》，高鸿业译，商务印书馆，1999年，第7页。
⑥ 凯恩斯：《就业、利息和货币通论》，高鸿业译，商务印书馆，1999年，第26页。

需求无法通过有效的经济管理来激励或促进，或者认为这种激励将会扰乱或破坏经济中供求的基本均衡都是错误的。”①在这一认识的主导下，凯恩斯所谓的“只有在偶然的场合或者通过人为的策划”②才能实现的充分就业均衡就正与自由主义的“竞争均衡”观针锋相对。从自由主义的角度出发，“根据竞争‘应当’实现的成果的前见来判断竞争实际取得的具体结果，就像用科学实验的结果是否与人们于此前对此结果的预期相一致的标准来判定这些实验成果一样，也是毫无意义的。”③进而，“竞争与任何其他种类的实验一样，都不可能实现任何可测结果的最大化。”④但是显然，作为自由主义的修正者的凯恩斯，其理论最重要的基点就是要为近乎盲目的竞争提供“应当”意义上的指导，也就是要通过对市场运行“实际取得的具体结果”的外在规训来实现“可测结果的最大化”。从这一原则出发，凯恩斯提出，“与充分就业相对应的有效需求是一种特殊事例：只有当消费倾向和投资诱导相互之间处于一种特殊关系上，该有效需求才能得以实现。”⑤由此，凯恩斯主义的规训伦理就以“消费倾向”与“投资诱导”的协调以及与之相应的“就业量的均衡水平与现期的投资数量”⑥的关系展开而成对新古典货币观的替代的“有效需求原理”。

1.消费倾向与投资诱导

在凯恩斯的理论系统中，“消费倾向”总是与“投资诱导”相因应而存在。“在既定的被我们称之为消费倾向的条件下，就业量的均衡水平（即对全部企业家来说没有动机促使他们扩大或减少就业量的水平）取决于现期的投资数量，投资数量又顺次取决于资本的边际效率表（或曲线）

① 阿巴拉斯特:《西方自由主义的兴衰》，曹海军译，吉林人民出版社，2004年，第389页。
② 凯恩斯:《就业、利息和货币通论》，高鸿业译，商务印书馆，1999年，第33页。
③ 哈耶克:《法律、立法与自由》(第二、三卷)，邓正来译，中国大百科全书出版社2000年，第370页。
④ 哈耶克:《法律、立法与自由》(第二、三卷)，邓正来译，中国大百科全书出版社，2000年，第370页。
⑤ 凯恩斯:《就业、利息和货币通论》，高鸿业译，商务印书馆，1999年，第33页。
⑥ 凯恩斯:《就业、利息和货币通论》，高鸿业译，商务印书馆，1999年，第33页。

与各种期限和风险的贷款利息率结构之间的关系。”[①]从而，“消费倾向”同“投资诱导”两个理念的结合，就构成凯恩斯意义上的“有效需求的构造”。

凯恩斯认为，总的或全部的需求将决定就业水平，而总需求又是由消费决定的，“总需求只能来源于现行的消费以及现在为将来的消费所作出的准备。”[②]凯恩斯式的“消费至上主义”实际是一种表面上宣称为实现充分就业的政治控制论结构，试图通过建构出一个不断刺激出消费需求的“消费社会”来为发展中危机重重的资本主义社会提供维系稳定力量之源，进而，“消费倾向”被区分为“客观”与“主观”两个方面。影响消费倾向的客观因素指向外部经济环境与经济运行所产生的影响，比如利率、税收、收入及财富的分配、预期未来收入等方面，具体而言就是工资单位的改变、收入和净收入之间差额的改变、在计算净收入时没有计入的资本价值的意外变动、对时间折算的贴现率的改变、财政政策的改变、人们改变其对现在和将来的收入水平的差距的期望等，以上这些“改变”就意味着经济运行中的“重叠共识”的构造机制，在政策意涵上也要求一种真正的“程序正义”以维护和稳定经济政治局面，实现经济发展前提下的良序社会建构。只是这里的“正义”取向并不涉及分配正义的理念，也没有将人们不同的政治、道德、宗教背景纳入到分析的框架之中，这也就成为凯恩斯在分析影响消费倾向的主观因素时缺陷所在。凯恩斯所分析的影响消费倾向的主观或心理因素包括消费者对未来的不确定、留存财货的愿望、对独立与权力的愿景等。对未来经济发展的更多的担心、对自身独立自主的更为深切的渴望都将导致更为谨慎的消费行为：更多的储蓄和更少的消费。凯恩斯认为，所有这些主观因素都与如下四种动机相联系：进取动机、流动性动机、改善动机和财务上的谨慎动机。在凯恩斯看来，只有将消费的动机序列（另一种意义上的“重叠共识”）完全纳入总需求函数的考量之中，才能够实现其消费至上主义的理论指归。“消费——重复众

---

① 凯恩斯：《就业、利息和货币通论》，高鸿业译，商务印书馆，1999年，第33页。
② 凯恩斯：《就业、利息和货币通论》，高鸿业译，商务印书馆，1999年，第109页。

所周知的事实——是一切经济活动的唯一目标和对象。”[①]这也就是凯恩斯同新古典学者之间最主要的区别，当出现经济的周期性问题时，新古典主义者认为应当通过让劳动者接受降薪的方式来予以应对，而凯恩斯的消费至上主义则认为这样做无疑会使情况愈演愈烈，“降低工资的结果将远不是使事情得到改善，而很可能是进一步减少整个经济的需求总量，从而使需求不足比以前更加严重。”[②]从这一原则出发，凯恩斯更推导出个人因素之外的、对企业的投资的诱导。

凯恩斯的理论总是以大萧条的境遇为论证的出发点，也因此总是将其理论的未能有效“政策化”指为造成经济波动继续的直接肇因，或者更根本地说，就是将那些与自己理论不相一致的、背道而驰的、反对政府有效干预经济的学说统统视为经济危机的根源，也因此否认了除了在高度控制之下的均衡和自由放任后的危机之外还存在其他经济运行状态的可能性。这表现在其对企业运行的理论观察上，就是认为必须需要通过某种“诱导”才能使企业达至“有效”投资，否则企业在市场竞争环境中的自发行为必然导致整体上的有效需求不足。进而，投资的有效性同资本的边际效率相联系。资本边际效率是指增加一笔投资所预期得到的利润率，“它取决于资本的预期的收益，而不仅仅取决于其现行的收益。”[③]对未来的“预期”总是有不确定性存在，在悲观预期条件下，人们的长期预期将导致对就业具有影响的投资水平下降。悲观主义可能有其客观理由（国际市场上某种产品变得滞销），也可能仅仅是某些悲观主义看法的传播蔓延而成。[④]在这个意义上，所谓的“工商业者”的投资行为就不再是一种理性计算的产物，“进行这种计算的基础并不存在。推动社会的车轮运行的正是我们内在的进行活动的冲动，而我们的理智则在我们能力所及的范围内，在能

① 凯恩斯：《就业、利息和货币通论》，高鸿业译，商务印书馆，1999年，第109页。

② 约翰·米尔斯：《一种批判的经济学史》，高湘译，商务印书馆，2005年，第239-240页。

③ 凯恩斯：《就业、利息和货币通论》，高鸿业译，商务印书馆，1999年，第145页。

④ 保罗·威尔斯：《后凯恩斯经济理论》，瞿卫东译，上海财经大学出版社，2001年，第139页。

计算的时候，加以计算，以便做出最好的选择；但以动机而论，我们的理智却往往退回到依赖我们的兴致、感情和机缘的地步。”①也就是说，对资本收益的预期往往受制于非理性的因素而无法做出对宏观经济运行而言的“最好的选择”。

凯恩斯将“非理性”因素引入分析之中，就意味着投资的有效性被对应于“理性”的成果，而那些不利于总体经济运行的选择都将被（哪怕非常牵强地）视为仅仅来源于偶发的“兴致、感情和机缘”，并必须受到来自外部力量的规训或“诱导”。这就要联系投资诱导的定义来理解。所谓投资诱导，其实际的意义是资本边际效率和利息率的相对的高低。前者代表投资带来的利益，即利益高于代价，在这一情况下，资本家会进行投资，投资量便会增加；如果情况相反，利益小于代价，资本家便没有投资的动机，从而投资量减少。②显而易见，由“投资的动机”引申出的“理智”与“动机”的区分就正是凯恩斯意义上的“理性”与“非理性”的对峙，前者带来繁荣，后者与萧条相伴。而在资本的边际效率这一侧（关于利息率的问题将在后面专章讨论），由于“既定量的资本品的边际效率取决于预期的改变……主要是这一依赖关系才使得资本边际效率具有相当剧烈的波动，而这种剧烈波动可以解释经济周期。”③由此可见，资本的边际效率由于其本身的主观性，也必然充满不确定性，当这一点同消费倾向的不可控性相结合，就构造凯恩斯式的“公共自律与私人自律”之间的紧张，也成为构造“有效需求”的根本困难。

在此，凯恩斯的理性建构主义所指向的（消费意义上的）“公共自律”与“个人自律”的矛盾在投资与消费的语境中就转化为对投资行为的诱导与对消费倾向的规训，但是，这样的一种外在的、建构的模式，恰恰正构成凯恩斯有效需求原理的内在张力。

通过定义，凯恩斯将有效需求问题同企业家行为相联系：“在企业家

① 凯恩斯：《就业、利息和货币通论》，高鸿业译，商务印书馆1999年，第166页。

② 高鸿业：《解读凯恩斯<就业、利息和货币通论>》，山东人民出版社2002年，第80页。

③ 凯恩斯：《就业、利息和货币通论》，高鸿业译，商务印书馆，1999年，第148页。

看来，每一数值的就业量都有一个最低的预期卖价；如果卖价低于此最低数值，他便不会提供与之相应的就业量。这一最低卖价就是相应的就业量的总供给价格。……令Z为雇佣N个人时的产品的总供给价格，则Z和N之间的关系可以被写作为Z= ∮ (N)；等式可以被称为总供给函数。同样，令D为企业家雇佣N个人时所预期的卖价，则D和N之间的关系可以被写作为D=f（N），该式可以被称为总需求函数。现在，N的数值为既定的条件下，如果预期卖价大于总供给价格，即如果D大于Z，那么，企业家就会有积极性把就业量增加到大于N……这样，就业量被决定于总需求函数和总供给函数的交点，因为，在这一点，企业家的预期利润会达到最大化。总需求函数与总供给函数相交时的D的数值被称为有效需求。”[①]在此，有效需求就以当期的就业量N为核心关注，也即是说，在凯恩斯的理论中，有效需求的完备性论证是以实现充分就业为前提的，一旦不能达至充分就业均衡，需求（总体的或个体的）的“有效性”便马上受到质疑。“就业的机会必然会受到有效需求的多寡的限制。总需求指南来源于先行的消费以及现在为将来的消费所做出的准备。”[②]而一旦将就业与消费和投资问题相联系，就必然引出对诸多“非理性”因素所造成的盲目的、非宏观（规训）的经济行为的批判，也就无疑是将对于有效的“需求”的诉求，转化为必须通过有效的外部手段来构造并认肯的“需求”。

正是凯恩斯对于有效需求的这种意向性转换，使其成为霍布豪斯路向上的古典自由主义的革新者。[③]从有效的需求向为了实现需求的有效性而采取有效的管理行为的过渡，意味着凯恩斯式的建构主义以总量经济的名义完成其公共理性的证成，而“这种建构主义的基本概念也许可以以最简单的方式用无辜的基本公理来表达，即既然是人们自己创造了社会和文明的制度，他就肯定可以按照意愿改变这些制度以满足他的欲望或愿望。”[④]

① 凯恩斯：《就业、利息和货币通论》，高鸿业译，商务印书馆，1999年，第29–30页。
② 凯恩斯：《就业、利息和货币通论》，高鸿业译，商务印书馆，1999年，第109页。
③ 阿巴拉斯特：《西方自由主义的兴衰》，曹海军译，吉林人民出版社，2004年，第388页。
④ 杰里·马勒：《保守主义》，刘署辉等译，译林出版社，2010年，第350页。

对“意愿”与“改变”的强调，就使得凯恩斯的干预逻辑可以同古代世界的“积极自由”相联系。正如邦雅曼·贡斯当所指出的，所谓“积极自由”就是每个公民天然地属于共同体，并不存在超出共同体利益的个人利益，因此，为了共同体利益而做出的某种“改变”的相应（哪怕是非自愿的）“意愿”是理所当然的。“在古希腊人中占主导地位的自由观念并不是指一种有保障的个人独立空间。……而仅仅是一种参与其决策的权利。”①在现代代议制民主制度下，凯恩斯意义上的“积极自由”，是掌权者或“决策”者（相对于古代世界的共同决策）改变政令、相机行事的自由，构造“有效需求”就正成为资产阶级统治当局施行治术的“有效”借口，在这个意义上，“他的理论和实践创新也明确地意图挽救和恢复正奄奄一息的资本主义”。②

2.流动性偏好与利息率理论

在凯恩斯的建构论谱系中，“流动性偏好”是作为对于经济的持续增长与充分就业的实现的“消极”因素而出现的。无论是基于传统的节俭惯习，还是出于对于未来的不确定预期而采取的保守行为，都是凯恩斯主义规训伦理的治理对象，而这种“治理”通常就是通过其利息理论来实现的。

流动性偏好是凯恩斯货币理论中的基本概念，③它意指一种心理法则，“流动性偏好是一种潜在的力量或函数关系的倾向，而这一潜在力量或函数关系的倾向可以决定在利息率为既定数值时公众想要持有的货币数量。”④也就是说，流动性偏好是指人们在心理上的一种欲望，即偏好流动性，愿意持有现金而不愿持有其他缺乏流动性的资产的欲望。这种欲望构成了对货币的需求。

凯恩斯认为，人们（“群众”）的货币需求是由四个动机决定的。首

① 约翰·格雷：《自由主义》，曹海军译，吉林人民出版社，2005年，第3页。
② 阿巴拉斯特：《西方自由主义的兴衰》，曹海军译，吉林人民出版社，2004年，第388页。
③ 陈岱孙、商德文：《近现代货币与金融理论研究》，商务印书馆，1997年，第168页。
④ 凯恩斯：《就业、利息和货币通论》，高鸿业译，商务印书馆，1999年，第171页。

先是收入动机。这是从个人的角度而言，由于个人的收入是当期取得的，但其日常花费却是经常性支出，因此为了能够支付这种日常性支出而必须持有一定数量的货币。“这一动机能导致人们作出持有一定量现款的决策；流动性的强弱程度主要取决于收入的多寡以及两次收入之间的正常期间的长短。”[①]其次是业务动机。这是从具体的企业着眼，持有一定数量的现金量是为了在业务上度过从支出生产和运营成本到得到销售收入之间的一段时间间隔。相应地商人持有现金是为了应付从进货到货物售出之间的支付需要。“这种需求的强弱程度主要取决于先行的产量的价值（从而取决于现行的收入）以及售卖产品时所需要经过的环节。”[②]第三个动机是谨慎动机。“为了安全起见，把全部资产一部分以现金的形式保存起来。”[③]凯恩斯认为，出于收入动机和业务动机而造成的货币存留，其支出的时间、数额和用途都是可以事先估量的，但是生活中总是会出现偶然的、突发的事件造成相应的支出，因此，人们也当然地认为应当在手中保留一定量的货币，这也是“谨慎”的意涵所在。第四个动机是投机动机，即人们根据对市场走势及利率变化的预测，持有货币以实现从未来的投资中获利的动机。也就是说，所谓“投机”就是个人以货币形态（“流动性”）保留一部分财产，以便在未来的市场运作中相机行事、投机获利，“即相信自己比一般人对将来的行情具有较精确的估计并企图从中谋利。”[④]

在完成了对引发“流动性偏好”的动机的界定之后，凯恩斯进一步对这四种动机进行了区分。“满足交易动机和谨慎动机所需要的货币量是主要取决于整个经济制度的一般活动和货币收入的水平。然而，正是由于能利用投机动机的作用，所以对货币数量的控制（或者，在不加以控制的情况下，货币数量的自我变动）才能施加对经济制度的影响。”[⑤]通过对货币量与“经济制度”（作为规训主体的国家权力）之间关系的探讨，凯恩斯

① 凯恩斯：《就业、利息和货币通论》，高鸿业译，商务印书馆，1999年，第201页。
② 凯恩斯：《就业、利息和货币通论》，高鸿业译，商务印书馆，1999年，第201页。
③ 凯恩斯：《就业、利息和货币通论》，高鸿业译，商务印书馆，1999年，第174页。
④ 凯恩斯：《就业、利息和货币通论》，高鸿业译，商务印书馆，1999年，第174页。
⑤ 凯恩斯：《就业、利息和货币通论》，高鸿业译，商务印书馆，1999年，第202页。

定义了两类完全不同的货币需求：由于交易和谨慎动机所“引起的对货币的需求除了对一般经济活动和收入的实际水平的变动做出反应外，并不受其他因素的影响，而经验表明：为了满足投机动机引起的对货币需求的总量却呈现出随着利息率的不断改变而继续做出改变的状态。”①也就是说，交易和谨慎动机下的货币需求是相对稳定的，较易估计的，在这两种动机下货币主要充当交换媒介，利率的变化对其影响不大；而在投机动机下构造的货币需求则难以预测，货币充当着价值贮藏的职能，其对利率的变化反映敏锐。

就凯恩斯的理论而言，“经济制度”与“货币量”之间的关系是其基本问题。由于对于凯恩斯来说，货币的发行理所应当的是由国家完全控制（极端的“货币名目主义者”），因此他的流动性偏好分析所指向的理论后果就是如何才能通过有效的手段使得那些由于种种原因滞留在企业或个人手中从而失去流动性的货币重新回到流通中去，以解决所谓的因价值贮藏而导致的“有效需求不足”。为此，凯恩斯特别将流动性偏好推向极端：“当利息率已经降低到某种水平时，流动性偏好几乎变为绝对的，其定义：几乎每个人都宁可持有现款，而不愿持有债券，因为，债券所能得到的利息率太低。在这一场合，货币当局会失掉它对利息率的有效控制。”②由这一对流动性陷阱的极端表述出发，我们一方面可以清楚地看到，在凯恩斯看来，“货币当局”的“有效控制”才是其货币理论的最终指向而并非其不断宣称的对就业问题的解决，或者说就业问题在凯恩斯看来可以作为一个“有效”的借口而得以存在；另一方面则说明了凯恩斯借以施行其规训伦理的理论工具，即利息率理论。进而，凯恩斯引入“贮藏货币”概念来拓展“利息率”的理论视野：“贮藏货币的概念可以被视为是流动性偏好的第一接近值。……只要我们把‘贮藏货币’看作实际持有的现金量，那么，群众的决策不能改变贮藏的货币量，因为，贮藏的货币量必须等于货币数量（或者，按照某种定义，等于货币数量减去交易动机所要求的部

① 凯恩斯：《就业、利息和货币通论》，高鸿业译，商务印书馆，1999年，第202页。
② 凯恩斯：《就业、利息和货币通论》，高鸿业译，商务印书馆，1999年，第213页。

分），而货币数量又不是群众所决定的。群众想要贮藏货币的倾向所能做到的一切不过是决定能使全部想要贮藏的总量等于既存的现金总量时的利息率。忽视利息率和贮藏货币之间的关系的习惯可以部分地解释：为什么利息率通常被当作不花钱的报酬，而在事实上，它却是不贮藏货币的报酬。”①

进一步地，根据的“不贮藏货币的报酬”的思路，凯恩斯将利息率定义为：“利息率是在一个特定期间内放弃流动性的报酬。因为，利息率不过是一笔钱除去它的报酬而得到的比例，其中的报酬系来自在既定的事件内放弃对这笔钱的控制来换取相应的债权这一事实。”②由此，凯恩斯构造了“利息率—流动性”的分析图式，并将利率理论指向如何通过报酬的“诱导”促使人们适时而有效的“放弃流动性”。“由于利息率是放弃流动性的报酬，所以在任何时期的利息率都能衡量持有货币的人不愿意放弃流动性的程度。利息率并不是能对投资资金的需求量和自愿放弃目前的消费趋于均衡的‘价格’，而是能使以现金形式持有财富的愿望和现有的现金数量相平衡的‘价格’——这就意味着：如果利息率具有较低的数值，即如果放弃现金的报酬有所降低的话，那么，公众想要持有的现金量就会超过现有的供给量；如果利息率被提高了的话，那么，就会出现无人愿意持有的多余现金。”③也就是说，货币的供求决定了均衡意义上的利率。在这种情况下，利率是一种体调节机制，它使人们“以现金形式持有财富的愿望和现有的现金数量相平衡。”利率是由既定条件下的流动性偏好和货币数量这两个因素决定的，如果现行利率低于均衡水平，现金换取资本产品的报酬减少，公众愿意持有的现金数量将超过现有的供给数量；如果利率高于这一均衡水平，“就会出现无人愿意持有的多余现金。”

以此为基点，凯恩斯将利率对经济总体的作用概括为宏观和微观两个

① 凯恩斯：《就业、利息和货币通论》，高鸿业译，商务印书馆，1999年，第178–179页。

② 凯恩斯：《就业、利息和货币通论》，高鸿业译，商务印书馆，1999年，第170页。

③ 凯恩斯：《就业、利息和货币通论》，高鸿业译，商务印书馆，1999年，第170–171页。

方面：在宏观上，利率同总消费量和总储蓄量成反方向运动。因为高利率和低投资造成收入下降，且收入下降的程度在绝对量上一定大于投资的减少程度，因而消费量也就会随着收入的下降而减少。在微观上，利率和资本的边际效率之比对企业和个人的投资起决定作用，当资本边际效率不变，利率上升会导致投资的下降，相应地使得由投资所决定的国民收入水平会随之下降，从而减少当期消费趋向下的储蓄量，造成利率与储蓄量的反方向运动。

由此，凯恩斯得出结论：高利率是资本主义社会出现有效需求不足的重要因素。由于资本的边际效率在长期内呈递减趋势，高利率必然阻碍投资，造成投资需求不足；同时，由于投资的减少导致收入的下降，使人们的储蓄能力降低，最终引起总储蓄量下降，根本上造成消费需求的下降。而投资需求和消费需求的不足共同导致了有效需求不足。因此，凯恩斯认为，降低利率是解决有效需求不足问题的重要措施。这也就要求政府通过强制的力量来增加货币的供应，以保持有利于经济发展的利率水平。"处于任何既定的预期状态，群众的头脑中存在着某种满足交易动机和谨慎动机以外的持有现款的潜在愿望，而由于这一愿望而持有的现款数量取决于货币当局把货币创造出来时的利息率。"①

从而，在由凯恩斯所精心构造的"有效需求不足—流动性偏好—利息率控制"的逻辑链条中，"不确定性和预期"两个因素一直被作为实现均衡的"干扰源"来对待，而通过对这两个概念的运用，凯恩斯得以彰显其理论的（被构造出的）"客观性"，同时又通过对这两个因素的"澄清"为其最后提出的扩张性货币政策提供理论依据。

在讨论资本主义经济的总体运行时，凯恩斯强调与利息率相关联的"不确定性"。由于公众并不能有效地预期未来的利率趋向，如果用全部资金购买债券，则当需要现金使用时，又必须出售手中的长期债券才能得到满足当期需求的现金，这就会造成相应的损失，而只有直接持有现金才可能规避这些风险；同时，在资本市场上，虽然可以自由买卖债券，但由于

① 凯恩斯：《就业、利息和货币通论》，高鸿业译，商务印书馆，1999年，第211页。

未来的利率难以确定，而凡是相信未来的利率将高于现期市场利率的人，将都倾向于保留现金，而不会倾向于购买资本品。“存在着对将来的利息率的不肯定性，即：不能肯定将来的各种期限系列的市场利息率的数值。因为，如果能肯定预期到一切将来时间的市场利息率，那么，一切将来时间的市场利息率都可以根据现在的不同期限债券的利息率而被推算出来，因为，现在不同期限的债券利息会根据已知的将来时间的市场利息率而作出相应地调整。”[①]因此，正如资本的边际效率“本身并不取决于‘最好的’看法，而是取决于由群众心理所决定的市场价值；与此相类似，由群众心理多决定的对将来的利息率的估计也对流动性偏好产生影响——但是，在这一场合，需要添增的是：那些相信将来的利息率会高于现行市场利息率的人便有理由来持有具有流动性的现金，而那些对将来的利息率看法相反的人便会有动机来获取短期贷款，以便购买长期债券。”[②]

凯恩斯进一步通过将“信息”因素引入不确定性—预期的分析框架中，也就把政府调控的合法性纳入到论说中来。“一般说来，处境或预期状态的改变会在人们之间造成货币持有量的某些程度的调整……影响之所以不同，其部分原因在于处境和持有货币的理由有所不同；另一部分原因在于对信息和新形势的解释有所不同。这样，新的均衡利息率会伴随着货币持有量的再分配同时出现。……因为，在对新信息的反应上，人们的相同之处要大于他们之间的差异。”[③]就是这样，凯恩斯所强调的政府的权威以“信息”的制造者的身份进入“不确定性”的理论场域，本身强力的政府的外在规训获得了“中性”的表达形式，同时又通过将“利息率的变动”与“信息的改变”之间建立起一种严格的因果链而最终有机会构造一个“预期”的理想状态：“在最简单的情况下，当每个人都是相同的并处

① 凯恩斯：《就业、利息和货币通论》，高鸿业译，商务印书馆，1999年，第171-172页。

② 凯恩斯：《就业、利息和货币通论》，高鸿业译，商务印书馆，1999年，第173-174页。

③ 凯恩斯：《就业、利息和货币通论》，高鸿业译，商务印书馆，1999年，第204-205页。

于相同的地位时，处境或预期状态的改变不会造成任何货币在人手之间的转移。这种最简单的情况会直接把利息率改变到必要的程度，以便抵消出境或预期状态的改变仔利息率维持原状的情况下，人们会因之而改变他们要持有的货币量的欲望。由于当处境或预期状态改变时，每个人所要求的上述利息率的改变都是相同的，所以不会引起任何货币转手的交易。相应于每一种处境和预期状态，就会存在着一定数值的利息率，而且不会有任何人改变他通常所持有的货币量的问题。”正是藉由这一关于“处境和预期状态”的理想态假设，凯恩斯得以提出解决有效需求不足、规训投资与消费倾向、调控流动性偏好的扩张性货币政策。

3. 建构论的意图

作为典型的货币名目论和货币国定论者，凯恩斯认为，作为“治术”的货币的价值是由国家的权威规定的，或者说货币本身的合法性持存是要通过国家的认肯才成为可能。与之相应，在货币的供给问题上，凯恩斯提出“外生货币供给论”，也就是货币的供应完全由被国家所控制的“中央银行”所操控，是经济体系中的外生变量。货币的供应由政府牢牢控制，中央银行根据政府的决策和金融政策而“人为”地影响货币的供应量，这也就是哈耶克所批评的“建构主义的错误”的理论典型。

在哈耶克的讨论中，所谓“建构”的理论总是与“理性”概念相联系而出现的。哈耶克所定义的“理性”就是“马克斯·韦伯所谓Wertrationale（目的理性）”，[①]而在经济—政治的运作之中，正是这种目的理性“使我们受到了误导，认为道德、法律、技巧和社会制度之合理与否，只能看它是否符合某种预先做出的设计。”[②]进而，在这样的“目的—设计”图示下，哈耶克指出凯恩斯（主义）所代表的建构主义的目标“是预测未来的发展，塑造未来，或者——如果有人愿意那样说的话——创造未来。”[③]而对于这样的理论目标，哈耶克认为，“这种对社会形态的建构主义解释，不仅是一种有害的哲学思辨，并且也是一种在解释社会过程和政治行动的机

① 哈耶克：《哈耶克文选》，冯克利译，江苏人民出版社，2007年，第535页。
② 哈耶克：《哈耶克文选》，冯克利译，江苏人民出版社，2007年，第535页。
③ 哈耶克：《哈耶克文选》，冯克利译，江苏人民出版社，2007年，第537页。

会时，据以得出结论的事实断言。在我看来，建构主义者据以得出一些重要结论和声明的这种有违事实的断言，等于是说我们现代社会中的复杂秩序，完全应归因于使人的行动必须受到预测——对因果关系的认识——的支配这种条件，或至少可以通过设计使它产生。”①

凯恩斯货币理论所因袭的“规训伦理”将“预测”与“设计”皈依于“目的理性”，实际上就是通过一系列理论论证的“设计”来达成实现政府调控的“目的”。在凯恩斯看来，市场的运作绝对不能超出政府控制的范围之外，或者说在国家强力的目的理性之外的一切行为都由于其不是“为了明确目标而设计的事物”②而必然归于盲目：单纯的市场运作会导致有效需求不足，自由放任就意味着流动性偏好不受约束，“大萧条”因此在新政自由主义的背景下成为一个随时有可能会堕入的深渊。而在这个意义上，“充分就业”也就成为最合适的“目的—设计”图示：为了达到解决（必须）严重的“就业”问题的“目的”，就必须通过一系列（被凯恩斯主义论证为）“有效”的“设计”来“预测”“塑造”甚至“创造”未来。这样的“未来”，就是由政府所主导的资本奴役形式。

与凯恩斯的“相信某个最高权威，尤其是代表机构，必须拥有不受限制的权力”截然不同，哈耶克提出了基于“人类行为的结果，而不是人类设计的结果”的论证。“支配着人类行为的，绝不仅仅是他们对已知手段同所要达到的目标之间的因果关系的认识，而且总是存在着一些行为规则，他们对这些规则知之甚少，并且也肯定不是他们主动发明的。辨识它的作用和意义，是科学努力的一项困难的、只能部分完成的任务。换句话说，这意味着理性的努力（马克斯·韦伯的“目的理性的行为”）所取得的成功，主要取决于对价值的服从，而这些价值在我们社会中的作用，应当与有意追求的目标作出明确的区分。”③基于“区分”而提出的“价值”与“规则”都指向“市场”，正好与凯恩斯的“目的”与“设计”所针对的“政府”形成对立。在这个层面上，哈耶克将凯恩斯的理论指责为“有

① 哈耶克：《哈耶克文选》，冯克利译，江苏人民出版社，2007年，第537页。
② 哈耶克：《哈耶克文选》，冯克利译，江苏人民出版社，2007年，第536页。
③ 哈耶克：《哈耶克文选》，冯克利译，江苏人民出版社，2007年，第538页。

违事实的断言”也就不难理解：对于哈耶克等新自由主义者而言，对于“自由市场”的任何程度上的外力约束都是不可取的，即便是对于经济危机的“理性”分析也无非是“据以得出一些重要结论和声明”的建构论意图的呈现，结果只能是导致“作为一种有目的的构造而建立起来的”经济学的出现。

在此，通过将哈耶克的批评引入凯恩斯理论的“澄清”过程，凯恩斯货币学说的内在理路也就以一种特别的方式呈现出来，其本然的建构论意图所指向的“扩张性货币政策”也正是在这样的背景下成为凯恩斯主义与新自由主义理论论争的焦点。作为资产阶级经济理论的两个代表人物，凯恩斯和哈耶克的纷争开启了大萧条之后基于“通货膨胀”问题的辩说图景，也正是他们的辩论使膨胀性、扩张性的货币学说呈现为二十世纪自由主义政治经济学的关键议题。

通过一系列“有效”的论证“设计”，凯恩斯得以提出基于他的“目的理性”的、以“扩张性货币政策”为核心的系统性政策建议。凯恩斯首先将经济周期问题与“个人主义”（或哈耶克式的“自由主义”）相联系，认为这样严重的问题“还是不可避免地和现代资本主义的个人主义联系在一起。”①进而，凯恩斯展开了他称之为“避免现在的经济制度完全被摧毁的唯一可行之道”的论述：在经济危机时，仅靠市场机制无法使市场达到（重归）充分就业均衡，因此必须由政府出面干预。在凯恩斯的体系中，就业量由消费倾向和投资量决定，这就意味着要通过政府增加货币数量的办法来提高有效需求，并且这样不仅不会带来真正的通货膨胀的恶果，而且会刺激经济，产生增加就业、产量和收入的预期效果。具体而论，凯恩斯将启动利率作为提高有效需求的杠杆。对此，凯恩斯比较了两种不同的政策工具：降低工资，而保持货币数量不变的伸缩性工资政策和增加货币供给，但让工资水平保持不变的伸缩性货币政策。虽然两者在不调整货币数量以使得利率下降这一点上表面上并没有太大差别，但凯恩斯认为使用伸缩性的、扩张性的货币政策在实际操作中要明智的多。因为基于国家权

① 凯恩斯：《就业、利息和货币通论》，高鸿业译，商务印书馆，1999年，第394页。

力对货币供应的控制，货币政策的“伸缩性”相当容易做到，但是劳资双方的议价（新古典传统下的就业问题解决模式）却要复杂得多。对此，凯恩斯做出乐观的总结：“只有经验才能告诉我们体现于国家政策之中的群众意愿应该在何种程度上被用之于增加和补充投资诱导，亦即应该在何种程度上才能安全地被用之于刺激平均消费倾向……最终的结果可以是，消费倾向会被利息率下降的作用以如此容易的方式加以提高，以致只需要比现有的稍高一点的积累率便能达到充分就业。”①更进一步，凯恩斯提出了他的“理想目标”：“一方面，增加资本数量，一直到它不再稀缺为止，从而，已经没有社会职能的投资者不再能坐享利益。另一方面，建立一个直接税制度，使得理财家、企业家和类似的人物（他们如此喜爱他们的职业，以致可以用远为便宜的代价来取得他们的劳务）的智慧、决心和经营的才能可以通过合理的报酬被引导到为社会服务的渠道。”②在这里，凯恩斯所颂扬的“智慧、决心和经营的才能”被前设为不可能是出于“兴致、感情和机缘”的“非理性”因素，为的只是实现凯恩斯式“理性”经济主义的建构原则：“指出经济力量或经济因素的自由运行所需要的环境，以便实现生产的全部潜力。”③

提出这样的理论建构，与凯恩斯将经济危机同“个人主义”相联系的言说策略相协调，就是对资本主义私有制企业和资产阶级政府之间的关系的重置。“如果有效需求不足，那么，不但资源浪费所引起的社会反对情绪会达到不可容忍的程度，而且，意图把这些资源用于实际的私有企业也会遭受注定要失败的后果。”④为此，凯恩斯甚至不惜冒着被指为对个人主义进行侵犯的风险而为“由于式消费倾向和投资诱导相互协调而引起的政府职能的扩大”⑤而进行辩护，对他来说，“保证充分就业所必需的中央控

① 凯恩斯：《就业、利息和货币通论》，高鸿业译，商务印书馆，1999年，第390–391页。
② 凯恩斯：《就业、利息和货币通论》，高鸿业译，商务印书馆，1999年，第390页。
③ 凯恩斯：《就业、利息和货币通论》，高鸿业译，商务印书馆，1999年，第393页。
④ 凯恩斯：《就业、利息和货币通论》，高鸿业译，商务印书馆，1999年，第394页。
⑤ 凯恩斯：《就业、利息和货币通论》，高鸿业译，商务印书馆，1999年，第394页。

制当然会大为扩充传统的政府职能。”[①]这也就进一步说明了哈耶克所指责的那些“有违事实的断言”背后的依据：资产阶级政府的扩张逻辑。在由马克斯·韦伯定义的现代性世界观中，“官僚化”正是与“（目的）理性化”相对应的构造，而具体到凯恩斯学派这一资产阶级经济学家群体的情况下，就说明正如私人资本的渴望无限的扩张一样，资产阶级政府也同样（甚至更加）渴望扩张，只是这种扩张更多的表现为权力的、官僚机构的、意识形态的扩张，在货币经济领域也就更为精心地“设计”出“扩张性货币政策来实现扩张”。为了达到“目的”，凯恩斯做出许诺：“对经济力量或因素的自由运行有必要加以制止，或加以引导。尽管如此，仍然会留下广阔的天地使私人在其中运用他们的动力和职能。在这个天地中，传统的个人主义的有利之处仍然会继续存在。”[②]这就是凯恩斯主义的矛盾之处，一方面认为资本主义的“经济制度完全被摧毁”的可能“不可避免地和现代资本主义的个人主义联系在一起”；另一方面又表示在他的未来愿景中仍会有“传统的个人主义”的“广阔的天地”。这也就充分说明了凯恩斯主义的本质：一项资本主义治理术。而正如凯恩斯自己所言：“如果去掉个人主义的缺点和滥用，那么，它仍然是个人自由的最好保障。”[③]这也就最终呈现了凯恩斯在提倡国家干预的前提下的自由主义修正者的面向，而哈耶克也就是在对凯恩斯经济危机理论进行彻底批判的情形下，最终攫取了“新自由主义”的理论意涵。

---

① 凯恩斯：《就业、利息和货币通论》，高鸿业译，商务印书馆，1999年，第393页。
② 凯恩斯：《就业、利息和货币通论》，高鸿业译，商务印书馆，1999年，第393页。
③ 凯恩斯：《就业、利息和货币通论》，高鸿业译，商务印书馆，1999年，第393页。

第五章

作为理论规范性来源的米塞斯

哈耶克作为当代新自由主义的代表人物，其思想有典型地传承自其导师米塞斯的方法论特质，也正是接续着米塞斯所开启的“经济学的认识论问题”（Epistemological Problem of Economics）的“规范性”、范导性的理论思路，哈耶克提出了反对圣西门—孔德主义的“理性不及”（或曰“有限理性”）观念，并在“科学的反革命”的辩论中，为新自由主义的经济—社会“无危机”论，奠定了不可置疑的“决定论”（Determinism）基础，也由此，我们如果要全面批判哈耶克在经济危机和资本主义经济发展问题上的错误观点，就必须对哈耶克所传承的方法论原则，也即米塞斯的经济理论做出核心性的分析。

秉持着一种人类行为的“目的论”图示，米塞斯将对实证主义方法学的拒斥作为其理论发展必须清除的障碍。在防止实证主义对人的活动领域的“污染”的面向上，米塞斯在“知识与信念”（Knowledge and Belief）的领域“毫无保留地赞同洛克提出的原则：‘持有任何主张的自信，不应大于赖以建立该主站的证据所允许的程度。’实证主义犯的错误不在于采用了上述原则，而在于不承认除了实验自然性的自然科学方法以外，还有任何其他方法可以证明一项主张，并认为所有其他使用理性话语的方法都是形而上学的方法。在实证主义的专门术语中，形而上学就是胡说八道。人类行为学的认识论，便是揭露实证主义的这一基本论点的荒谬性，并指出它带来的灾难性后果。”[①]而所谓的“灾难性后果”，米塞斯的谈论方式毫不留情：“若逻辑实证主义的经验论原则指的仅仅是自然科学的方法，那便没有任何人对它的主张提出质疑。若它拒斥人的行动科学的认识论原则，那它就不仅是完全错了，而且还是在有意识地破坏西方文明的思想基础。”[②]

① 米塞斯：《经济科学的最终基础》，朱泱译，商务印书馆，2015年，第3页。
② 米塞斯：《经济科学的最终基础》，朱泱译，商务印书馆，2015年，第149页。

为了排除在人的交互行动（Interaction）领域实证主义的“自然主义”（Naturalism）倾向的侵蚀（“有意识地破坏西方文明的思想基础”），米塞斯必须重新审视整个知识分子（Intellectual）群体的“意识形态”层面的极权。“关于当代的意识形态状况，突出的是事实，最为流行的政治学说都鼓吹极权主义，也就是完全取消个人的选择自由和行动自由。同样值得注意的是，最为顽固地倡导这种强求一致的制度的人，都称自己为科学家、逻辑学家和哲学家。”[①]而在一种新的“实证论”（其代表为与米塞斯所隶属的奥地利学派极有地缘关联的哲学上的“维也纳学派”[②]）之“极权”的威慑（或利诱）下，这些专业人士在做着完全无视“人类行动”领域的知识规律的“学术”工作。“在大量资金的支持下，他们忙于把政府、同业公会、公司以及其他企业提供的统计数据重新刊印出来，对它们加以重新编排整理。他们试图计算出各种数据之间的关系，从而弄清他们仿效自然科学而称作的相关性和函数关系。”[③]但是，在米塞斯看来，这种“仿自然科学”的方法论实验（但米塞斯确实还不是海德格尔式的反技术主义者）必然是幼稚而无效的、是必然会被意识形态的操作所消耗掉的，因为“他们未认识到，在人类行动领域，统计一向是历史，所谓‘相关性’和‘函数关系’，只不过是把过去发生在某一时刻和某一地区的事情描述为一定数目的人们的行动的结果。计量经济学作为经济分析的一种方法，是一种玩弄数字的儿童游戏，对于阐明经济现实中的问题，毫无用处。”[④]而在面对这种（似乎是必然的）虚妄的时候，米塞斯就得以提出他的“认识论”的价值，也就是针对明明不可以言说真实、真相，但又必须要任这种“毫无用处”的工作不断持续的所谓“经济理论”，必须要严正的指出其内蕴的“虚无主义”（Nihilism）内核。“认识论从这种状况中应当了解到的

① 米塞斯:《经济科学的最终基础》，朱泱译，商务印书馆，2015年，第148页。
② 中文学界对维也纳学派最有研究的，无疑就是曾任石里克教授助手、与维特根斯坦有过多次交流的洪谦先生，后文将讨论他的维也纳学派逻辑实证主义研究的内容。而对于历史主义的批判性研究，则会追溯到列奥·施特劳斯的《自然权利与历史》（*Natural Right and History*）中的历史主义批判的内容。
③ 米塞斯:《经济科学的最终基础》，朱泱译，商务印书馆，2015年，第74页。
④ 米塞斯:《经济科学的最终基础》，朱泱译，商务印书馆，2015年，第74页。

事情是：假如哪种学说教导我们说，某种‘真实的’或‘外部的’力量把自己的故事书写在了人类心灵上，因而试图把人类心灵变为一种工具，这种工具能像消化器官消化食物那样，将‘现实’转变为观念，那么，这种学说也就不知道如何区分什么是真实的和什么是不真实的。”①

一

在初步澄清了米塞斯的“反对实证主义”的理论指向的旨趣后（具体他进一步的意旨，还需要在后面的章节逐步讨论），我们需要对米塞斯采取这样的激烈论调所由以产生的语境和他具体的“实证主义”论敌，做一个整全式的把握，以推进我们进行下一步的批判性阐释（Critical Interpretation）。

首先，米塞斯做所有的经济学论证，无论认识论的、本体论的，抑或就价值、价格、货币、信用、经济周期等做具体论述，他所依据的，正是他对“自由资本主义”制度的深刻信仰，以及对所有反资本主义的思想做“反自由”的界定。也正是在这个意义上，他把他所觉察、体会到的对自由主义的种种诘问，都归结为一种“心态”，也就是主观意义上的心灵当中的“内容”（Content），而非一种客观实在（Objectivity）的映象或反映。这也就意味着，这种心态下的具体意见（Opinion）是可变的，可塑造的，也因而是不确定的。正如米塞斯承继门格尔所信奉的价值论主观主义，每个人的交流/交易都完全是在独异的（Singularity）、孤绝的（Solitary）状态下采取的无法重复的行为（前面所讨论的“人类行动领域”），而这样的状态其实是非常容易被操控，甚至是意愿被操控的状态。“几百年前，确实只有少数人预料到了，反自由主义理念会在那么短的时间内具有了压倒一切的势头。自由的理想已经深深地扎下了根，因而，人人都认为，任何反动运动都不可能成功地摧毁它。明目张胆地攻击自由，真心诚意地鼓吹回到臣服和束缚状态，确实是毫无成功希望的冒险。但反自由主义却打

① 米塞斯：《经济科学的最终基础》，朱泱译，商务印书馆，2015年，第39页。

着超级自由主义、使自由和解放理念圆满实现的旗号，从而攫住了人们的心灵。”[①]米塞斯对于人们的“反资本主义的心态”（The Anti-Capitalism Mentality）毫不讳言地轻蔑而且无视，他采用历史阶段论来回避正面的论证、辩护，但也将罗尔斯、德沃金的平等主义诉求一并淘汰出局：“人民大众厌恶资本主义制度，把他们自己的行为创造出来的利润污蔑为不公平，这最为令人信服地表明，人民大众的见识肤浅。没收一切私有财产，将其平均分配给所有社会成员，这样的要求只是在完全的农业社会中才有意义。”[②]

米塞斯的这种援引社会发展理论的理论辩护做法，并非是其对唯物史观（Historical Materialism）的信奉使然，而仅仅是一种论证的（Argumentation），或者说修辞的（Rhetorical）策略而已。美国政治哲学家诺齐克在《知识分子为何反对资本主义？》一文中转述（阐释）米塞斯的立场：“经济学家路德维希·冯·米塞斯认为，知识分子之所以反对资本主义，是缘于不成功者的怨恨。人们通常把自己在其他人获得成功的开放制度中的失败归咎于那种制度本身，而不是从自身找原因。”[③]而显然，诺齐克本身并不满意米塞斯的分析，他认为知识分子的导向反资本主义而诉求极权（联系前面所论证的诉诸实证论以获得极权的“用益”）有更复杂的原因而不仅仅如米塞斯所分析的那样可以做单线的“情绪”（Emotional）释解。“如今的知识分子无不期望成为社会上最受尊敬、最有声望、最有权势、收入最高的人。知识分子觉得他们配得上如此荣宠。然而大体说来，资本主义社会并不能如此礼遇知识分子。米塞斯曾经解释过，相对于工人阶层，知识分子有一种特别的怨恨情绪，他们的社会交际对象通常是成功的资本家，与这个集团相比，他们常常为自己低下的地位而感到屈辱。然而，即使那些没有类似社交经验的知识分子也有同样的怨恨情绪，

① 米塞斯：《反资本主义的心态》，见《官僚体制反资本主义的心态》，冯克利、姚中秋译，新星出版社，2007年，第173–174页。

② 米塞斯：《经济科学的最终基础》，朱泱译，商务印书馆，2015年，第128页。

③ 诺齐克：《苏格拉底的困惑》，郭建玲、程郁华译，商务印书馆，2015年，第368页。

所以，仅从社会交际的角度进行解释是不够的。”[①]

毫无疑问，诺齐克的米塞斯解读充满了单一社会形态的优越感，他所强调的“反资本主义”的认知问题，仅仅出现在资本主义社会内部，甚至可以说就是对美国社会本身而言（亦如罗尔斯对“正义社会”的探讨其实也仅限定于非常有限的范围一样），但是，米塞斯强调的所谓“怨恨”，则是更为深切和更有专门的指向，因为在“1900年前后，在讲德语的国家和地区，几乎每个人都是国家主义或社会改良主义的拥护者。人们普遍认为，资本主义和自由主义不但已经过时，而且是日落西山，一败涂地。甚至连那些反对马克思主义的人也毫不怀疑社会主义包含着‘合理内核’，他们以此为根据，主张对国家实行全面的‘社会改革’。”[②]而在米塞斯个人经历方面，“米塞斯曾在第一次世界大战后成功地使奥地利避免了布尔什维克主义可能带来的灾难，而且也为奥地利1922年成功地实现金融稳定做出了显著的贡献。但他却无力制止国家持续不断地滥发货币和漫无止境地扩大信贷范围，更无法阻止政府日益顽固地转向干预主义政策的进程。大量的理论研究是米塞斯清楚地认识到，国家的每一项干预活动都是破坏性的，原想通过干预政策来克服的问题不但不能得以解决，反而还会带来更多同样的问题。”[③]也正是在这个意义上，米塞斯当然会强调“怨恨”作为“情绪”的导向意义，但事实上，对他来说，“反资本主义的心态”亦如“实证主义的心态”一样，是他自身智识历程与学术生涯中挥之不去的阴影。因为“尽管他孜孜不倦第努力工作，奥地利仍然继续滑向了可怕的深渊。对此，米塞斯不抱任何幻想，他清楚地知道，虽然他也许能够推迟毁灭的进程或可以阻止零星的、更可怕的事件的发生，但他无力挽狂澜于既倒。他在回忆录中写道：‘我本来想做一名改革者，但我却变成

① 诺齐克：《苏格拉底的困惑》，郭建玲、程郁华译，商务印书馆，2015年，第368-369页。

② 米塞斯：《自由与繁荣的国度》，韩光明等译，中国社会科学出版社，1995年，第3页。

③ 米塞斯：《自由与繁荣的国度》，韩光明等译，中国社会科学出版社，1995年，第15页。

了一位崩溃的历史记录员。’”①

二

也正是从“个人经历”的“视角主义”（Perspectivism）出发，米塞斯对“实证主义”的批判，并非广义地隶属于欧洲大陆的“理性主义”（Rationalism）传统，这个传统有着源自笛卡尔（Descartes）、斯宾诺莎（Spinoza）、莱布尼茨（Leibniz）的伟大传承，他们与经验主义（Empiricism）的思想斗争贯穿西方哲学发展的始终。如果从话语的表层来观察，米塞斯理应属于这样的群体，并出于类似于康德的“先验”理由，来对经验论展开批驳。但是事实上，米塞斯针对的“逻辑经验主义”（Logical-Positivist）与他本人同属于“奥地利”学术传统，并且都以维也纳大学为学术中心，甚至可以被定义为“奥地利哲学学派”，②而且，对于米塞斯本人而言，他的弟弟理查德·冯·米塞斯就是属于哲学的“维也纳学派”中的一员，③这更加深了米塞斯对实证主义论证的反思的“切身性”（Embodiment）。

根据曾经作为石里克（Moritz Schlick）助手而参与维也纳学派的创立的洪谦先生所著《维也纳学派哲学》一书的论述，“石里克为提倡‘科学的哲学’运动，曾首创现今驰名的维也纳学派。维也纳学派成立以后，所谓伯林学派（Berliner Gruppe）、布拉格学派（Prager Schule）、华沙学派（Warschauer Kreis）也相继成立。这几个著名的学术团体，都是从不同的

① 米塞斯：《自由与繁荣的国度》，韩光明等译，中国社会科学出版社，1995年，第15页。

② 相对应地，经济学的“奥地利学派”也可以与哲学的“维也纳学派”相对而称之为“维也纳经济学派”。

③ 根据汉斯·海尔曼—赫伯的记述，也许正是出于学术意见的根本性分歧，“米塞斯兄弟两人之间的关系长期以来就很紧张。这种紧张关系在他们的流亡生活中有所缓和，但从未密切交往过。米塞斯在评论理查德撰写的那本《实证主义》时，认为此书从第一页到最后一页都是错误的。”米塞斯：《自由与繁荣的国度》，韩光明等译，中国社会科学出版社，1995年，第19页。

问题与方法中，从事于‘科学的哲学’研究的。维也纳学派在石里克领导下，成立世界的科学的哲学的运动中心。”[①]在具体的学术观点上，“石里克认为哲学不是一种理论科学，而是分析科学基本命题的一种逻辑的方法。所以哲学在原则上不能超出科学或与科学并列，应属于科学范围内活动的一种学问。哲学与科学的对象虽然均为科学理论，但是各自的方面不同；哲学为说明科学理论的问题，科学为解决科学理论的问题。关于解决方面的问题，是事实问题，是理论科学的任务，关于说明方面的问题，是语言逻辑（Die Sprachlogik）的问题，则是哲学的任务了。”[②]从“说明”的角度来进行“科学”工作，也就创生出“逻辑实证主义”的思辨形态，这可以说是与“维也纳学派”这一概念的“一体两面”。“逻辑实证论是一般人对于维也纳学派哲学所常用的一个名称。维也纳学派创始于石里克，当代逻辑学家卡尔纳普、魏斯曼，数学家汉恩、孟格尔，物理学家弗朗克，社会学家纽拉特，都是其中主要的人物。维也纳学派在哲学方面的贡献，在于综合马赫、罗素和维特根斯坦的哲学思想，以及应用现代科学如相对论的理论根据建立了一个哲学系统。这个系统我们可称为一个‘科学的哲学系统’。所谓‘科学的哲学系统’虽然是溯源于孔德、穆勒，到马赫、玻尔兹曼、奥斯特瓦尔德、罗素、爱因斯坦才发展起来，但是它能脱离一切形而上学的传统，自成一种哲学体系。”[③]

冯·赖特（Gerog Henrik von Wright）则在《分析哲学：一个批判的历史概述》做历史的转述：“1922年，石里克应邀从基尔来担任一度为恩斯特·马赫所占据的维也纳哲学教授席位。围绕石里克很快聚集了一批人。到20年代末，他们发表了名为《科学的世界观——维也纳学派》的宣言，从而成为一个为更大范围的公众知道的学派。该学派的成员并不

① 洪谦：《维也纳学派哲学》，载韩林合编：《洪谦选集》，吉林人民出版社，2005年，第5页。

② 洪谦：《维也纳学派哲学》，载韩林合编：《洪谦选集》，吉林人民出版社，2005年，第5页。

③ 洪谦：《维也纳学派哲学》，载韩林合编：《洪谦选集》，吉林人民出版社，2005年，第31页。

是‘纯粹’哲学家，而是全都一直还在某一个特殊的学科领域内工作。他们在哲学上共同持有一种基于科学的反形而上学态度。”[①]而且，与罗素（Russell）、维特根斯坦（Wittgenstein）、摩尔（G.E.Moore）的分析哲学的剑桥学派（Cambridge School）不同，“维也纳学派的成员则把自身看做是19世纪实证主义（特别是它在马赫那里获得的、因而是其感染上观念论而不是实在论的形式）的追随者和继承人，特别是在其初创时期，该学派的哲学立场可以刻画为实证主义加上新逻辑创造的工具。这两者的结合也反映在‘逻辑实证主义’这一名称中，它成为这一运动的标签，特别是在英语世界中。”[②]

维也纳学派的“逻辑实证主义”观点鲜明地体现在他们的宣言《科学的世界观：维也纳学派》一文中，特别是米塞斯所诟病的“单一科学”的面向。“科学的世界观的特点并不在于其特有的一些论点，而在于其基本的态度、观点和研究方向。其目的是统一科学。它致力于把个别研究者在不同的科学领域中的成就联系和统一起来。正是出于这一目的，它强调集体的努力，强调那些可以在主体间予以把握的东西，探求一种中立的形式化系统，一种消除了历史语言痕迹的符号系统以及一个总的概念系统。它力求简洁性和明晰性，排斥隐晦玄远和神秘莫测的深奥。哲学上谜语‘深奥的东西’，到处都是表面的东西：全部经验形成了一个复杂的，不能总被概观，而常常只能部分把握的网络。”[③]维也纳学派的这种“科学主义”作风，完全无视米塞斯所关注的形而上学的重要性，但特别的是，这一学术风气的酝酿竟与奥地利学派的思想氛围同出一处，但结果却是恰好相反。“维也纳作为这种发展的特别适宜的土壤，从历史上来看是可以理解的。19世纪下半叶在维也纳，自由主义是长期占统治地位的政治思潮。它

① 冯·赖特：《知识之树》，陈波、胡泽洪、周祯祥译，三联书店，2003年，第121页。

② 冯·赖特：《知识之树》，陈波、胡泽洪、周祯祥译，三联书店，2003年，第121页。

③ 汉恩、纽拉特、卡尔纳普：《科学的世界概念：维也纳学派》，曲跃厚译，陈启伟校，载陈波、韩林合主编：《逻辑与语言：分析哲学经典文选》，东方出版社，2005年，第201页。

的思想起源于启蒙运动、经验论、功利主义和美国自由贸易运动。在维也纳的自由主义运动中，世界知名的学者们现已占主要的地位，例如翻译了约翰·穆勒的冈波斯等人就曾在这里培养了一种反形而上学的精神。”[①]在此，我们不得不说，维也纳学派所崇尚的“集体”性，正是与米塞斯所崇尚的“个人”行动格格不入，也因此维也纳学派的所谓“自由主义”运动，被米塞斯评价为相反的事物，他不无恶意地评价：“奥图·纽拉特在‘统一科学’方法论上的一元论中注入了明确无误的反资本主义基调，把新实证主义转变成了社会主义和共产主义的附庸。”[②]

三

维也纳学派的哲学宣言有其“科学”宏旨，但也有被米塞斯认定为社会主义理论的特质，尤其是他们排斥“形而上学”的方式，可以说是非常历史唯物主义式的、社会主义论的。“形而上学倾向和神学化倾向今天在许多社团和宗派、著作和杂志以及演讲和大学课程中都颇引人注目。这种倾向的增长似乎是以目前激烈的社会斗争和经济斗争为基础的：一批人坚持社会领域中过时的东西，并维护其内容早已多次被否弃的形式；另一批人（特别是在中欧）却面向现代，反对这些观点而坚持经验科学的立场。这种发展也是和广大人民群众对鼓吹传统的形而上学和神学学说的那些人的立场感到失望相联系的。因此，在许多国家，群众已经比以往任何时候都更自觉地反对这些学说，并且与其社会主义立场相联系而倾向于一种注重现世的经验主义观点。”[③]“宣言”将社会主义（Socialism）与经验主义的思想立场挂钩，无疑已经将新的改变（“面向现代”）规定为共产主义运

① 汉恩、纽拉特、卡尔纳普：《科学的世界概念：维也纳学派》，曲跃厚译，陈启伟校，载陈波、韩林合主编：《逻辑与语言：分析哲学经典文选》，东方出版社，2005年，第196页。

② 米塞斯：《经济科学的最终基础》，朱泱译，商务印书馆，2015年，第147页。

③ 汉恩、纽拉特、卡尔纳普：《科学的世界概念：维也纳学派》，曲跃厚译，陈启伟校，载陈波、韩林合主编：《逻辑与语言：分析哲学经典文选》，东方出版社，2005年，第213页。

动的必然产物，而在这样的巨大革命之中，传统意义上的“哲学”必须被扬弃。“科学世界观的代表根本不愿再用‘哲学’这个词来表示他们的工作，以此更强烈地强调与哲学（形而上学）体系的对立。人们可以用任何一个词语来表示这种研究，但这一点是确定无疑的：作为并列与/或超越于各门经验科学的一种基础科学或普遍科学的哲学是没有的；除了经验方法之外，没有任何一种方法可以达到真正的知识；经验之外或经验之上的思维领域是不存在的。”①而在这个意义上，“科学的世界概念”就成为一个问题究竟是否可以被研究的终极判准。“科学的世界概念认为，没有不可解之谜。传统哲学问题的澄清使得我们部分地揭示了它们是一些似是而非的问题（Schein—probleme），部分地把它们转变为经验问题，从而使它们服从经验科学的判断。”②

逻辑经验主义的这一“实证”取向，无疑构成了米塞斯本人的“人本行为学”的经济哲学架构（尤其是“认识论”的部分）根本威胁，也充分体现了米塞斯经济哲学的“传统”性和“形而上学”性。反之，“逻辑分析就不仅在形而上学这个词特有的、经典的意义上克服了它——尤其是经院哲学的形而上学和德国唯心主义体系的形而上学，而且也克服了康德的和现代先天论的隐蔽的形而上学。科学的世界观不承认有任何源于纯粹理性的、无条件有效的知识，不承认有建立在康德认识论或康德前后的一切本体论和形而上学基础的‘先天综合判断’。”③而从这种对于形而上学的拒斥出发，逻辑实证主义的思想“改革”便一路由“算数基础”“物理学基础”一路向“几何学基础”“生物学和心理学基础”发展，最终指向了

① 汉恩、纽拉特、卡尔纳普：《科学的世界概念：维也纳学派》，曲跃厚译，陈启伟校，载陈波、韩林合主编：《逻辑与语言：分析哲学经典文选》，东方出版社，2005年，第212页。

② 汉恩、纽拉特、卡尔纳普：《科学的世界概念：维也纳学派》，曲跃厚译，陈启伟校，载陈波、韩林合主编：《逻辑与语言：分析哲学经典文选》，东方出版社，2005年，第201页。

③ 汉恩、纽拉特、卡尔纳普：《科学的世界概念：维也纳学派》，曲跃厚译，陈启伟校，载陈波、韩林合主编：《逻辑与语言：分析哲学经典文选》，东方出版社，2005年，第203页。

对于“社会科学基础”的重新奠基，而无疑，维也纳学派也是将对“认识论”的改造作为他们的首要目标的。“正如我们已分别在物理学和数学方面所看到的那样，科学的每一个分支在其发展中都迟早会使人认识到，必须对其基础进行认识论的考察，对其概念进行逻辑的分析。这同样适用于社会科学，首先是历史学和经济学。当然，这种净化还没有达到在物理学中所达到的程度。”①

而对于米塞斯来说，维也纳学派的“开创性”（Creativity）哲学工作是完全不可接受，令人发指的，他将所有的人类知识终究要划归“经验”的检验的认识论丝毫不以为然。“逻辑实证主义描述宇宙的方法是有缺陷的。它了解的只是自然科学的实验方法所能够认识的事物。它既忽略了人的行动，也忽略了人的心灵。”②也就是说，米塞斯从根本上，从“社会科学基础”的领域回推，将维也纳学派的“经验”研究完全限定在“自然科学”的限度内。“实证主义的世界观扭曲了人类的基本经验，就这种经验而言，感知、思考和行动的能力是一终极事实，这个事实明显区别于在没有人的有目的的行动干预时发生的一切事情。想要不涉及使人能够有经验的那个要素而谈论经验，那是徒劳的。”③

米塞斯所强调“经验”的属人性，也就是强调“第一人称视角”（First Person Perspective）下人自身对于“人类境况”（Human Condition）的自我理解，而实证主义者们的“科学”视角，其实是人类社会理智危机的征兆。“实证主义强调，自然科学的一切成就都应归功于经验，这只不过重复了一条自从自然哲学寿终正寝以来就没有人再质疑过的自明之理。它在诋毁人类行动科学的方法时，也就为那些正在破坏西方文明基础的势力登上历史舞台铺平了道路。”④米塞斯的有罪推定，直接将整个科学技术的

① 汉恩、纽拉特、卡尔纳普：《科学的世界概念：维也纳学派》，曲跃厚译，陈启伟校，载陈波、韩林合主编：《逻辑与语言：分析哲学经典文选》，东方出版社，2005年，第211页。

② 米塞斯：《经济科学的最终基础》，朱泱译，商务印书馆，2015年，第140页。

③ 米塞斯：《经济科学的最终基础》，朱泱译，商务印书馆，2015年，第141页。

④ 米塞斯：《经济科学的最终基础》，朱泱译，商务印书馆，2015年，第143页。

发展思路放置到人的“自我奴役”这一路向上来，在这个方面他无疑是后期胡塞尔（Late Husserl）的《欧洲科学危机与超验现象学》与海德格尔（Heidegger）的《技术的追问》《世界图像的时代》中论点的同路人。“我们的文明面临的巨大危机，就是这种制订全面计划的热情所带来的后果。总是有人想要限制其他人的选择权利和选择能力。普通人对于无论在哪方面使自己黯然失色的人，总是侧目而视，鼓吹人人一致。我们时代的新颖之处和特点是，鼓吹人人一律和人人一致的那些人，是以科学的名义提出这一主张的。”[①]相因应于米塞斯的反科学立场，或如哈耶克的“科学的反革命”（The Counter-Revolution of Science）说，“选择权利”和“选择能力”有着相对于“全面计划”（如“社会主义经济计算”）的绝对至高性，而维也纳学派的自然科学认识论背后，隐藏着“人人一律”的“决定论”（Determinism），这种认识、认知上的狂妄（鼓吹经济学不如物理学“净化”的思想），是必须通过思想的划界，予以纠正的。“实验性自然科学的研究活动，其本身对于任何哲学和政治问题都是中立的。但是，这些活动只有在个人主义与自由的社会哲学盛行的环境中，才会蓬勃发展，才会有益于人类。”[②]

从米塞斯个人的角度，他对于通过自己的“认识论”研究来拒斥逻辑实证主义的实际影响无疑是悲观的，但也正是他的这种负面态度，继续推动着以哈耶克为代表的奥地利学派学人开展他们的认识论批判，从而成为西方自由主义经济学系谱中的独特景象。“我很清楚，仅凭对于人类行为科学的认识论特征的解释，根本无法动摇，更不用说根除实证主义形而上学之流行了。经济问题不像生物问题或物理问题那么简单，它要复杂得多，复杂到我们甚至无法将它交托给大众的理解能力，作为普通教育计划之一部分。实证主义曾经把经典物理学改造成了符合大众口味的一道盛宴，新实证主义对于当前物理知识的现状也起到了同样的作用。它们歪曲和简化了科学，人们需要经过很长时间才会抛弃这类生吞活剥的过分

① 米塞斯:《经济科学的最终基础》，朱泱译，商务印书馆，2015年，第145页。
② 米塞斯:《经济科学的最终基础》，朱泱译，商务印书馆，2015年，第143页。

简化。在此之前，普通民众仍将继续沉溺于流行哲学之中。”①而正如米塞斯所“沮丧”地揭示的，实证主义的理论“前设”（Presupposition）是完全站不住脚的：“逻辑实证主义者认识到决定论的先验性，于是他们忠实于自己教条式的经验主义，坚决摒弃决定论。但他们没有意识到，他们信念中的那一基本信条，即：用一元论解释一切现象，是没有任何逻辑或经验基础的。”②而且，根据米塞斯的分析，逻辑实证论的基础预设，也是一种“形而上学”。“只有实证主义者将一切形而上学的思辨视为胡说八道并拒斥所有的先验论。有见识的哲学家和科学家毫无保留地承认，自然科学当中没有任何东西可以用来证明实证主义和唯物主义的信条是有道理的，这些学派向人们讲授的也是形而上学，而且是令人很不满意的一种形而上学。”③当然，这种形而上学的极端不能令人“满意”指出，其中就包括（或最主要的是）对经济学之“科学性”性质的否定。“在实证主义者看来，经济学根本不是科学，因为它没有采用自然科学的方法。譬如，孔德和那些以社会学的名义鼓吹总体国家的孔德的追随者，会把经济学污蔑为形而上学的胡扯，于是就不必用推理方法来驳斥经济学了。”④

米塞斯的“主观主义”（Subjectivism）科学论证，在哈耶克的《科学的反革命》中得到了延续：“从我们把社会科学的主观主义方法和自然科学的客观主义方法加以对比的意义上说，这不过是一个普通常识：即前者首先研究的是个人的思维现象或精神现象，而不是直接研究物质现象。它所处理的现象之所以可以理解，仅仅是因为我们的研究对象具有与我们相似的思维结构。这同样是一个经验事实，丝毫不亚于我们有关外部世界的知识。”⑤也正是在这个区分的前提下，哈耶克认为“社会”科学所研究的，“不是物与物的关系，而是人与物或人与人的关系。它研究人的行为，目

① 米塞斯：《米塞斯回忆录》，黄华侨译，上海社会科学院出版社，2015年，第156页。
② 米塞斯：《经济科学的最终基础》，朱泱译，商务印书馆，2015年，第129页。
③ 米塞斯：《经济科学的最终基础》，朱泱译，商务印书馆，2015年，第130–131页。
④ 米塞斯：《经济科学的最终基础》，朱泱译，商务印书馆，2015年，第147页。
⑤ 哈耶克：《科学的反革命：理性滥用之研究》，冯克利译，译林出版社，2012年，第25页。

的是解释许多人的行为在无意间产生的或未经设计的结果。”[①]在此，哈耶克的科学认识论延续了米塞斯的心灵哲学旨趣：“人类心灵的结构，它们划分外在事件的共同原则，为我们提供了有关重复性要素的知识，不同的社会结构就是由这些要素建立起来的，我们只能根据这些要素去描述和解释它们。观念或想法当然只能存在于个人的心智中，尤其是它只在个人的心智中对另一些想法产生影响；不是即为复杂的个人心智之和，而是个人的观念、人们对他人以及对事物所形成的观点，是构成社会结构的真正要素。”[②]而与这样的“复杂性”掌握相比较，自然科学的“简单”头脑，根本无法以外在世界的“普遍客体化”（Universal Objectification）的基础形而上学规划（Fundamental Metaphysical Projection）对人类行动的界域展开研究，或者他所能得到的，只是对自己意向立场的否定。“那些在理解社会科学问题时打算仿效自己领域的自然科学家，必须想象存在着一个他通过直接观察原子的内部而了解的世界，他既不可能用大量物质进行试验，也没有机会观察到有限时间内相对较少的原子间的相互作用之外的现象。他能够利用自己对不同类型的原子的知识，建立起这些原子组合为更大单位的所有不同方式的模式，并使这些模式越来越接近于再现少数事例的所有特征，他借此可以去观察更复杂的现象。但是，他从自己的微观知识中能够推导出来的宏观规律，永远只是‘演绎的’（Deductive）；由于他对复杂状况的知识有限，这些规律几乎不可能使他预测特定状况的确切产物；他也不能通过可控实验去证实它们——虽然有可能由于观察到按其理论不可能出现的事件而否定它们。”[③]与之相对应地，就是奥地利学派的经济学作为正确的“社会科学”研究的处理方式，才真正地辩护了米塞斯自由主义的价值：“社会科学试图回答的问题之所以出现，仅仅是因为许多人的自

① 哈耶克：《科学的反革命：理性滥用之研究》，冯克利译，译林出版社，2012年，第21页。

② 哈耶克：《科学的反革命：理性滥用之研究》，冯克利译，译林出版社，2012年，第31页。

③ 哈耶克：《科学的反革命：理性滥用之研究》，冯克利译，译林出版社，2012年，第39–40页。

觉行为造成了未经设计的后果，是因为可以观察到不属于任何人的设计结果的规则。假如在社会现象中除了自觉设计的秩序，未表现出任何秩序，理论社会科学也就没有存在的必要，正像有人常说的那样，这里只存在心理学。完全是因为产生了一种作为个人行为的结果但不是哪个人设计的结果的秩序，才出现了需要进行理论解释的问题。”[①]

① 哈耶克：《科学的反革命：理性滥用之研究》，冯克利译，译林出版社，2012年，第37–38页。

第六章

自发秩序与意图伦理：新自由主义危机论

弗里德里希·哈耶克（Friedrich von Hayek）是门格尔和米塞斯之后对新自由主义货币经济学说构成重大影响的自由主义经济学家，他的自发秩序原理在货币经济领域的应用，实际上根源于米塞斯所持有的“在活生生的世界上，没有货币中立性的空间”[①]的理论立场，反对有“货币中性说”导引的实体与货币经济二分法观念下政府可以随意操控货币的“外在化”行为，也因此而与凯恩斯主义的货币政策针锋相对。

新自由主义经济学不同于以往的经济理论/经济哲学的最主要方面，在于它不仅宣称一系列“更为正确”的学术观点并使之成为国家经济政策的重要依据，而是它有力地将一整套价值判断嵌入到人们的生活世界，并在不断造成的原有的社会历史共同体的瓦解中使自己日益成为现代世界无可回避的主流意识形态，并且在这一过程中将其政治动机成功地隐藏了起来。

一

哈耶克的“自发秩序”理论在新自由主义货币经济的理论建构中处于关键地位。宣扬个人自由的经济学必须建立个人与社会共同体的有效连接，而哈耶克将其新自由主义经济学研究与理论心理学、哲学的研究相连接的“自发秩序”观念就正是承接了这一理论任务。与亚当·斯密、亚当·弗格森、大卫·休谟等苏格兰启蒙运动思想家的自由主义相契合，哈耶克认为自生自发秩序是“人类行为的结果，而非人类设计的结果”（亚当·弗格森语），即“并非由于人类预见到其益处、从而有意识地、自觉地创建出来的，而是无数按自己的计划追求自己目标的人的无意识的结

① 路德维希·米塞斯：《货币、方法与市场过程》，秋风译，新星出版社，2007年，第81页。

果。”[①]在更广的层面上，哈耶克将自发秩序概念与个人心智和社会结构的共同演化相联系，“依据‘共同生活经验’，我们形成相似或共同的心智结构，进而获取一般性行为规则，同时，依据相关一般性行为规则的共同且否定的默会知识，我们得以克服‘经验无知’，从而达致行为之互动协调，进而维续自生自发之整体社会秩序。”[②]通过这样一个“共同生活经验—相似或共同的心智结构——一般性行为规则—行为之互动协调—自生自发社会秩序”的概念链条，哈耶克构造了一个不可撼动、不可逆转的必然性过程，并着重强调“在贯彻保护公认的个人和生活领域的公正行为普遍原则的情况下，十分复杂的人类行为会自发地形成秩序，这是特意的安排永远做不到的。”[③]而这种观念在经济领域发挥作用，就成为对资本主导的市场秩序的维护与对任何意义上的干预的抗拒。“市场秩序并不取决于相同的目标，而是取决于相互性，取决于为了参与者的相互利益而使不同的目标之间做到相互协调。因此，自由社会的共同福利，或公共利益的概念，绝不可定义为所要达到的已知的特定结果的总和，而只能定义为一种抽象的秩序。”[④]这样一种“抽象的秩序”，它“并不取决于相同的目标”但又以资本的扩张为根本，它以“参与者的相互利益”为“共同福利”但又造成了分配不公与贫富分化，也正是这种资本的秩序使得已经被工具化、技术化、奴役化的新自由主义经济学家为其描画美好图景：“正是由于我们没有强行贯彻一系列具体而统一的目标，也未试图非要让某些何主何次的特定观点支配整个社会，正是由于这个事实，才使自由社会的成员有很好的

① 拉齐恩·萨丽等：《哈耶克与古典自由主义》，秋风译，贵州人民出版社，2003年，第187页。

② 马永翔：《心智、知识与道德：哈耶克的道德哲学及其基础研究》，三联书店，2006年，第219页。

③ 弗雷德里希·哈耶克：《哈耶克文选》，冯克利译，江苏人民出版社，2007年，第344页。

④ 弗雷德里希·哈耶克：《哈耶克文选》，冯克利译，江苏人民出版社，2007年，第345页。

机会利用各自的知识达到他们各自实际上抱有的目的。”①

在哈耶克的学说体系中，“自发秩序”（或“cosmos”）是与“人为秩序”（或“taxis”）相对立而存在，②这一秩序“是不能靠集中控制而制造出来的。它只能产生于各种社会成分的相互适应及它们对那些直接影响着它们的事件所做出的反应。”③也就是说，所谓自发秩序“并非由于人类预见到其益处、从而有意识地自觉地创建出来的，而是无数按自己的计划追求自己目标的人的无意识的结果。”④进而，在这一取消控制、干涉而宣扬自由、放任的秩序中，“正是由于我们没有强行贯彻一系列具体而统一的目标，也未试图非要让某些何主何次的特定观点支配整个社会，正是由于这个事实，才使自由社会的成员有很好的机会利用各自的知识达到他们各自实际上抱有的目的。”⑤由此可见，自发秩序原理指向的正是典型的古典自由主义的论调：“一切强力和强制应予禁止。做什么事都不得强迫命令——除了自己被说服而确信以外，谁都没有义务按照那种方式服从另一个人的劝诫和指令。在这一点上，每个人都享有至高无上和绝对的自我判断的权威。”⑥在新自由主义的语境中，“自我判断的权威”就意味着在由社会“自然”演化出的“自发秩序”中，⑦行动者本身并不受命于某种外在的指令，而是有充分的自由去做自己想做的事情，并由此在一种对公意“无知”的情况下实现了公共利益的最大化。而在这个意义上，“市场”无疑就是“自

① 弗雷德里希·哈耶克：《哈耶克文选》，冯克利译，江苏人民出版社，2007年，第347页。

② 对这两个概念及其延伸指涉与述谓的意涵的阐述参见：哈耶克：“政治思想中的语言混乱”，见《哈耶克文选》，冯克利译，江苏人民出版社，2007年，第317–320页。

③ 哈耶克：《自由宪章》，冯克利译，中国社会科学出版社，1999年，第228页。

④ 拉齐恩·萨丽等：《哈耶克与古典自由主义》，秋风译，贵州人民出版社，2003年，第187页。

⑤ 哈耶克：《哈耶克文选》，冯克利译，江苏人民出版社，2007年，第347页。

⑥ 约翰·洛克：《论宗教宽容》，吴云贵译，商务印书馆，1982年，第36页。

⑦ 对于社会演化论与自由主义的证成性关系的诘难与辨析，参见：钱永祥：《演化论适合陈述自由主义吗？——对哈耶克式论证的反思》，载姚中秋主编：《自发秩序与理性》，浙江大学出版社，2008年，第1–17页。

发秩序”的最典型代表（当然因此也很难相信这不是新自由主义者为了证明市场秩序的不可干预性而反向设定的论证）。在市场中，所有的参与者都并没有一个所谓的共同目标或终极目的要去追求，而只有由于每个参与者都有自己的目标需要达成才会参与到这个秩序里来并与他人发生关系。而“由于他管理产业的方式目的在于使其生产物能达到最大程度，他所盘算的也只是他自己的利益。在这场合，像在其他许多场合一样，他受着一只看不见的手的指导，去尽力达到一个并非他本意想要达到的目的。……他追求自己的利益，往往使他能比在真正出于本意的情况下更有效地促进社会的利益。”[①]在哈耶克、弗里德曼、罗斯巴德等古典自由主义的坚定信徒看来，任何企图以“一系列具体而统一的目标”或关于“何主何次的特定观点”对市场的自发运行进行调控的宏观经济措施都是“应予禁止”的“强力和强制”，[②]因为在“自由主义的空想”（萨米尔·阿明语）中，“市场不仅是现代社会受人欢迎的调节器，而且它还具有自动的调节作用，也就是说，它靠自己的力量就可以起作用而无需外力的介入。”[③]由此，新自由主义化的市场秩序解说的成立也就意味着只要将“货币”与“市场”在“自发秩序”意义上的同一性揭示出来，取消过度干预以保持货币中立的新自由主义货币立场便将得以充分论证并成立。

在哈耶克的经济自由主义[④]的货币政策论域中，货币首先是自发秩序内在生成的典型，[⑤]这也就为货币本身的非干预性预设了前提。进而，哈耶克继承米塞斯对于新古典以来的将货币视为对实际经济运行不产生实质影

① 亚当·斯密：《国民财富的性质和原因的研究》（下卷），郭大力、王亚南译，商务印书馆，1974年，第27页。

② 西方左翼学者佩里·安德森也因此将哈耶克描述为“全面的世俗化，完全的自由，没有任何超感觉的诱惑。”（佩里·安德森：《思想的谱系：西方思潮左与右》，袁银传、曹荣湘译，社会科学文献出版社，2010年，第15页。）

③ 萨米尔·阿明：《资本主义的危机》，贾瑞坤等译，社会科学文献出版社，2003年，第66页。

④ Jeremy Shearmur：*Hayek and after: Hayekian liberalism as a research programme*，London&New York: Routledge Press，1996.

⑤ 关于新自由主义对于货币起源问题的权威论述。参见：卡尔·门格尔：《国民经济学原理》，刘絜敖译，上海世纪出版集团，2005年，第160–165页。

响而只是作为单纯的交换媒介出现的“货币面纱观”的批判，指出传统西方经济学对于货币中性的设定，就使得通过操控货币来干预市场的自发运行成为可能，这无疑是为命令式的秩序形态提供了空间。在新自由主义看来，“虚构的中性货币根本不可能是完全货币。在一个行为和变动的世界里面，‘中性’完全是不可能的。”①在这样的理论预设下，哈耶克将“自发秩序”引入货币理论的讨论中，提出了他的“货币中立说”，即货币自身根据其“自发秩序”达至均衡，使其相对于实体经济过程保持中立性，既不产生积极作用，也不发挥消极影响，使实体经济部门“有很好的机会”去实现“他们各自实际上抱有的目的”。哈耶克认为，货币保持其中立性时对市场的影响最小（“自发秩序”的相因与互碍），从而对经济的发展最为有利，因此，货币中立是经济良性发展的重要保证。反之，如果货币中立性遭到破坏，货币供给量的明显变动必然造成货币失衡，从而会扰乱相对价格，使价格系统传递了关于资源可得性和消费者偏好的错误信息而造成经济失衡。而由于对市场的实际干预始终层出不穷，货币发行的内约束机制总是因国家的外在强力而无法真正建立，哈耶克更设想将竞争机制引入货币发行领域，从而实现货币的“非国家化”。“货币的非国家化”是哈耶克“自发秩序”理论的必然推演结果，经济自由主义对竞争的推崇（视之为一切问题的解决方案而非造成问题出现的根源）使其认为如果要实现币值和市场经济的稳定，必须让货币真正脱离“人为秩序”（或“目的秩序”）的命令式语境，“回归”以竞争性货币代替国家垄断货币的“自发秩序”之中。②由于“成熟稳定的货币不是深思熟虑的政策的结果，而是源自恰当的制度。”③所以，要稳定货币供应量，保持货币的中立性，消除货币对经济运行、特别是市场机制的干扰，就必须建立“通往一种自由市

① 伊斯雷尔·科兹纳：《米塞斯评传》，朱海就译，上海译文出版社，2010年，第120页。

② 在哈耶克看来，资本主义兴起初期的西方银行所进行的竞争性货币发行才是真正与市场经济的实际相适应的货币发行模式。参见：哈耶克：“政府的垄断权一直在被滥用”，见《货币的非国家化》，姚中秋译，新星出版社，2007年，第35页。

③ 安德鲁·甘布尔：《自由的铁笼：哈耶克传》，王晓冬、朱之江译，江苏人民出版社，2005年，第274页。

场的货币体系”。[①]在这个层面上，哈耶克的极端的自由主义货币学说，正如基督教改教家在新教改革中实现的“每个人直接面对上帝”的新教伦理一样，将资本主义体系下的“每个人”从其最后的社会历史文化有机体中剥离出来，成为孤零零的但也因而是绝对“自由的”“理性的”行为主体，而“主体在取消意识之后将自我客体化的技术过程，彻底摆脱了模糊的神话思想以及一切意义，因为理性自身已经成为万能经济机器的辅助工具”。[②]

毫无疑问，哈耶克式的新自由主义经济危机学说是为资本主义“万能经济机器”服务的“辅助工具”，也是对金融自由化的不断鼓吹，而其运用“自发秩序”理论论证的非干预模式也无非为资本的欲望机制得以无限扩张创造外部条件，但新自由主义货币经济学不同于以往的经济理论的最主要方面，就在于它不仅宣称一系列“更为正当”的理论观点并使之成为国家经济政策的重要依据，而是它有力地将一整套价值判断嵌入到人们的生活之中，并在不断造成的原有的社会历史共同体的瓦解中使自己日益成为现代世界无可回避的主流意识形态，也即“意图伦理”的构造。

二

导源于“自发秩序”的理论路向，新自由主义货币经济学发展出一种以金融、投资、消费为核心的，依循市场意向的“绝对自由”的“意图伦理”（Immanent Ethics）。而其关于全球性的消费者社会的建构便是这一倾向的明证。“今日社会塑造其成员的方法是首先并主要由消费者角色的义务所决定的。我们的社会向其成员提出的标准是有能力并愿意去扮演消费者的角色。”[③]而从根本上讲，“资本主义作为一种制度，其所有的经济行为

① 哈耶克：《货币的非国家化》，姚中秋译，新星出版社，2007年，第185页。

② 霍克海默·阿道尔诺：《启蒙辩证法》，曹卫东译，上海人民出版社，2003年，第27页。

③ 齐格蒙特·鲍曼：《全球化：人类的后果》，郭国良、徐建华译，商务印书馆，2001年，第77页。

人，不论是生产者还是剥削者，都要依靠市场来满足其最基本的需要。”[①]由此，现代货币经济的“意图伦理”就可以被定义为：存在这样一种伦理秩序，在其中人们行为的价值的判定不取决于它所遵循的准则，而是取决于它所要实现的意图。在这个过程之中人们只需要对自己的直接爱好或“利己之心”（self love）负责，而任何掺杂责任或公益的道德考量都将被认为是会对整体秩序的戕害。也正因此，新自由主义的意图伦理也就与凯恩斯干预主义的规训伦理形成对立。凯恩斯主义认为市场秩序存在非完善性，其内在的、必然的盲目行动必将导致混乱，因此有必要通过一个命令式的方式来完成外在的规约。从而，“规训伦理”就指向单中心的、外在的、服从性的伦理模式，与之相应，“意图伦理”就成为多决定中心的、内在的、合作式的伦理运作。在“规训伦理”中，“发令者常常以全知、全能的地位自居，他自称知道为了最有效地完成这个目标，什么人该做什么，以及怎么做。但是，全知全能的人在这个世界上并不存在。我们无可避免地对于绝大部分的具体情况是无知的。”[②]也正是由于这种“无知”,“意图伦理”下的市场模式得以成立。“在市场经济中，由于没有发号施令者，每个人按照自己的希望及才能去找合适他的工作，由于他对自己的了解经常比别人对他的了解要多，因此，他更能发挥自己的才能。”[③]

如上所述，“意图伦理”是资本的逻辑推演的必然产物，只不过新自由主义在当下极端发达的货币金融体系下为其赋予了新的意义。在通过宏观经济政策为意图伦理提供导向的层面上，货币主义的工作起到了显著的作用，而这也就直接体现在对货币供应量的确定与对通货膨胀的治理策略上。弗里德曼认为，经济活动总水平的上升和下降总是由于“政府可以去追求带有通货膨胀性质的国内货币扩张政策”[④]而引起的，货币供给增长率

---

① 埃伦·伍德：《资本的帝国》，王恒杰、宋兴无译，上海译文出版社，2006年，第1页。

② 石元康：《当代西方自由主义理论》，三联书店，2000年，第122页。

③ 石元康：《当代西方自由主义理论》，三联书店，2000年，第123页。

④ 安德鲁·甘布尔：《自由的铁笼：哈耶克传》，王晓冬、朱之江译，江苏人民出版社，2005年，第274页。

的显著变动无疑会影响相对价格水平，造成混乱的市场信号传递，从而影响投资和经济增长。因此，弗里德曼（通过“得到回归结果”）认为货币供应率应与经济增长率大体相适应，以保持较为稳定的物价水平，淡化、甚至取消调控机制，完全站在资本的立场上发展资本主义，在非公平的前提下重新定义正义。[①]在通货膨胀方面，针对凯恩斯学派的以菲利普斯曲线为依据来说明通货膨胀与失业之间此消彼长的交替关系并建构政府的调控的合法性，货币主义提出“自然失业率”（即在“自发秩序”下“自然”内生的失业率）理论来反驳凯恩斯主义的推论，认为菲利普斯曲线只是在人们不能合理地预期实际工资与通货膨胀变化之间的真实关系时才有意义，一旦人们（劳资双方）的适应性预期发生作用，失业率就会回到“自发秩序”条件下的原初的“自然失业率”，这也就意味着菲利普斯曲线只在短期存在，而在长期内不存在。理性预期学派的观点则比货币主义更进一步，认为由于（“意图伦理”下的）“理性预期”的存在，通货膨胀发生后劳资双方“自然”会在工资增长率与通货膨胀率的变化间做出有效的调节，在这种情况下通货膨胀发生后的实际工资并未降低，资方也不会盲目增加雇佣劳动量，失业率也不会就此下降，从而，被充分预期到的通货膨胀对就业的实际量就无法产生影响，这也就意味着菲利普斯曲线甚至在短期内也是不存在的。由此，新自由主义提出他们基于“意图伦理”的货币主张：最明智的货币主义就是公开宣布一个固定不变的货币供应增长率，长期坚持实行，使得通货膨胀率的下降不会伴随失业率与生产率的恶性变动，也就是从根本上摆脱政府对市场秩序的规训与控制。“只要货币供应稳定增长，投资者就能提供资金、扩大规模，消费者就能买到生产出的商

① 参照萨米尔·阿明对于弗里德曼式“纯经济学”的评析（或挖苦）：“它是一种为统治资本服务的工具——屏风。统治资本可以用它来掩盖自己的真面目：失业失调，收入分配不公日益严重等。因为它不能用来描述自己的真实面目。所以它在其他方面变得有用起来。比如用它‘证明’自己是一种有益的方式，能够带来经济飞跃与充分就业。”（萨米尔·阿明：《资本主义的危机》，贾瑞坤等译，社会科学文献出版社，2003年，第101页。）

品。”[①]这也就正是哈耶克所一再强调的“无需政治权威，甚至常常反对政治权威的愿望”[②]的自由主义理想的发展结果。

统合而论，新自由主义建构的“意图伦理”在与凯恩斯主义“规训伦理”的对峙中表现出独特的理论意义，由于对资本主导的市场秩序的盲目服从，也就实际上为现代世界重构出一种内在性的权力关系。在这种基于资本逻辑的权力制约关系中，“权力的效能，它的强制力，在某种意义上，转向另一个方面，即它的应用外表上。隶属于这个可见领域并且意识到这一点的人承担起实施权力压制的责任。他使这种压制自动地施加于自己身上。他在权力关系中同时扮演两个角色，从而把权力关系铭刻在自己身上。他成为征服自己的本原。……这是一个避免任何物理冲撞的永久性胜利，而且胜利的结局总是预先已决定了的。”[③]资本的强力的“永久性胜利”，正伴随新自由主义对“自由选择”的鼓吹；而即使是他们为自己编造的自由誓言，也正如左派学者埃伦·伍德在《资本的帝国》一书中指出：“资本确乎需要国家强制的支持，同时国家权力本身也受到资本的蚕食。”[④]由此，新自由主义的国家化和国家的新自由主义化就为当今全球化背景下的新自由主义货币学说的悖论式展开与危机的爆发预制了前提。

三

新自由主义主导下的资本主义国家，“市场施行过程中的权威主义与个人自由的理想令人不安地并置在一起”，[⑤]市场与政府的力量相媾和而实现其“自发秩序”下根据“意图伦理”展开的世界图景。“毫无疑问，资本家完全依靠国家强制来支撑他们的经济权力，加强对财产的控制，确

---

① 戴维·施韦卡特：《反对资本主义》，李智译，中国人民大学出版社，2008年，第242页。
② 哈耶克：《哈耶克文选》，冯克利译，江苏人民出版社，2007年，第346页。
③ 米歇尔·福柯：《规训与惩罚》，刘北成、杨远婴译，三联书店，2007年，第228页。
④ 埃伦·伍德：《资本的帝国》，王恒杰、宋兴无译，上海译文出版社，2006年，第3页。
⑤ 大卫·哈维：《新自由主义简史》，王钦译，上海译文出版社，2010年，第91页。

保社会秩序与环境有利于资本积累。”[①]而在这样一个相互利用的结构的发展中，人们逐渐认识到，与新自由主义所乐于宣扬的不同，“在任何社会中，受限制的市场是正常的，而自由市场才是策略、规划和政治高压的产物。……自由市场并不像新右派思想家们所想象或声称的那样，是社会进化的馈赠品，而是社会工程和坚定的政治意志的一个有目的性的产物。”[②]因此，自由市场这一宣称合于“自然”、完全“自发”的秩序仍旧无非（或许更具隐蔽性的）“人为的”与“合目的性的”。它所完成的就是一个取代了规训社会的、以“新自由”为名义的“新控制社会”：在这个层面上，“我们可以将自由主义化理解为一项乌托邦计划——旨在实现国际资本主义重组的理论规划；或将其解释为一项政治计划——旨在重建资本积累的条件并恢复经济精英的权力。”[③]也正是基于这样的伦理愿景，“新自由主义立场所产生的大量矛盾使得逐步开展的新自由主义实践（面对垄断权力和市场失灵等事件）变得走样”，[④]而新自由主义货币经济学内在的张力也就渐次展开。

首先，新自由主义货币经济学提出自己的理论建构，是在规训伦理（社会主义的或凯恩斯干预主义的）政策已经发挥了相当的影响并产生了实体建制的情况下进行的，因此，从自由主义的一般原则出发，“难道不是伴随着福利国家制度的似乎是不屈不挠的成长而来的、内部秩序和外部秩序之间的界线不断受到侵蚀本身，才是一个显赫的演进过程，按照哈耶克的新处方把它往回拉，是需要对国家的结构进行全方位重新设计的。”[⑤]也就是说，对“自发秩序”与“意图伦理”的近乎偏执的追求实际上构成了对社会秩序演进过程的更大的外在干预，本身也基于更深的命令式结构，这也就是为什么欧克肖特会批评哈耶克式的新自由主义建制理想（如

---

① 埃伦·伍德：《资本的帝国》，王恒杰、宋兴无译，上海译文出版社，2006年，第2页。
② 约翰·格雷：《伪黎明：全球资本主义的幻象》，张敦敏译，中国社会科学出版社，2002年，第19页。
③ 大卫·哈维：《新自由主义简史》，王钦译，上海译文出版社，2010年，第22页。
④ 大卫·哈维：《新自由主义简史》，王钦译，上海译文出版社，2010年，第25页。
⑤ 佩里·安德森：《思想的谱系：西方思潮左与右》，袁银传、曹荣湘，社会科学文献出版社，2010年，第21页。

“货币的非国家化”）“不过是一个反计划的计划而已”。[①]而全球性的新自由主义化所指向的“资本积累的条件”的重建与“经济精英的权力”的恢复，也就反讽性的完成了“自由”的自我背叛：“新的自由主义再次干预了自由市场。‘又一次，亚当·斯密的看不见的手变成了扒手的手。自由的无拘无束的市场养成了一种探寻非常有利可图的、但却非生产的活动的习惯。’”[②]

其次，在“自发秩序”得以确证的社会演化过程中，实际上必然有与自由主义原则明显不符的制度存在（比如历史上的“父权制”与当前的“福利国家”），那么既然这些制度同样是“自发”生成的（但也都是在不同程度上反市场资本主义的）秩序，又为什么会成为新自由主义的“自发秩序”理论所排斥与批判的对象？这是否意味着“我们拥有独立于演化论的其他标准，可以来判断这种事物并不是演化的结果？”[③]这个问题答案是明显的：新自由主义者如哈耶克对社会演化的研究从来不是意在找出其客观的规律性（对货币中性与否的讨论亦可作如是观），而“只是为了让资本的自由流动合法化。”[④]独立于社会发展过程的“其他标准”就是“资本的逻辑”，当这种外在的、充满控制欲的理论以内在的、自由放任的姿态出现时，也就意味着它不惜“为了资本单方统治的利益打破所有的社会平衡。”[⑤]顺应这个趋势，工具化与技术化了的西方经济学就成为这一向度的重要助推力量。

再次，新自由主义者对于自由正当性的论证是依据“所有的行动者

① 佩里·安德森：《思想的谱系：西方思潮左与右》，袁银传、曹荣湘，社会科学文献出版社，2010年，第17页。

② 戴维·施韦卡特：《反对资本主义》，李智译，中国人民大学出版社，2008年，第248页。

③ 钱永祥：“演化论适合陈述自由主义吗？——对哈耶克式论证的反思”，载姚中秋主编：《自发秩序与理性》，浙江大学出版社，2008年，第11页。

④ 萨米尔·阿明：《资本主义的危机》，贾瑞坤等译，社会科学文献出版社，2003年，第104页。

⑤ 萨米尔·阿明：《资本主义的危机》，贾瑞坤等译，社会科学文献出版社，2003年，第105页。

对于他们大多数目的和福利之实现所依凭的各种因素的必然无知”[①]而成立的。“主张个人自由的依据，主要在于承认所有的人对于实现其目的及福利所赖以为基础的众多因素，都存有不可避免的无知（Inevitable Ignorance）。……正是因为每个个人知之甚少，而且也因为我们甚少知道我们当中何者知道得更多，我们才相信，众多人士由独立的和竞争的努力，能促使那些我们见到便会需要的东西的出现。”[②]但是，当我们将这一原则与那些新自由主义政策的行使机构（如保罗·沃尔克上台后的美联储）的出于绝对“有知”优势下的行径就会发现新自由主义货币经济观在理论与实践之间的冲突：一方面是反对政府干预市场，维护自由放任；另一方面又寻求通过强力政策工具保证资本扩张，“实现国际资本主义重组”。这种在新自由主义化背景下的“无知之幕”（Veil of Ignorance）的最典型例证就是格林斯潘式的“无限泡沫行动”（Operation Enduring Bubble），[③]而这种唯资本的举措必将造成“投资者与消费者的决策之间出现严重的跨期失调”，[④]导致股市、地产泡沫的接续性破裂引发次贷危机并迅速扩展为全球性的经济危机。这一切也预示了以资本的发展为单一向度的“意图伦理”所必然面临的认知困境。

随着新自由主义对于全球经济影响的不断加深，新自由主义的货币哲学自身、理论与实践之间发生了不可避免的冲突，也使其受困于资本的役使而根本无法“自由”。归根结底，新自由主义货币经济学说只是服务于资本统治、扩张体系的“治理术”，“新自由主义关于自由的说法……带有政治动机，有助于建构全球化的特定含义，借此保留和稳定现存的不均衡

---

① 邓正来：“哈耶克的自由观：西方现代自由主义”，载陈俊伟、谢文郁、樊美筠主编：《自由面面观》，中国社会科学书版社，2009年，第224页。

② 哈耶克：“自生自发秩序与文明”，邓正来译，见邓正来：《自由与秩序——哈耶克社会理论的研究》，江西教育出版社，1998年，第247-249页。

③ 弗莱肯施泰因，希恩：《格林斯潘的泡沫》，单波译，中国人民大学出版社，2008年，第124页。

④ 赫苏斯·德索托：《奥地利学派：市场秩序与企业家创造性》，朱海就译，浙江大学出版社，2010年，第91页。

的权力关系。”[①]新自由主义的为现存的统治秩序服务的理论立场，也正是其内在的悖谬产生的根源：“一方面，新自由主义国家被认为应该只是设置市场运作的舞台而不进行干预；另一方面，新自由主义国家又被假定要积极创造一个良好的商业环境，并在全球政治中扮演竞争性实体的角色。就后一角色来说，新自由主义国家必须作为一个集体性企业来运作。”[②]由此可见，为少数强力资本主义国家构造意识形态，通过资本推动的媒介与“纯经济学”的全球化，使不公正、不合理的国际经济政治秩序得以因“自由市场”之名获得合法性，这就是新自由主义货币经济学说的真实目的所在。因此可以说，“我们把自由给予了世界市场，这无疑将把全球化时代作为另一部奴役的历史载入我们的记忆中。”[③]而当我们回溯新自由主义理论的发展历程，就会发现那些以“自发秩序”与“意图伦理”为根本原则的新自由主义学者们所秉承的“自由至上”“保护私权”的观念背后潜藏的仍无非是控制世界的欲望，他们的一切努力并不是为了迎接至真、至善的“理性之光”，而只是为了让自己成为“新权力者”；因此，正如美国激进学者乔姆斯基所言，“我们有理由相信，对于世界人民是正确的东西，几乎没有可能与政策的‘主要建筑师’们的计划一致。我们目前没有、以前也没有任何理由允许他们根据自己的利益需求构造未来。”[④]

---

① 斯蒂格：《全球化面面观》，丁兆国译，译林出版社，2010年，第96页。

② 大卫·哈维：《新自由主义简史》，王钦译，上海译文出版社，2010年，第90页。

③ 约翰·格雷：《伪黎明：全球资本主义的幻象》，张敦敏译，中国社会科学出版社，2002年，第248页。

④ 乔姆斯基：《新自由主义与全球秩序》，徐海铭、季海宏译，江苏人民出版社，2001年，第26页。

第七章 危机伦理与『致命的自负』：哈耶克误识

20世纪70年代的“滞胀”危机使得凯恩斯主义的危机学说陷入了“危机”，而继之而起的哈耶克危机理论则通过辩护经济危机的“不存在”，而再次使“主流经济学”的视野遭遇前所未有的封闭。

按照标准版本的凯恩斯理论，有效需求不足产生失业，过度需求导致通货膨胀。由于有效需求不足和过度需求不可能同时出现，因此失业与通货膨胀也不可能同时发生。但是1970年代初期，通货膨胀与失业的事实上的同时并发，一方面存在经济停滞和严重失业；另一方面又是持续的通货膨胀和物价上涨，这就使得凯恩斯主义货币政策理论的有效性受到了前所未有的质疑。而随着新自由主义的兴起（通过将“滞胀”的责任推给凯恩斯主义而获得形势和道义上的优势）而不断扩张的“自由化”倾向，最终发展成为世界范围内不可阻挡的新自由主义“全球化”浪潮。

一

哈耶克根据其“自发秩序论”[①]展开了对凯恩斯主义的膨胀性货币政策的批判。在很多场合，[②]哈耶克将凯恩斯及其追随者的货币政策指称为1970年世界范围的严重的通货膨胀问题的根源。“我要十分抱歉地说，目前世界范围的通货膨胀，其责任完全要由经济学家，或至少要由我的经济学同行中那些信奉凯恩斯爵士的大多数人承担。”[③]而且，在这个意义上，“我们目前货币问题的根源，当然是因为凯恩斯爵士及其弟子为一种年代久远的迷信披上了一种科学权威的外衣，即通过增加货币支出的总量，我们可

① 关于“自发秩序”与“看不见的手”的“自然法”式的观念联结的问题上，可参考这一论述：Erik Angner：*Hayek and Natural Law*，London&New York: Routledge Press，2007.

② 哈耶克：《哈耶克文选》，冯克利译，江苏人民出版社，2007年，第118页。

③ 哈耶克：《哈耶克文选》，冯克利译，江苏人民出版社，2007年，第119页。

以持久地保持繁荣和充分就业。”[①]而所谓“年代久远的迷信”就是国家权力对经济运行的控制与操纵，因此，有理由说，“目前的通货膨胀，是政府根据经济学家的劝告而有意造成的。”[②]

哈耶克的经济危机理论对于通货膨胀的分析呈现为这样的结构：政府与（凯恩斯主义）经济学家的共构，并且这种构造是两者共同“有意”为之的。这也就形成了一种循环：政府的意志构造“年代久远的迷信”（也说明政府从来都有这样客观的“迷信”），屈服于这种迷信的“凯恩斯爵士及其弟子”提出了“增加货币支出总量”的政策建议以克服失业等被认为对资本主义经济造成致命影响的问题，而政府也竟然“理所当然”地成为这一干预主义的“迷信”的同谋者。由此，哈耶克通货膨胀分析的真正针对性也就体现出，他站在凯恩斯主义化了的资产阶级政府的对立面，或因为反对凯恩斯主义的学说与政策主张而站在了那些信奉这一“迷信”的政府的对立面，并宣称“要对这种灾难负责的，不是市场经济（或‘资本主义制度’），而是我们自己错误的货币和财政政策。”[③]

哈耶克采取了与凯恩斯主义完全不同的、以“资源流向”为切入点的通货膨胀分析路向。“我们利用通货膨胀而暂时得以‘克服’、但长期看会使其更为严重的这种失业，其根源在于通货膨胀对资源流向的误导。”[④]他认为，这样的一种“误导”模式“把越来越多的工人引向了一些只有依靠不断的甚至是加速度的通货膨胀才能存在的职业。”[⑤]而这样的一种货币政策—职业选择的构架本身有着内在的不稳定性，也具有无法遏止的破坏性。这样的“一种不稳定性不断上升的局面，现有就业不断增加的部分，取决于不断的甚至是加速度的通货膨胀，而试图放慢通货膨胀的每一次努力，都会立刻导致大量失业，政府只好赶紧放弃这种努力，重新回到通

① 哈耶克：《哈耶克文选》，冯克利译，江苏人民出版社，2007年，第144页。
② 哈耶克：《哈耶克文选》，冯克利译，江苏人民出版社，2007年，第143页。
③ 哈耶克：《哈耶克文选》，冯克利译，江苏人民出版社，2007年，第121页。
④ 哈耶克：《哈耶克文选》，冯克利译，江苏人民出版社，2007年，第122页。
⑤ 哈耶克：《哈耶克文选》，冯克利译，江苏人民出版社，2007年，第120页。

货膨胀的老路上去。”[①]通过哈耶克对于凯恩斯理论的巧妙归谬，货币当局（政府）的愚昧表现也就与一种悲观论调相联系：“他们通过让通货膨胀继续下去而维持就业的时间越长，当通货膨胀终于结束时，失业就会越严重。能够让我们把自己从我们所造成的局面中解救出来的灵丹妙药是不存在的。”[②]

哈耶克进一步对凯恩斯的“有效需求”原理提出批判。哈耶克认为，凯恩斯学派提出的“有效需求不足”问题并不能达成对于货币—失业问题域的终极解释，因而也不可能仅仅通过扩大需求来解决就业等一系列棘手问题。“有些失业应当归咎于这个原因，增加总需求在大多数情况下会导致一时的就业增加，因此人们很易于对此信以为真。然而，并非所有的失业都是总需求不足引起的，或只要提高总需求它就会消失。更糟糕的是，不可能通过把需求维持在这个高水平上，而是要继续增加需求，才能维持最初因需求增加而产生的许多就业。”[③]这也就必然造成“连续性通货膨胀”政策的出现。“让长期通货膨胀下的繁荣错误地把劳动力和其他资源引向就业，而只有让通货膨胀超出预期地发展，才能维持这些就业。”[④]但是“政府”（及作为其附庸的“经济学家”）却对于这样的悖谬处境没有丝毫察觉，甚至“这些政府这样做是因为它们相信，这是为保证充分就业既必要又能长期奏效的方法。只要存在失业，政府赤字非但无害，而且功德无量——这种蛊惑人的信条当然最受政客们的欢迎。”[⑤]

在此基础上，哈耶克提出了他对“滞胀”危机的定义：“尚可允许的通货膨胀率已不足以创造令人满意的就业率。在这种情况下，政客们除了加速通货膨胀之外，几乎别无选择。但是这个过程不可能永无止境，因为加速度的通货膨胀很快就会导致全部经济活动的彻底瓦解。”[⑥]哈耶克在此

① 哈耶克：《哈耶克文选》，冯克利译，江苏人民出版社，2007年，第120页。
② 哈耶克：《哈耶克文选》，冯克利译，江苏人民出版社，2007年，第120页。
③ 哈耶克：《哈耶克文选》，冯克利译，江苏人民出版社，2007年，第121页。
④ 哈耶克：《哈耶克文选》，冯克利译，江苏人民出版社，2007年，第121页。
⑤ 哈耶克：《哈耶克文选》，冯克利译，江苏人民出版社，2007年，第119页。
⑥ 哈耶克：《哈耶克文选》，冯克利译，江苏人民出版社，2007年，第120页。

做出了微妙的意义置换，将对凯恩斯主义的批判转化为对凯恩斯主义化了的“政客们”（作为选战对立的“那个党派”）的批判：他们的无知与笨拙不仅无法挽救“全部经济活动的彻底瓦解”，甚至可能使得情况进一步恶化。“把我们进一步趋向这一危险道路的因素，很可能是政客们那种惊慌失措的反应，他们的每一次减缓通货膨胀的努力，都导致了失业的实质性上升。作为反应，他们很可能会恢复通货膨胀，直到这剂药彻底失效。”① 这是一个无法挽救的恶性循环，干预主义对市场价格机制的破坏甚至带来了整体毁灭的可能性，这也就是哈耶克所一再强调的，“经济学家不应掩盖一个事实：利用货币政策能够在短期内使就业最大化的目标，从本质上说是一种亡命徒式的政策，只有这种人才会在短暂的喘息中全无损失地得到一切。”②哈耶克的论析将凯恩斯学派的货币理论推向历史的死角（“亡命徒式的政策”），滞胀危机下凯恩斯主义经济政策所面临的困境也宣告其某种意义上的终结（但必然在下一次自由主义的危机中死灰复燃），在批判的前提下，哈耶克的货币理念也为之后的货币主义、理性预期学派等新自由主义经济流派的货币理论提出了“有效”的导引：“人们应当赶快放弃一种致命的幻想，以为存在着廉价而容易的手段，可以同时保证充分就业和真实工资不断地迅速增加。要想做到这一点，只有坚定不移地对一切资源的用途重新加以组织，使其适应变化着的现实条件。现在的货币手段正阻止着这种调整，只有运行正常的市场才能做到这一点。”③

二

在哈耶克所展开的满足新自由主义意图的“危机伦理”之下，以弗里德曼（Milton Friedman）为代表的货币主义在哈耶克的经济自由主义观念导引下展开了货币理论的创新（“运行正常的市场”的构造），而这种创新也同样是建立在对凯恩斯式的“通货膨胀主义”的批判的图景下进行的。

---

① 哈耶克：《哈耶克文选》，冯克利译，江苏人民出版社，2007年，第123页。
② 哈耶克：《哈耶克文选》，冯克利译，江苏人民出版社，2007年，第146页。
③ 哈耶克：《哈耶克文选》，冯克利译，江苏人民出版社，2007年，第123页。

弗里德曼作为货币主义的代表人物提出现代货币数量论。在这一点上，弗里德曼继承了剑桥学派的现金余额方法，将货币数量论重述为一种货币需求理论，而不再是关于产量、收入和价格水平的理论。弗里德曼将货币需求看作资本或财富的一部分，对最终财富的持有者来说，货币是他们所选择的持有财富的一种形式，而对企业来说，货币是和机器或存货相同的生产性物品。

在分析了收入水平、机会成本和效用对货币需求的影响之后，弗里德曼得出了个人财富持有者的货币需求函数：

$$\frac{M}{P}=f\left(Y,W,R_m,R_b,R_e,\frac{1}{p}\times\frac{\mathrm{d}p}{\mathrm{d}t},u\right)$$

其中，M表示个人手中保持的货币（名义货币量），P为一般物价水平，M/P为个人财富持有者手中的货币所能支配的实物量（实际货币余额需求量），Y代表持久性收入，W代表非人力财富在总财富中所占比重，R_m代表预期的货币名义报酬率及货币利息率；Rb表示预期的、价值固定的债券的名义报酬率，R_e表示预期的股票名义报酬率，$1/P\cdot \mathrm{d}p/\mathrm{d}t$表示预期的商品价格变动率，$u$代表其他不属于收入方面的因素。在影响货币需求的多种因素中，作为各种形式资产总和的总财富是最重要的变量。而对总财富的衡量方面，弗里德曼认为应当从持久性收入的概念入手，即指以不变价格计算的过去、现在和未来预期的实际国民收入。由于这种持久性收入在长期内取决于相对平稳的人口、资源、技术等实际生产要素的状况，因而持久性收入是高度稳定的。而同样作为决定货币需求的主要因素，持久性收入的高度稳定性也就意味着货币需求同样是稳定的，那么如果出现通货膨胀和经济的明显波动，就表明一定是货币供应量的不恰当增加造成的。

弗里德曼指出，当货币数量的增长速度超过了产量的增长速度时，通货膨胀就会发生，而且每单位产量所对应的货币量增加得越快，通货膨胀率便越高。进而，弗里德曼认为过度的货币增长是通货膨胀的唯一原因，一旦政府支出是通过发行货币或扩大信用的办法是的货币增长率超过产量的增长率，就必然引发恶性通货膨胀。而在政府所有的“不当”行为中，以推行充分就业政策为名的政府开支的迅速增加、中央银行实行错误的货币政策等问题就成为导致货币供应增长率大于经济增长率的主要根源。弗里德曼认为，西方各国由于广泛推行凯恩斯主义政策，造成普遍、持续的物价上涨，就都是由于货币发行过多所致。从这个角度讲，法律和货币当局有不可推卸的责任。

基于如上认识，弗里德曼提出“自然失业率”理论以重建货币政策的理论基础。弗里德曼的这一思想无疑受到了哈耶克的影响。“让各种类型的劳动力根据需求的变化不断进行调整，要有一个真正的劳动力市场，在这个市场上，不同类型的劳动力的工资，是由供需决定的。没有一个有效的劳动力市场，就不可能存在有意义的成本核算和资源的有效利用。”[①]弗里德曼正是试图通过“自然失业率”假设来建构一个“有效的劳动力市场”，以直面“滞胀”危机所造成的经济困局。他认为，由“供需决定的”就业状况一定存在“自然”的失业状态，因而低于充分就业的均衡也是有效的、良性的状态，并没有必要重复凯恩斯对于“有效需求不足”境况的过度推论。[②]但同时，弗里德曼“芝加哥式的实用主义”[③]又使得他并不会成为哈耶克般的极端自由主义者，而更多的人是在公共理性的框架下展开工作。正是在这个意义上弗里德曼将“自然失业率”定义为在没有货币影响的条件下，有劳动力市场和商品市场的自发供求力量所决定的、出于均衡状态时的失业率。也即是说，弗里德曼通过对影响就业状况的货币因素和非货币因素的区分，认定自然失业率是由影响劳动力供给和需求的非货币因素决定的。这些因素包括劳动力市场的有效性、竞争和垄断竞争的程度、收集有关职位空缺信息的成本、劳动力流动性成本等。根据货币主义的逻辑，劳动力市场的组织越完善，相关工作信息的传播越有效率，劳动力在不同区位与职业间的自由流动就越顺畅，人为的干预越少，自然失业

---

① 哈耶克：《哈耶克文选》，冯克利译，江苏人民出版社，2007年，第122页。

② 参见《美国货币史》中弗里德曼在对大萧条成因的分析中对凯恩斯理论的颠覆和嘲讽。

③ 拉齐恩·萨丽等：《哈耶克与古典自由主义》，秋风译，贵州人民出版社，2003年，第55页。

率也就越低。

弗里德曼的提出“自然失业率”理论，实际上正是资本主义市场经济“自发调节、自动均衡”观念的重申，即只要可以在不受外力干扰的情况下实现市场的自动调节、自主调节，使得闲置资源得到有效的利用，则一定会消除短期的非均衡状态。相应地，由于自然失业率是由货币因素之外的实物因素决定的，那么从长期来看，任何企图增加货币供给量或降低利率的货币政策，对于就业问题的解决不仅是无效的，反而只能导致通货膨胀状况的持续恶化。“自然失业率”假说在有力地反击了凯恩斯国家干预主义的同时，也开启了新自由主义货币供给理论的新篇章。

另一方面，“马歇尔—凯恩斯”谱系的对“预期”的重视，同样被新自由主义货币经济哲学所采纳，但是却被用来反对凯恩斯主义的货币主张。以“自然失业率”的提出为理论前提，货币主义与理性预期学派通过对菲利浦斯曲线的理论反思完成新的货币政策建构。

货币主义对凯恩斯主义的理论利器“菲利浦斯曲线”的质疑以“预期”为切入点。针对凯恩斯学派的以菲利浦斯曲线为依据来说明失业与通货膨胀之间此消彼长的交替关系并以之建构政府调控货币供应的合法性的做法，货币主义者指出，菲利浦斯曲线只是在人们不能合理地“预期”实际工资与通货膨胀变化之间的真实关系时才有意义，一旦劳资双方的适应性预期发生作用，失业率就会恢复到其“自然”的状态，因此可以说菲利浦斯曲线之在短期存在，在长期并不存在。理性预期学派的观点比货币主义更进一步：由于“理性预期”（对“预期”的强化运用）的作用，出现通货膨胀后劳资双方“自然”会在工资增长率与通货膨胀率的变化中做出适当而有效的调节，而通过这种“调节”（当然是又回到了千方百计要证明市场自身的“可调节性”和“必然均衡性”的老路上来，只是这一次诉诸的是更为内在的人的“预期理性”），通货膨胀发生后的实际工资并未降低，资方也不会因此盲目地增加雇佣劳动量，失业率也不会就此下降，从而，被充分而且“理性”（“理性建构主义”的某种变体？）地预期到的通货膨胀对就业的实际量就无法产生影响，这也就意味着菲利浦斯曲线甚至在短期内也不存在。“这样的政策及时在短期内也是无效的——对预期是如何形成的准确理解导致了这样一个结论，即短期的稳定政策也是难以维系的。换言之，甚至在短期内，政府也不可能通过货币政策和财政政策有序地改变就业水平。这也就是理性预期理论所谓的政策无效的结论。”①

完成了对菲利浦斯曲线的否定之后，理性预期学派提出了“预期”视角下的连续通货膨胀论，即预期通货膨胀论。这一理论认为，在政府不断实行开放性货币政策的情形下，政府对经济运行的频繁的“相机行事”的干预行动，特别是经常变动货币供应增长率，就形成了在公众中相对稳定的对于通货膨胀的预期。在“理性”的关于“物价将持续上涨”的预期的作用之下，人们（凯恩斯意义上的“群众”）为了避免损失，就事先提高各种商品的价格和收益率，结果导致物价水平继续普遍上涨。在物价水平真的继续上涨的情形下，人们也继续产生关于通货膨胀的预期，不约而同地采取预防性措施，普遍提价，于是，一种以“预期”相衔接的恶性通货膨胀图式“通货膨胀——预期通货膨胀——通货膨胀加剧”就得以成形。由此，新自由主义者提出他们（的“理性”）所认为的正确的货币政策，“货币当局应该通过公开地采取一种货币政策，使某种特定的货币总量保持一个稳定的增长率，从而自始至终避免货币的摆动。”②就是公开宣布一个固定不变的货币供应增长率，长期坚持实行，使人们的预期与实际的政府行为保持正向的一致性，使得通货膨胀率的下降不会伴随失业率与生产率的恶性变动（与哈耶克所说的“政客们那种惊慌失措的反应”恰成对照），这也同时意味着要摆脱政府对市场秩序的各种规训与困扰。③正如哈

---

① 卡特，麦道克：《理性预期》，杨鲁译，上海译文出版社，1988年，第90页。

② 弗里德曼：《弗里德曼文萃》，胡雪峰、武玉宁译，首都经济贸易大学出版社，2001年，第470页。

③ 在货币增长率的问题上，弗里德曼提出：“根据我的估计，要实现最终产品价格水平的大致稳定，就需要使通货加所有的商业银行存款之和大约每年增长3%~5%，或者需要使通货加活期存款之和保持稍微低一点的增长率。”并认为“与遭受我们经历过的广泛的、反复无常的经济混乱相比，使货币总量保持一个一般会导致适度的通货膨胀或适度的通货紧缩的固定增长率，而且这个固定增长率是通货膨胀或通货紧缩保持稳定，情况则要好得多。”弗里德曼：《弗里德曼文萃》，胡雪峰、武玉宁译，首都经济贸易大学出版社，2001年，第471页。

耶克所说，“我们的主要问题之一是保护我们的货币，抵制那些还会继续提供速效疗法的经济学家，因为这种办法的一时之效，会继续使它有把握受到人们的欢迎。它还会存在于那些自信掌握着灵丹妙药的盲目教条主义者之中。”①确实，究竟是以“保护货币”的名义实现经济社会的良序发展，还是以“理性预期”反对那些依然“有把握受到人们的欢迎”的教条主义精英，就正是新自由主义自身必须肃清的执念之障了。

三

在解决通货膨胀问题的思路上，新自由主义的极端保守派（如哈耶克、罗斯巴德及其追随者）从彻底的经济自由主义出发，提出将“竞争”因素引入货币领域，而这种在全球自由市场化视野下的“通货选择”行为就被视为“货币的非国家化”。

哈耶克对国家的货币发行权的垄断所造成的限制“金融自由”的状况的分析是以对新古典货币理论的反思为前提的。“社会中个人的计划实现完全的配合或对应，这是完全市场均衡的理论模型的前提假设，而这一假设又基于另一个假设：为使间接交换得以进行而必需之货币，不会对相对价格产生任何影响，这是一个纯属虚构的图景，在现实世界中根本不可能存在。”②在哈耶克看来，新自由主义必须有能力打破这个“纯属虚构的”理论图景（在这一点上与凯恩斯主义不谋而合），因为对货币中立性的强调恰恰使“货币当局”的管制有机可乘，而其构造的“具有无上权力的国家”则无疑只能是对另一种社会制度形态的模仿。因此，“没有一种现实世界的货币具有这个意义上的中立性，我们只能接受某种能够迅速矫正器不可避免的错误的货币体系。”③进而，哈耶克提出了他对于新的“货币体系”的建构愿景：“我们可以期望，竞争性地发行货币能够确保这一点。”④

新经济自由主义者认为“只有废除各国政府对其货币创造（money

① 哈耶克：《哈耶克文选》，冯克利译，江苏人民出版社，2007年，第147-148页。
② 哈耶克：《货币的非国家化》，姚中秋译，新星出版社，2007年，第99页。
③ 哈耶克：《货币的非国家化》，姚中秋译，新星出版社，2007年，第99页。
④ 哈耶克：《货币的非国家化》，姚中秋译，新星出版社，2007年，第100页。

creation）的垄断莱农实现价格水平稳定。”[①]这实际上是自由主义经济哲学的“有限政府与经济自由”命题在货币金融领域的体现，哈耶克式的怀疑主义认为“政府发行和操纵货币的专有权当然无助于我们得到优于其他制度下的货币，它甚至可能是糟糕得多的货币，它只是政府实施其主导政策的一个重要工具，极大地有助于政府权力的广泛增长。”[②]货币作为工具，甚至成为政府“控制”经济的同谋，这当然是自由至上主义者所不愿看到的。“我并不反对政府发行货币，但是我相信，它要求垄断权，或要求对那些有可能在其领土上引起紧缩的货币进行限制的权力，或决定货币汇率的权力，是一种完全有害的权力。”[③]也正是在这个意义上，“阻止通货膨胀的困难是政治性的而非经济性的。然而不无遗憾的是，似乎又没有人相信金融机构确有权力阻止通货膨胀。需要指出的是，人们对货币政策能够制造短期奇迹抱有最为乐观的看法，乃是与他们在同时对货币政策的长期影响又持有完全无奈的宿命观相伴随的。”[④]当关于“货币政策”的理论问题最终聚焦于金融机构是否“确有权力阻止通货膨胀”这一点上的时候，“货币的非国家化”所指向的金融独立与金融自由及相应的权利诉求就愈发清晰可见，甚至可以被视作货币金融领域的另一次“宗教改革”：取消政府在货币发行上的绝对权威，为金融资本的全球性拓展开辟空间。“防止政府滥用货币最有效的办法，莫过于让人们可以自由地拒绝他们不信任的货币，选择他们抱有信心的货币。要想引导政府保持其货币的稳定，莫过于让它认识到，只要它保持货币的供给低于需求，需求就倾向于增长。因此，我们应当剥夺政府（或其货币当局）保护货币免受竞争的一切权力。”[⑤]而在货币领域的政府的“有限化”或“货币的非政府化”情形下，“只要人们可以自由地使用随便哪种货币，则对那种被人普遍接受的、能

① 哈耶克：《货币的非国家化》，姚中秋译，新星出版社，2007年，第3页。
② 哈耶克：《货币的非国家化》，姚中秋译，新星出版社，2007年，第31页。
③ 哈耶克：《哈耶克文选》，冯克利译，江苏人民出版社，2007年，第150页。
④ 哈耶克：《自由秩序原理》，邓正来译，三联书店，1997年，第112页。
⑤ 哈耶克：《哈耶克文选》，冯克利译，江苏人民出版社，2007年，第151页。

够保持其购买力大致平稳的货币，就会形成持续的需求。”①

“货币的非国家化”理论的意义不仅在于展示自由银行业进行“竞争性”货币发行的美好蓝图，而更在于其所体现的以哈耶克为代表的新自由主义者对金融自由的渴念。由经济自由主义者所构造的“货币”与“国家”的紧张关系（一个由“国家”垄断的“货币”体系一定是一个败坏了的“货币”体系），正体现了自由主义经济哲学以“经济自由”之名谋求更大“政治自由”的理论野心，在他们看来，在金融资本全球扩张的前提下，“国家能为货币做出的最好的事情，就是提供一个法律架构，使人们可以发展出最适合自己的货币制度。”②仅仅作为一个规则甚或“理想”的守护者而出现，使“货币当局”作为“权力机关”的存在意义被全面解构。“我们所需要的不是拥有命令权的国际性权力机构，而是一个国际组织（或得到有效实施的国际条约），它能够禁止政府采取伤害他国人民的行动。有效地禁止一切对不同货币的交易（和持有，或货币主张）所施加的限制，最终有可能使关税或针对货物和人员流动设置的障碍归于消失，从而确保存在一个真正的自由贸易区或共同市场。”③在此，新自由主义的推进金融资本扩张的理论意旨得以充分显现，“在一个真正国际化的金融体系中，货币可以被直接转移，却又不至于因此信用结构的二次紧缩或扩张这种有害的过程。”④基于对货币的管制的放松，正意味着为金融全球化创造更大的可能性，也同时带来了新的价值判断标准问题：“不必太长的时间就能实现人和货币完全的自由贸易——这将被视为自由国家的基本特征之一。”⑤

“货币的非国家化”启示“自由经济”模式下“自由国家”理念的新尝试，货币发行领域的“去管制化”与“去垄断化”正体现了新自由主义货币经济论域的“政治性”，这同时表明自由主义经济哲学的以对“自由

① 哈耶克：《货币的非国家化》，姚中秋译，新星出版社，2007年，第56页。
② 哈耶克：《哈耶克文选》，冯克利译，江苏人民出版社，2007年，第155页。
③ 哈耶克：《哈耶克文选》，冯克利译，江苏人民出版社，2007年，第154–155页。
④ 哈耶克：《哈耶克文选》，冯克利译，江苏人民出版社，2007年，第154页。
⑤ 哈耶克：《哈耶克文选》，冯克利译，江苏人民出版社，2007年，第155页。

权”的索取替代对真正“自由”的追问的理论症候，对金融自由的牟取与资本主义全球化的“在世”呈现，就成为“自由的遗忘”的明证。[①]“自由主义”遗忘了真正的“自由”，“自由”也因而选择了离弃的姿态，而被“自由”离弃了的“自由主义”，其存在的意义就仅剩下对资本统治的维护与为资本主义奴役所必须进行的辩护，努力探寻全球“自由化”的诸种可能，曾经批判性的“启蒙”精神蜕变成为新的“宗教”、新的“神话”，而“神话自身开启了启蒙的无尽里程，在这个不可避免的必然性过程中，每一种特殊的理论观点都不时地受到毁灭性的批评，而理论观点本身也就仅仅是一种信仰，最终，精神概念、真理观念，乃至启蒙概念自身都变成了唯灵论的巫术。”[②]新自由主义以“经济自由”的“巫术”构造“自由国家”的霸权，在新自由主义全球化“致命的自负”（资本的流转与牟利的“非国家化”）的背景下收获资本秩序的长治与久安，并以之定义“历史”及其“终结”。

① 相关的批判性讨论，另可参见：阿帕杜莱：“消费、持续期与历史”，见：《消失的现代性：全球化的文化向度》，郑义恺译，群学出版有限公司，2009年，第93–120页。

② 霍克海默、阿道尔诺：《启蒙辩证法》，曹卫东译，上海人民出版社，2003年，第9页。

结语

资本主义经济危机的现实性展开，呈现了“历史资本主义”的“历史性”和“现代世界体系”的“世界性”，并向我们呈示了斯密、萨伊、巴斯夏、穆勒一直到门格尔、米塞斯等信仰古典自由主义的经济学家所许诺的自由市场“决定”的通往自由之路实际上伴随着不间断的暴力与恐慌，而这种思想的恶果在哈耶克身上得到了最大化的体现。

现实经济生活的这种不可回避的残忍性（与资本主义世界的体系性危机的“现实性”）恰切地刻画了生存于“危机伦理”之下的资产阶级学者之理论“生产”的核心关切，即“中庸的自由主义是如何‘驯服’其他意识形态，并使它们事实上持有某种类型的自由主义中间路线”。[①]在这个意义上，通过对以亚当·斯密为代表的古典自由主义经济学家的思想发展的“谱系性”特征之把握，我们可以理解自由主义所宰制的资本主义经济发展史就是一个“合理化”的历史，那些无法被纳入到“资本理性”或“市场理性”的“视野”之中的内容都将被无情地排除掉（当然也包括对危机的理性理解和分析），这也事实上成为对于“历史”的一种成功的“再赋魅”（Reenchantment）的权力，在此，“权力存在于对经济体制的控制，存在于对权力分散的否定结构的控制，存在于对文化制度的控制，存在于运动本身之中。”[②]在此，被“权力”所贯注的“运动”，既意指外在的、制度变迁的历史形态，更关注思想和行动主体在历史的变动中所完成的“自我塑造”。因而，“从某种意义上或许可以说，亚当·斯密完成了一个自宗教改革以来的思想演化过程。宗教改革用君主取代教会成为了规范社会行为的统治源泉。洛克和他的学派用议会取代君主，让其更好地满足社会的需求。亚当·斯密则向前更进了一步，他认为，排除极少数的例外情况，社

---

① 沃勒斯坦：《现代世界体系》（第四卷），郭方、刘新成、张文刚译，社会科学文献出版社，2013年，第343页。

② 沃勒斯坦：《否思社会科学——十九世纪范式的局限》，刘琦岩、叶萌芽译，三联书店，2008年，第38页。

会根本不需要议会的干预。……社会各阶级之间的利益是一致的，对这一点人们认识的越充分，人们就越自由。”[①]

随着资本主义在世界范围的扩张、资本的输出和殖民化而不断得到完善的“世界市场体系”，其“危机”的实在性意涵在1825年之后也得到了极大的扩展。因此，从一个发展的层面上看，当我们直面“经济危机”从而也是直面“权力话语”地进行经济史/学说史的研究时，无论在内在（Internal）或外在（External）的意义下都要求我们具有开启另一种“理性”空间的能力，以抗拒自由主义的同化诉求，因为作为意识形态的自由主义“宣称自身是普适论者。对他们自身和对现代性这种新世界观的真理性充满自信，自由主义者竭力传播他们的观点，将他们观点的逻辑强加给所有社会结构，由此将过去‘非理性’的残余从这个世界上清除掉。”[②]动态历史系统中资本与劳动的矛盾、资本家阶级之间的矛盾以及不同国家的资本主义之间的矛盾的结构性作用的结果（“危机”及其演化），不仅使资本主义的生产本身受到打击，同时更催生了另一种意义上的“生产”，即自由主义—资本主义意识形态下经济危机理论的“创造性”生产。这一理论言说的谱系具有极强的解释诉求，并极端地信仰“市场神话”（在稍后的章节中将逐步“赋型”）。古典自由主义时期的危机理论的创造性“启动”，也同样可以被视为是一个近代版本的中世纪神学化的“信仰寻求理解”（Fides Quaerens Intellectum），只是这里的（资本—市场）“信仰”之指向，已经由基督教传统中的“全能的上帝”（Infinite God）转变为市民社会意义上的“无尽的资本主义”（Endless Capitalism）。而在这一批判性审理的理性意义下，我们的危机理论研究就必须有能力揭示“在资本主义世界经济结构中‘真实存在’的东西，它使得过渡更可能成为解体而不是受控

---

① 拉斯基：《欧洲自由主义的兴起》，林冈、郑忠义译，中国人民大学出版社，2012年，第124–125页。

② 沃勒斯坦：《现代世界体系》（第四卷），郭方、刘新成、张文刚译，社会科学文献出版社，2013年，第16页。

的变形。”[①]而这也就是在从根本上呼召一种以马克思经济学为代表的总体性“批判的经济危机理论”的产生、发展和运作广阔视域，并在之后的经济思想史中成为自由主义经济学（无论“微观”或“宏观”）主要的理论对手，规定了整个人类发展的经济哲学的主题。

自由主义政治经济学危机学说的造作以“资产阶级性”为前提，“新教开始从精神上解放人，资本主义则从心智、社会和政治上继续这个任务。经济自由是这个进步发展的基础，资产阶级则是它的生力军。”[②]但是，这一“自由”的驱动力却在资本主义社会的不断发展中成为“某种残忍和奴役”的造物，就正如别尔嘉耶夫所指称的“有产者”的困境那样：“与无产者相比较，有产者更加是客体化的生存，更加是远离人生存的无限主体性的异化物。资产阶级性完全丧失精神的自由，其生存完全受决定论钳制。……资产阶级性的自然力彰显个体性。一切社会都受其裹挟，而把自己掷进这种氛围中去，贵族、无产阶级、知识分子一并劫数难逃。有产者的致命弱点在于他始终无法克服自身的资产阶级性，即他始终受自己的财产、金钱、致富意志、资本主义社会舆论、社会地位的俘获，并始终受那些被他剥削且害怕他的人的俘获。资产阶级性作为灵魂和精神的一种受束缚状态，它把人的生存都抛给了外在的决定势力。”[③]因此，资产阶级性是一种“异化物”，是“财产”和“致富意志”的不断膨胀的“客体化”呈现，自由主义政治经济学货币学说正反映了这样一种“异化”状态：在追逐自由权的过程中将自己“抛给了”市场这一“外在的决定势力”。由于市场的作用，“不但经济，而且人与人之间的关系也具有这种异化特征，它呈现出物与物之间的关系特征，而非人与人之间的关系。但是，这种工具精神与异化现象最重要最危险的方面或许在个人与自我的关系上。……

① 沃勒斯坦：《否思社会科学——19世纪范式的局限》，刘琦岩、叶萌芽译，三联书店2008年版，第23页。

② 弗罗姆：《逃避自由》，刘林海译，国际文化出版公司，2002年，第77页。

③ 别尔嘉耶夫：《人的奴役与自由》，徐黎明译，贵州人民出版社，2007年，第134–135页。

同其他商品一样，市场决定了这些人类特质的价值，甚至他们的存在。”①

“工具精神”的内在化导致了资产阶级性基础上“同其他商品一样”的“自我认同”（Self—Recognition）。“人受奴役的最后一桩真相是人受自我的奴役。人陷入客体世界的奴役，这是自身外化的奴役。”②而在这个意义上，自由主义所宣称的“自我”也就成为资本主义生产关系下失去主体性的存在。“人受外在的奴役，又受内在的奴役。自我中心主义者总在客体化的钳制下，总把自己抛到外在的世界中去，即使分析世界，他们也依附于世界，也把世界作为自己的工具。”③在把世界作为“工具”的同时“依附于世界”，资产阶级主体性的退隐不言而喻，强大的资本力量“钳制”人性，并操纵自由主义使其散布个人主义的种种幻象。“事实上，个人主义是客体化，它关联于人的生存的外化，而且每每隐而不显，难以被人识破。个体人是社会的、种族的、世界的部分，而个人主义是部分——脱离了整体的部分——的幻象，或者是部分对整体的反抗。整体中的任何一个部分，纵然反抗整体，但因置于个人主义之中，也只能是外化的事物。”④作为“外化的事物”的个人主义的“幻象”逻辑揭示了资本主义市场力量的“奴役性”，资本的奴役通过资产阶级性的自我认同不断深化，最终揭示出那些所谓的“自由”国家是如何“通过臣服于新式权威或者通过强迫接受公认的模式，随时准备除掉个人自我的。”⑤

由此可见，自由主义经济学的自由是“铁笼”（Iron Cage）⑥中的自由、被“宰制”的自由：“没有人知道未来谁将生活在这个铁笼之中，没有人知道在这惊人发展的终点会不会又有全新的先知出现，没有人知道那些老观念和旧理想会不会有一次伟大的新生，甚至没有人知道会不会出现被痉

① 弗罗姆：《逃避自由》，刘林海译，国际文化出版公司，2002年，第86页。
② 别尔嘉耶夫：《人的奴役与自由》，徐黎明译，贵州人民出版社，2007年，第92页。
③ 别尔嘉耶夫：《人的奴役与自由》，徐黎明译，贵州人民出版社，2007年，第94页。
④ 别尔嘉耶夫：《人的奴役与自由》，徐黎明译，贵州人民出版社，2007年，第95页。
⑤ 弗罗姆：《逃避自由》，刘林海译，国际文化出版公司，2002年，第96页。
⑥ 此处“Iron Cage”的用法，是借自帕森斯对于马克斯·韦伯的“stahlhartes Gehause”的英译，相关语境的解析参见马克斯·韦伯：《新教伦理与资本主义精神》，阎克文译，上海人民出版社，2010年，第346页（注115）。

孪性妄自尊大所美化了的机械麻木。”[①]自由主义政治经济学的“先知”不断出现，并一再重复同样的“消极”言论，而在自由主义治理下的人们，早已习惯了这种话语，早已习惯了这种话语所造成的意识形态上的“机械麻木”：他们“看到使任何商业伦理的差别与禁忌得以产生的一切标准的沦丧，看到一种冷酷无情的强制力量在迫使人人——甚至包括最有良心的商人——奔向所有经济伦理的这个独一无二的墓地并与恶犬为伍同声嗷叫、否则就会遭到经济毁灭的惩罚。”[②]——他们早已看透，但从未揭穿。[③]自由主义经济学说通过危机理论辩护实现其伦理构造并宣称“历史终结”，或者，“完全可以言之凿凿地说，在这种文化发展的最后阶段，‘专家已没有精神，纵欲者也没有了心肝；但是这具空心的躯壳却在幻想着自己达到了一个前所未有的文明水准。’”[④]自由主义经济学所能提供给人们的只是自以为先进的文明创造，“被封闭的自由”便是资本主义自由市场幻象所“决定”的“历史性”真相，而这一点正是被马克思经济危机理论所科学地揭示出来，也由此不断地呼唤着当代学者的重新理解，并基于对新自由主义的根基性批判，开展出根源于人类社会发展规律的真理性认知。

---

① 马克斯·韦伯：《新教伦理与资本主义精神》，阎克文译，上海人民出版社，2010年，第275页。

② 马克斯·韦伯：《韦伯政治著作选》，阎克文译，东方出版社，2009年，第74–75页。

③ 大卫·哈维对于资本主义市民社会的如下期许与韦伯的悲观呈现某种“互文性”：“比起新自由主义所祈求的自由前景，还有远为高尚的自由前景有待我们去争取。比起新自由主义所允许的治理体系，还有远为有价值的治理体系有待我们去建立。”（大卫·哈维：《新自由主义简史》，王钦译，上海译文出版社，2010年，第237页。）

④ 马克斯·韦伯：《新教伦理与资本主义精神》，阎克文译，上海人民出版社，2010年，第275页。

附录

错置的“个人”：西方自由主义经济学的理论局限

自由主义经济学是在欧洲“市民社会”和商品经济发展中形成的资产救济经济意识的理论概括，个人的觉醒与独立为资产阶级经济学说创造了历史条件，“拥有自我的自由主义”（或“自我占有”）在中世纪的封建经济条件下“坚定地扩展着它对君主的神圣权利、对来自封建时代的贵族特权以及对所有形式的压迫的反抗”，[①]从而在宗教改革、启蒙运动的激进形式中兴发了个人主义的思想力量。而“自由主义的形而上和本体论的内核是个人主义。从这个前提出发，自由主义对自由、宽容和个人权利的类似承诺才得以推演出来。”[②]一批代表资产阶级利益的自由主义思想家专注于经济研究，从而形成了自由主义经济学的思想基础，并对其理论的真理性和科学性，构成了“规范维度”（因其“前设”意涵）的“实在性”（Reality）的张力和危机。

一、至上观念的重构：以现代个体为中心

在十六、十七世纪由路德、加尔文发起的席卷欧洲的宗教改革运动，作为“发生在西方心灵和精神中一种更大的文化转型的突出表现形式”，[③]被认为是现代世界观的重要肇因，其对罗马教廷的专制神权的反抗（及随后延展出的更为复杂的反神权运动）开启了西方世界在“上帝之城”与

① 约翰·凯克斯：《反对自由主义》，应奇译，江苏人民出版社，2008年，第2页。
② 阿巴拉斯特：《西方自由主义的兴衰》，曹海军译，吉林人民出版社，2004年，第18页。
③ 塔纳斯：《西方思想史》，吴象婴、晏可佳、张广勇译，上海社会科学院出版社，2007年，第268页。

“地上之城”之间的新的矛盾。宗教改革“是人类的心灵对思想领域内专制的反抗”,[①]通过对作为诱因的多明我会与赎罪券问题的奥古斯丁式回应，改教假以“回到经典”为名发出了实际上基于个人意识之觉醒的批判之声，在其中蕴含的自我决定的个人主义精神和对理性的高度强调，无疑标示了自由主义的未来图景。

（一）宗教改革

正如西方当代著名自由主义学者约翰·罗尔斯（John Rawls）所宣称的，自由主义（罗尔斯所谓的“更一般意义上的自由主义”[②]）的“历史起源，乃是宗教改革及其后果，其间伴随着十六、十七世纪围绕着宗教宽容所展开的漫长争论。类似对良心自由和思想自由的现代理解正始于那个时期。”[③]由改教和宽容延展开的信仰讨论，使得每一个信徒重新寻求自我人格的确认，由此基督新教所呈现的启示世界（Grace）与自然世界（Natural）之间的分立，在世俗化的背景下获得了新的理解。“新教的这两种对立特征，亦即人类独立的自我和全能的神，两者复杂地交织在一起。因此宗教改革标志着个人在两个方面的进步——在教堂之外，在上帝面前。”[④]人人面对上帝的“因信称义”以及“教堂之外”的世俗权力的发展，都为进一步的变革提供力量。“宗教改革运动直接导向了一些主要的自由主义原则和自由主义的成功。新教确实是个人的宗教信仰，因此逻辑地和历史地导出了宽容和良心的自由。这些观念的非宗教形式正是自由主义。”[⑤]

---

① 基佐:《欧洲文明史》，程洪逵译，商务印书馆，2005年，第4页。

② 在罗尔斯后期作品《政治自由主义》的语境之下。参见：约翰·罗尔斯:《政治自由主义》，万俊人译，译林出版社，2000年。

③ 约翰·罗尔斯:《政治自由主义》，万俊人译，译林出版社，2000年，第12页。

④ 塔纳斯:《西方思想史》，吴象婴、晏可佳、张广勇译，上海社会科学院出版社，2007年，第268页。

⑤ 阿巴拉斯特:《西方自由主义的兴衰》，曹海军译，吉林人民出版社，2004年，第136页。

西方世界日益强大的理性和独立精神构造了冲击中世纪经院范式的文化变革运动，马丁·路德（Martin Luther，1483—1546）的“因信称义”学说具有首创的意义。路德将“两个王国”亦即“上帝之国”与“世俗之国”相区分，在这个意义上，“山上布道的道德规范仅仅适用于基督教徒之间的关系：它们不能成为世俗权力的指导方针。‘世俗世界不能通过念经来统治。’”[①]这也就预设了作为前提的宗教权威从世俗领域的退出，并且进一步形成了与中世纪经院范式截然不同的世俗观念：“凡国家社会合法的制度都是上帝美好的工作；基督徒从政，司法，照宪法及现行有效的法律治理政事，按律科罪，开正义之战，从军，订合法的契约合同，置产，官府吩咐起誓……均无不可行。”[②]在这样的“宽容”言说中，“上帝”被重置出后设的意义，即只是为“合法的制度”做出认证的表面的“权威”，尽管仍然可以说“国家社会”的制度框架是依照上帝订立的法则演化而来，但事实上这样的言说已经为大卫·休谟提出的“事实与价值二分法的崩溃”预制了前提。此外，这样的说法中也强烈地反映出当时的思想状况下理性对于信仰在“世俗域”的绝对的排斥，“大一统”的教权与“分立”的君权之间的力量对比已发生变化，随时有可能发生价值的颠覆。而这种危机也其实是宗教的律令本身所固有的。“福音并不否认政府与家庭，反倒切切要我们保存、维持，当作上帝自己的律例，并在这些律例上行之以爱。”[③]“行之以爱”的宣传换来了“其命维新”的变革，“宗教与世俗的分离、精神与物质的分离可以看成是预示了其后作为自由主义特征的价值与事实的分离——并不是因为路德拒绝了对堕落的自然世界的价值判断，而是他认为在那一世界里是不可能发现善或者引入善的。”[④]另一位改革宗

① 阿巴拉斯特：《西方自由主义的兴衰》，曹海军译，吉林人民出版社，2004年，第138页。

② 马丁·路德：《马丁·路德文选》，马丁·路德著作翻译小组，中国社会科学出版社，2003年，第58页。

③ 马丁·路德：《马丁·路德文选》，马丁·路德著作翻译小组，中国社会科学出版社，2003年，第59页。

④ 阿巴拉斯特：《西方自由主义的兴衰》，曹海军译，吉林人民出版社，2004年，第139页。

大家加尔文（Calvin，1509—1564）沿着路德的路线，将对“两个王国”的思考带入基督教改教运动，促进了欧洲思想解放的深入。加尔文首先肯定了世俗权力的无可置疑的重要性：“目前我们只要使人知道，若想废弃政权，乃是野蛮不近人情的；它对人类是如面包和水，阳光和空气一样重要，而且更为优越。因为它不仅供应这些东西，使人得以呼吸、饮食、存活（政府使人群共处，确实包括这一切的事在内），而且使偶像崇拜，对神之名的亵渎，对神之真理的侮辱，以及别种冒犯圣教的事，都不敢公然地发生或传播在人民中间；使治安不受骚扰；使每人能享受他的产业，而不受侵犯；使众人共同交易，而可免于欺诈不义；使正直与谦恭可以培植于人间；总之，使共同的宗教能以维持于信徒中间，且使人道能以维持于人间。”[①]加尔文对世俗权力的颂扬，将之与阳光、空气和水相比拟的做法，强烈地表明了改教家对于“教堂之外”的力量的关注，而由于其对于政府的“理想政体”式的描述，使得这一“理想”的载体与神的意旨相结合而更加有力。“我们当极其谨慎，不得轻视或干犯长官的权威，这权威既是神以最庄严的命令设定的，就是该受最大尊重的，即令它为最不配的人所掌有，且被他们的不义所败坏了。”[②]“神”之名再次成为被“权威”命名之“名”，宗教权威（或“创世权威”）再次被世俗权威所僭越，而这正是历史发展（特别是资本主义的发展）所必将导向的境遇。“精神权威的控制，那种系统的可怕的思想的统治，已被废除或解除了武装，这就是宗教改革在各种不同情况下获得的结果。”[③]由宗教改革运动解放了的思想（“理性”对“信仰”的胜利），从根本上为西方世界树立了新的价值观，也就是对信仰一元论的超越。而根据加尔文的模式，“将上帝提升到理性之外的信仰领域的证明效应就是把自然的世界留给了理性来统治，使其从宗教的干

① 加尔文:《基督教要义》，徐庆誉、谢秉德译，宗教文化出版社，2010年，第772页。

② 马丁·路德、约翰·加尔文:《论政府》，吴玲玲译，贵州人民出版社，2004年，第117页。

③ 基佐:《欧洲文明史》，程洪逵译，商务印书馆，2005年，第221-222页。

预中解脱出来，上帝不再存在。”[①]

在路德、加尔文及其信徒的抗争之下，西方商品经济和市民社会逐步形成并发展，进而为思想领域自由主义形成提供了契机，在他们看来，“重要的不是我们要做什么，而是指引我们所作所为的心灵构造……无论是那些坚持转向内心还是倾听上帝声音的人，在他们的意识中道德是私人化的，这也是由于作为适用于所有人的一系列原则的道德概念被削弱了。……正是这种唯一的方式，宗教改革运动者的教义展示了一种个人主义的倾向。”[②]在这里，“指引我们所作所为的心灵构造”，无疑是指向“独立自主”的现代人格的确立，这也为“私人化”的道德提供了运化的基础，并且也只有在独立自主的人格意涵下，才有可能出现休谟式的“私利”最大化图式与斯密的（人为的而非神创的）分工体系。宗教改革者对私己化的道德的强调也成为一种教义，而以“称义”的名义，“凡诚恳敬畏上帝的人，由于对这个教义的认识，将体验到无比的利益。”[③]在加尔文主义者的言说中，这种“无比的利益”仍是指向内心的、倾向于启示的，但是，在现代性世界观的发展中，这种对垄断权威的批判，终于找到了可以依托的（也是最终造成了无可挽回的“铁笼”困境的）物质力量的发展。“宗教改革产生了巨大的后果。当一种像中世纪基督教这样的权威主义的、救赎主义的和扩张主义的宗教产生分裂时，就不可避免地意味着，在同一社会内，出现了与之对抗的又一种权威性的和救赎主义的宗教。”资本主义经济的发展和资产阶级的形成，以其为基础所建构的价值观念体系就正是这一新的“权威性的和救赎主义的宗教”，而这“又一种”的宗教的“权威性”在其发展中甚至大大超出了绵延整个中世纪的基督教威权，这一新的“救赎”也表现为自由主义经济政治思想。

① 阿巴拉斯特：《西方自由主义的兴衰》，曹海军译，吉林人民出版社，2004年，第139页。

② 阿巴拉斯特：《西方自由主义的兴衰》，曹海军译，吉林人民出版社，2004年，第141页。

③ 加尔文：《基督教要义》，徐庆誉、谢秉德译，宗教文化出版社，2010年，第495页。

（二）个人理性的思想启蒙

启蒙运动在个人觉醒的路向上继承宗教改革的思想路线。康德在其著名的关于“什么是启蒙运动”的文章中[①]将“启蒙”定义为：“启蒙就是人类脱离自己所加之于自己的不成熟状态。”[②]很明显，这种“不成熟状态”指中世纪基督教的思想压制，启蒙运动则“是一次人类心灵争取自治权的尝试，是对精神领域内的绝对权力发起的名副其实的反抗。”[③]正如康德所说：“不成熟状态就是不经别人的引导，就对运用自己的理智无能为力。当其原因不在于缺乏理智，而在于不经别人的引导就缺乏勇气与决心去加以运用时，那么这种不成熟状态就是自己加之于自己的了。”[④]简言之，启蒙就是回到人自身，回到主体性意义上的积极状态，在超越教会与君主的威权统治的前提下“运用自己的理智”，挣脱教会与君主对“个人”的各种层面的束缚。

启蒙运动的思想后果在“理性的公共使用”和“普遍历史”两个维度为自由主义经济哲学开辟道路。“理性的公共使用”超越了宗教改革中的“两个王国”是理性与信仰的悖谬，从根本上突破了“恩典世界”绝对权威，建构了一种具有“可商谈性”的“公共领域”及与之相应的公共理性。公共理性是指公民通过恰切的公共推理寻求共享的公共理解，以期在愈加多元的（而非专制的）社会中获得政治共识，并解决政治合法性与社会正义的原则问题，即私利与公益的调和问题。以这样的原则，康德宣称：“必须永远有公开运用自己理性的自由，并且唯有它才能带来人类的启蒙。”[⑤]将“自由”与“启蒙”并称，使启蒙运动成为自由主义经济

---

① 指康德1784年发表于《柏林月刊》的《答复这个问题：“什么是启蒙运动？”》[M]。同时可参见米歇尔·福科：《什么是启蒙？》，见汪晖、陈燕谷：《文化与公共性》，三联书店，2005年，第422–442页。

② 康德：《历史理性批判文集》，何兆武译，商务印书馆，1990年，第22页。

③ 基佐：《欧洲文明史》，程洪逵译，商务印书馆，2005年，第219页。

④ 康德：《历史理性批判文集》，何兆武译，商务印书馆，1990年，第22页。

⑤ 康德：《历史理性批判文集》，何兆武译，商务印书馆，1990年，第24页。

哲学的思想根源，启蒙运动所批判的“黑暗”场域是为获取公民自由权所必须破除的，中世纪封建经济条件下的思想与信仰状态成为启蒙运动必须肃清的迷障，也因此将公民自主的（而非神意前定的）分工条件下的自由市场、自由贸易作为其思想追求的必然结果。“公众要启蒙自己，却是可能的；只要允许他们自由，这还确实几乎是无可避免的。”①公众得以面对“自己”、启蒙“自己”，就正是资本及其（新的）奴役逻辑得以运作的前提，这同样也是基督新教“因信称义”即“人人皆可直面上帝”的完美翻转，即构成人人皆可面对自己的欲望、人人皆可面对自己的利益的话语系统。进一步，则是将这种“公众要启蒙自己”的欲求原理，论证为使对私利的追求在某种力量的驱使之下（比如“看不见的手”）可以达成整个社会的分配正义和福利最大化，也就使得自由主义经济哲学的思想理路真正得以展开。资本主义在启蒙运动的唯理性主义之下获得了“进步”的认证。“这些进步所将得到的真正好处——我们对此可以表示一种几乎是确凿无疑的希望——其归宿就只能是人类自身的完善化这一好处，因为随着各种各样的平等将会为人类确立更广泛的维持生活需要的手段、更普及的教育、更完整的自由，那种平等也将越发真确，它将越多接近于囊括真正关系到人类幸福的一切东西都在内。”②启蒙运动使得资本主义以“自由”的名义（这同样是自由主义经济哲学理论的要害所在）重新界定“真正关系到人类幸福的一切东西”，从而形成了对非资本体制的“自然”的排斥，同时预设了资本主义的无限扩张性。“所有这些使人类得以完善化的原因、所有保证这一点的办法，由于它们的本性，就应该是永远在发挥着一种积极的作用，并且是在获得一种永远在扩大着的领域。”③资本的逻辑在西方世界的普遍扩张，同时构造了极具排他性和侵略性的“世界普遍历史观”，即对“人类得以完善化”的终极向度与“关系到人类幸福的一切东西”的西方资本主义重审。

启蒙主义思想家借“自然”（或“本然”）之名论证人类历史的“可

① 康德：《历史理性批判文集》，何兆武译，商务印书馆，1990年，第23页。

② 孔多塞：《人类精神进步史表纲要》，何兆武、何冰译，三联书店，1998年，第187页。

③ 孔多塞：《人类精神进步史表纲要》，何兆武、何冰译，三联书店，1998年，第202页。

普遍性”。“把普遍的世界历史按照一场以人类物种的完美的公民结合状态为其宗旨的大自然计划来加以处理……必须看作是可能的，并且甚至还是这一大自然的目标所需要的。”[①]在此，康德所说的“完善的公民结合状态”就是资本主义制度下的市民社会，而“大自然计划”的实行也就为“资本逻辑”的合法性奠定了基础，所有其他民族的、非西方的、非资本主义的经济—政治体制，都将因其“非普遍性”而受到“普遍历史”的无情抛弃。“唯有从其一开始就延续不断直迄我们今天的那个有知识的公众，才能征信古代的历史。超出此外，一切便都是未知的领域了；凡是生活在此之外的各个民族，其历史便只能从他们加入到这里面的那个时代开始算起。……从这里出发（当这一开端首先已经恰当地被确定了之后），我们才可以向上追溯他们的故事。所有其他的民族也都是如此。”[②]非资本主义的民族或国家在“加入到这里面的那个时代”之前，是不存在于人类历史之中的，因为他们采取的经济—政治体制必然不利于人的“完善化”，也同样不具备有关“人类幸福的一切东西”，这也就成为现代世界的新的原罪与威权。相对于“恩典世界”的“世俗世界”的堕落，这些旧的经济—政治体制被说成相对于资本主义的非资本的、非“自由化”的堕落，也即将中世纪的信仰对于理性的压迫转换为现代资本世界的“自由”对“非自由”的压迫（新的权威主义的显现）。他们将自己命名为“自由主义”，认为只有按其理念才可以昭示人类整体的“上升”。“人类物种从长远看来，就在其中表现为他们怎样使自己终于上升到这样一种状态，那时候大自然所布置在他们身上的全部萌芽都可以充分地发展出来，而他们的使命也就可以在大地之上得到实现。”[③]黑格尔继承康德的思想将“自然”作为资本主义普遍历史观念的核心原则。“历史是精神的形态，它采取事故的形式，即自然的直接现实性的形式。因此，它的发展阶段是作为直接的自然原则而存在的。”[④]随着资本主义经济与社会的发展，自由主义经济哲学取得了

① 康德:《历史理性批判文集》，何兆武译，商务印书馆，1990年，第18页。
② 康德:《历史理性批判文集》，何兆武译，商务印书馆，1990年，第19页（注释1）。
③ 康德:《历史理性批判文集》，何兆武译，商务印书馆，1990年，第20页。
④ 黑格尔:《法哲学原理》，张企泰、范扬译，商务印书馆，1961年，第353页。

在世界范围的统治与主导地位，古代世界的对（相对于“人为”的）“自然”的界定已相应转换为对“自由”及各种“自由权”的“自然”认证，这种“人为”与“自然”的转换也就最终为资产阶级精神内核的重构开启了视域。“世界历史的每一个阶段，都保持着世界精神观念的那个必然环节，而那个环节就在它的那个阶段获得它的绝对权利，至于生活在那个环节中的民族则获得幸运与光荣，其事业则获得成功。……这种环节作为自然原则所归属的那个民族，在世界精神的自我意识的自我发展中，有执行这种环节的使命。”①信仰自我意识的自我实现的黑格尔，在对绝对精神的论说中将外在的客观的“自然”与内在的自我意识生硬地拼接，为自由主义经济哲学提供了合法性证明，他的唯心主义思想同时昭示了自由主义“世界精神”的现代呈现：个人主义的兴起。

（三）个人主义与经济秩序的建构

个人主义是近代西方思想家倡导“启蒙”时形成的，是新兴市民阶级，特别是其中资产阶级意识的理性表述。而自十二、三世纪以来商品经济的发展，成为个人主义坚实的社会经济基础。以资本主义普遍历史观为理论基底的“世界精神的自我意识”，即资本逻辑下的“理性”个人主义，在“人人皆可直面上帝”到“公众启蒙自己”的理论路向上进一步发展，达至“私人的恶德—公众的利益”意义上的新境遇。马克斯·韦伯（Max Weber，1864—1920）在界定现代资本主义的特征时，就以“理性”的原则为现代西方资本主义进行论证：“对利润的贪得无厌根本就不能等同于资本主义，更不是资本主义的精神。倒不如说，资本主义更多地是对这种非理性冲动的一种抑制，至少也是一种理性的缓解。”②作为“西方”所特有的理性，在同样为西方所特有的个人主义及其经济表象的推动下而成为独一无二的存在。“就我们在经济方面的文献所能延及的遥远的过去而论，

① 黑格尔：《法哲学原理》，张企泰、范扬译，商务印书馆，1961年，第353-354页。
② 马克斯·韦伯：《新教伦理与资本主义精神》，阎克文译，上海人民出版社，2010年，第160页。

‘资本主义’和‘资本主义的’企业（有时仅仅具有有限的资本核算的理性化程度）在所有的世界文明地区都已存在。换言之，‘资本主义’和‘资本主义的’企业一直存在于中国、印度、巴比伦、埃及、古代地中海地区、中世纪欧洲，就像它们存在于现代西方一样。……然而，西方赋予资本主义的那种重要性程度在其他地方是不存在的，西方并发展出实现这种重要性的、在其他地方不存在的资本主义的类型、形式及趋势。”①

“理性的”、利己的个人主义思想在十七世纪的英国学者曼德维尔（Bernard Mandeville，1670—1733）的理论中得到了充分地体现。曼德维尔是最早试图将“私利”与“公益”进行调和的自由主义学者，他的“理性”原则是不能仅仅让大众知道“应当做怎样的人”（宗教改革与启蒙运动的进路），更重要的是要让大众知道自己“实际上是什么样的人”。这也就是将启蒙观念下的“大众的自我启蒙”又推进一步，成为自由主义经济哲学的理论前守。“曼德维尔关于人‘充满邪恶’（或自我利益）但却促进公共利益的信条是一种对自由主义的明确预言。人本质上是自私自利的动物，因为他们‘不会把快乐让给那些不对他们的利己之心给予回报的其他人，人最终是以取得快乐为中心的，他们热衷于它并按照他们的意愿来改变它。’”②自利的“公益信条”与“以快乐为中心”的功利原则，在自由主义经济哲学发展中分别由亚当·斯密和杰罗米·边沁所继承、发展，并在不断地论争与辩难中形成了现代自由主义的经济政治学理念。曼德维尔提出，“若不彻底了解一个人的行为所依据的原则及动机，我便不可能对其表现做出判断。”③相应地，曼德维尔将个人行为的原则与依据界定为出于私利或“自爱”（self-love）的考量，认为正是这一原则构成了人类行为的“普遍驱动力”（universal mover）。从而，在这一“驱动力”的作用之下，人们的行为成为促进“社会利益”的重要因素。“他们愈效力于寻

① 马克斯·韦伯：《新教伦理与资本主义精神（罗克斯伯里第三版）》，社会科学文献出版社，2010年，第6页。

② 埃克伦德，赫伯特：《经济理论和方法史》，中国人民大学出版社，2001年，第51-52页。

③ 曼德维尔：《蜜蜂的寓言》，肖聿译，中国社会科学出版社，2002年，第40-41页。

求自身利益，不顾他人利益，他们就愈会时时刻刻地相信：挡住他们道路的，并不是任何其他人，而最可能正是他们自己。所以说，正是他们当中的最恶劣者对提倡公众精神的兴趣，比其他任何东西都更能使他既获得来自他人的劳动与他人的克己的成果，又在放纵自己种种欲望时最少受到干扰。”[①]曼德维尔的这种（在言说上）基于“公众精神”的描述是亚当·斯密的被神话化了的“看不见的手”的早期版本，其对个人（经济的抑或政治的）欲望的坦然承认，甚至被认为是对宗教改革和启蒙运动的思想解放的过度诠释。这种过度的自我确认随着自由主义经济哲学的兴起而成为西方资本主义普遍历史观念下的“新宗教”。“上帝为社会所设计的人，不仅会被其自身的弱点及缺憾引向短暂幸福之路，而且同样会出于种种似乎是自然原因的必然性，多少了解自身的弱点及缺憾，而凭借这种知识，人将在以后为那种真正的宗教所完善，被引向他的永恒幸福。”[②]通过这一道德性的论证，“这种思想继续指出，如果个体的人在道德上是根本的，那么个人自由在社会、经济与政治意义上就是至高无上的。不同的人有着不同的利益、需求或意见；不能由他人——尤其是不能由‘社会’或国家——来决定什么使他们幸福，或者在关于美好生活的不同概念之间做出裁断。用自由主义的概念来说，国家和社会必须是价值中立的。经济领域亦然：个人自由应得到尊重，国家应尽可能少地施加关于国内税、补贴、关税或市场干预之类的经济限制措施。”[③]

“天赋人权”观念是个人主义思想发展的另一个重要内容。这一观念“承认存在着个人活动的无形的范围，个人的自然自由由此形成，这同时也是个人权利的范围。”[④]个人在“自然”上的“自由”观念的提出，标志着现代自由主义与古典世界的决裂，因为对于古代西方世界来说，并不存在超越城邦共同体之外的个体的“自由”，而只会承认存在超脱于个人之

① 曼德维尔：《蜜蜂的寓言》，肖聿译，中国社会科学出版社，2002年，第35-36页。
② 曼德维尔：《蜜蜂的寓言》，肖聿译，中国社会科学出版社，2002年，第42页。
③ 杰西·诺曼：《埃德蒙·柏克：现代保守政治教父》，田飞龙译，北京大学出版社，2015年，第274页。
④ 拉吉罗：《欧洲自由主义史》，杨军译，吉林人民出版社，2001年，第22页。

上的“总体权力”，在这个意义上，“天赋人权是对特权的全面否定。”[①]毫无疑问，天赋人权观念与资本主义雇佣劳动制有着非常微妙的联系，资本的关系要求所有的可雇佣者作为独立的经济个体而存在，而这种“可资本化”的状态就正是使资本主义得以不断发展的、因而必须被命名为“天赋”（仍必须从最高的创造者那里寻求佑护）的有利条件。由此可见，“随着社会与国家在新的个人主义基础上的进一步重组，这种有利条件将逐渐发展壮大，成为各种权利的保障，相对于自然状态带给受骗狂们动荡不安的生活，它获得的威望越来越高。”[②]超越“特权”的观念，却塑造了新的特权，个人主义、自由主义的发展终于使资本主义成为人类最新的、并常常被宣称为最终的“奴役”（治理）形式，“在这里，所有的中介活动与功能都被抛弃，不论其属于国家，属于教会，抑或属于任何其他经过认可的权威。”[③]

在这样的思想背景之下，自由主义者提出了“真正的”个人主义的思想原则：“一、真个人主义肯定家庭的价值及小群体之共同努力的价值；二、真个人主义信奉地方自治和自愿结社；三、真个人主义的理据在很大程度上乃是以这样一种主张为基础的，即人们通常诉诸国家强制性活动的许多事情，实际上可以经由自愿合作的方式而做得更好。”[④]在此，“经由自愿合作的方式而做得更好”的观念就成为自由主义（特别是新自由主义）所据以抵抗“政府干预”的重要依据。同时，个人主义强调世俗权力的个人化，也使得建立在（亚当·斯密的“同情”观前提下的）分工系统之上的市场经济理论，以及其货币概念和货币学说成为可能，而国家权威与被认为可以“做得更好”的“自愿合作”，就成为自由主义经济哲学内部不断争辩（自由放任主义与国家干预主义）的议题，是自由主义思想发展的重要动力。个人主义所坚持的“改变个人状况的愿望本身就表明个人试图获得利益和避免代价”的原则，成为由斯密和边沁所开启的政治经济

① 拉吉罗：《欧洲自由主义史》，杨军译，吉林人民出版社，2001年，第22页。
② 拉吉罗：《欧洲自由主义史》，杨军译，吉林人民出版社，2001年，第30页。
③ 拉吉罗：《欧洲自由主义史》，杨军译，吉林人民出版社，2001年，第22页。
④ 哈耶克：《个人主义与经济秩序》，邓正来译，三联书店，2003年，第31页。

学理论的关键因素，为自由主义经济学说及其货币理论的发展创造了历史条件。

二、自由主义经济哲学的理论诉求

在个人主义的思想路线上，自由主义经济哲学统合了复杂的思想资源："它在某些方面可以归功于斯多葛主义和基督教；它从怀疑主义和对神启的信仰主义中汲取过灵感；它颂扬过理性的力量，但在另一些情况下也曾试图贬低理性的主张。"[①]以日益壮大的资产阶级及其主导的商品经济为根据，自由主义经济哲学确立了自己的理念和主题，在对封建经济制度和专制主义的否定市场免于政府过度干预（实现"有限政府"）的、以经济自由实现政治自由的理论体系。

（一）拒斥"封建自由"

自由主义经济哲学在对"封建自由"的批判中形成的。西方中世纪封建社会的"自由"根植于封建主义的生产方式并以"特权"的形式展现出来。"在封建世界，自由产生于特定的平等与特定的安全感。在各阶层或团体内部，如果没有身份地位的相对平等，就谈不上自由或权利，有的只是冲突与暴力。"[②]

自由主义强调非普世性的、不同质的"平等"与"安全感"，就是封建制度下等级制认同的体现，而基于特定关系的"特权"阻碍并遮蔽了人们对自身的认识，"在中世纪社会的发展过程中，拥有特权的个人与团体生生不息，繁衍壮大，强化并拓展着人际关系。仅从特权的无限延伸，我们便能窥见人格或人性一切特权的根本来源。"[③]封建自由基于"特权"的建构使得这种"自由"必然具有两重性，拥有绝对权力的贵族阶层和绝对

① 约翰·格雷：《自由主义》，曹海军译，吉林人民出版社，2005年，第3页。
② 拉吉罗：《欧洲自由主义史》，杨军译，吉林人民出版社，2001年，第1页。
③ 拉吉罗：《欧洲自由主义史》，杨军译，吉林人民出版社，2001年，第1页。

无权的依附者阶层的对立成为封建契约的根本原则。“封建国家契约的特点，存在于最初的两重性之上。这种订约双方君主与人民的两重性，在人民看来，正意味着构成其活跃核心的特权集团。”[①]但是，这种片面自由的实现，并不是“通过个人主义的法律制度而体现在实践中”，[②]而是通过特权领域的君主与贵族的权衡与纷争。“君主权力的最初来源，与其他领主贵族的权力并无不同，两者的权力同样由财产得来；在财产当中包含政治主权，是天经地义的事情，于是他们之间的关系，就是主权者与主权者的关系，或者更准确地说，使私人与私人的关系，自由人与自由人的关系。这种权利方面最初的平等，产生出中世纪时期封建君主得意组织起来的关系，同时，在其中已经包含着未来矛盾冲突的种子。”[③]进而，这种“矛盾冲突”就展现为自上而下的个人意识的觉醒，在反抗最高的政治权力与宗教权力的斗争中充实为自由主义经济哲学的理论要素。“现代自由主义，从其起源上说，绝非单单与此冲突中的一方存在关联，而是与冲突双方、甚至冲突本身存在着关联。如果不存在某特权阶层的有效抵制，君主制唯一的成果，只能是把人民变成奴隶；如果没有君主专制主义同样的努力，特权体制不论扩展到何种程度，永远也不能跨越特权与自由一词本意之间的鸿沟——这样的自由，便是使特权越来越普及，直至使特权自行废止的程度。”[④]

“封建自由”的意识形态主要由罗马法传统与中世纪基督教传统所构成。罗马法传统认为，个人的自然权利总是与某种“终极事物”的“安排”密切相关。个人生存于“自然”所构造的“存在秩序”之中，因而也必须完全服从“终极因”对他的塑造与要求。“按照这一理论，人类可以相互之间，或针对社会与政府提出维护正义党正当而有力的要求，这是一个根本性的道德真理。人类拥有据此提出正义要求的道德权利，不是由于他们是人和特定道德共同体的成员，或任何实证法律秩序下的国

① 拉吉罗：《欧洲自由主义史》，杨军译，吉林人民出版社，2001年，第3页。
② 约翰·格雷：《自由主义》，曹海军译，吉林人民出版社，2005年，第10页。
③ 拉吉罗：《欧洲自由主义史》，杨军译，吉林人民出版社，2001年，第3页。
④ 拉吉罗：《欧洲自由主义史》，杨军译，吉林人民出版社，2001年，第3页。

民，而只是因为他们作为人类这种造物的本性使然。”[①]人类的权利服从于终极存在的“意欲指向”，或者说超出现世的力量构成了人类行为的“真正”原因，这些理论预设都是“现代自由主义”所必将反对的。“我们无法想象，经济因为在实际推理论证中要存在这一规范是得出结论的一个条件，就认为必然存在着某种可辨识的先验的可以称之为‘人类之善’的生活形式。我们也不能认为，如果对某物的欲求和兴趣在某一两个阶段并非始终能表明是对单一的包罗万象的终极事物的欲求和兴趣，那么，我们的欲求和兴趣就是空洞无物的和不可知的。”自由主义者指出，[②]另一个使“我们的欲求”变得“空洞无物”和“不可知”的思想传统，是中世纪的基督教思想传统。中世纪经院学者谨守福音书的经济—政治教义，如《马可福音》中“当积财宝在天上”的教诲，以及“靠钱财的难进天国”的训诫，将服从与虔敬的向“自由”的“救渡”与“天上的财宝”即德性相联系，同时遏制因贪欲（“私人的恶德，公众的利益”）而起的僭越之心。在《马太福音》中又有关于“真财宝”的讨论：“不要为自己积攒财宝在地上，地上有虫子咬，能锈坏，也有贼挖窟窿来偷；只要积攒财宝在天上，天上没有虫子咬，不能锈坏，也没有贼挖窟窿来偷。因为你的财宝在哪里，你的心也在那里。”封建自由观念下的“真财宝”意指恪守与虔敬，对现代自由主义所赖以发展的私有财产权持否定态度。但最终，“你的财宝在哪里，你的心也在那里”的道德训诫还是被自由主义的“你的心在哪里，你的财宝就在哪里”和“当无限发展地上的财宝”的新“理性”所替代。由于自由主义经济哲学依然将基督教式的财富观当作自己的主要批判对象，由此为后来的新自由主义者，并与集体主义、社会主义进行论战预设了前提。

① 约翰·格雷：《自由主义》，曹海军译，吉林人民出版社，2005年，第66页。
② 约翰·格雷：《自由主义》，曹海军译，吉林人民出版社，2005年，第70页。

（二）消极自由与积极自由

通过与“封建自由”的激烈批判，资本主义发展所催生的自由观念开始获得了实在的内容，“它不再是不适当的理论框架中无关紧要的奇思怪想，而是某物确凿无疑的证实——这便是有信念，有见解，有活力的现代个人。”[①]“现代个人”的出现，超越了封建性依附，也超越了“自己加之于自己的不成熟状态”，在信仰的多元化与道德个人主义的催化下，“现代个人”的自由“再不靠纯粹根本自然的事实，去净化历史生活中所有的积淀，而靠现代历史的产物，靠教育、文化与工作的结晶。”[②]

邦雅曼·贡斯当（Benjamin Constant，1767—1830）将现代与古代“决裂”之后的“现代个人”与古代人不同的自由观念进行了区分。“对现代人而言，自由意味着一个在法治之下受到保护的、不受干涉或独立的领域；而古代人的自由则意味着参与集体决策的权利。”[③]这样的古今之变也同样被描述成消极自由（现代）与积极自由（古代）这两种自由概念之间的差别。“古代人的目标是在有共同祖国的公民中间分享社会权力：这就是他们所称谓的自由。而现代人的目标则是享受有保障的私人快乐；他们把这些私人快乐的制度保障称作自由。”[④]事实上，古代人与现代人自由观念的差异正体现了“共同祖国”与“私人快乐”之间的对立，这一点同样可以在康德的相关论述中看到，并不难发现其中清晰的“转向”：“就涉及共同体利益的许多事物而言，则我们必须有一定的机器，共同体的一些成员必须靠它来保持纯粹的消极态度，以便他们由于一种人为的一致性而由政府引向公共的目的，或者至少也是防止破坏

① 拉吉罗：《欧洲自由主义史》，杨军译，吉林人民出版社，2001年，第328页。

② 拉吉罗：《欧洲自由主义史》，杨军译，吉林人民出版社，2001年，第328–329页。

③ 约翰·格雷：《自由主义》，曹海军译，吉林人民出版社，2005年，第3页。

④ 邦雅曼·贡斯当：《古代人的自由与现代人的自由》，阎克文、刘满贵译，上海人民出版社，2005年，第40页。

这一目的。”①

以赛亚·伯林（Isaiah Berlin，1909—1997）从另一个角度论述了“积极自由”与“消极自由”之间的区别。在著名的《两种自由概念》一文中，伯林提出，“‘自由’这个词的‘积极’含义源于个体成为他自己的主人的愿望。我希望我的生活与决定取决于我自己，而不是取决于随便哪种外在的强制力。我希望成为我自己的而不是他人的意志活动的工具。我希望成为一个主体，而不是一个客体；希望被理性、有意识的目的的推动，而不是被外在的、影响我的原因推动。”②与之相应，“消极的”自由“就是一个人能够不被阻碍地行动的领域。如果别人阻止我做我本来能够做的事，那么我就是不自由的；如果我的不被干涉地行动的领域被别人挤压至某种最小的程度，我便可以说是被强制的，或者说，是处于奴役状态的。”③进而，伯林在这两种界定的基础上论述积极与消极自由之间的差别。“成为某人自己的主人的自由，与不受别人阻止地做出选择的自由，乍看之下，似乎是两个在逻辑上相距并不太远的概念，只是同一个事物的消极和积极两个方面而已。不过，历史地看，‘积极’与‘消极’自由观念并不总是按照逻辑上可以论证的步骤发展，而是朝不同的方向发展，直至最终造成相互间的直接冲突。”④根据贡斯当之前的区分，“积极自由”指向“共和主义”与“消极自由”所皈依的“自由主义”，是“朝不同的方向发展”的。具体而论，“伯林对两种‘自由’做出区别的目的就是赞同‘消极自由’，他认为‘积极自由’不应该成为人们所追求的目标，一个社会要确保人们的‘自由’，其内容就是‘消极自由’的概念，而非‘积极自由’的内容。”⑤而正是在这个意义上，自由主义的标志性“翻转”又再一次发挥作用：消极的意涵在自由主义国家的立场上向积极的层面转化，“消

① 康德：《历史理性批判文集》，何兆武译，商务印书馆，1990年，第25页。
② 伯林：《自由论》，胡传胜译，译林出版社，2003年，第200页。
③ 伯林：《自由论》，胡传胜译，译林出版社，2003年，第189页。
④ 伯林：《自由论》，胡传胜译，译林出版社，2003年，第200-201页。
⑤ 斯金纳：《自由主义之前的自由》，李宏图译，三联书店，2003年，第136页。

极的辩论式自由概念导致积极建设式的概念。”[①]由此，在自由主义经济哲学所希求的“消极自由”模式下，“自由不是不确定的奇思怪想，而是人确定自己的能力，因此，通过人自身意识的自发行动，产生在实际生活中束缚他的必然性与契约。”[②]而最终，这样的“必然性与契约”也就展开为自由主义经济学内在的对经济与政治自由的解释。

（三）经济自由与政治自由

自由主义者通过对经济自由的追求确证其政治自由。“经济安排在促进自由社会方面起着双重作用。一方面，经济安排中的自由本身在广泛的意义上可以被理解是自由的一个组成部分，所以经济自由本身是一个目的。其次，经济自由也是达到政治自由的一个不可缺少的手段。”[③]自由主义经济哲学所导致的全球“自由化”趋势也正是在这个先以“自由—市场”模式顺利导入，再希图进行“自由—民主”模式演变的“不可缺少的手段”。

经济自由的发展在同“法律”与“国家”这两个维度的对话中得以论证。在由罗马法传统所构造的“人法”系统中，“人讲自己置于保护性权力制定的成文法的保护之下，这便扩展了他们拥有财产的能力；通过这种方式，他们扩大了而不是束缚了自己的天赋人权。这意味着法律若是良法，就不会限制人的自由，而且明显地是自由人的最好选择；个人没有理由拒绝服从它。”[④]在“天赋人权”的意义上，现代法律增强了人们“拥有财产的能力”，也因此是“自由人的最好选择”，这也就意味着“良法”前提下的资本主义市场体系是经济自由的“最好选择”。对于“国家”而言，“让人判断他自己的经济利益，就如同他对自己的宗教良心完全自主。国家不能以人的力量带来对活动的协调分配，增加唯自然能创造的东西。既

① 拉吉罗：《欧洲自由主义史》，杨军译，吉林人民出版社，2001年，第329页。
② 拉吉罗：《欧洲自由主义史》，杨军译，吉林人民出版社，2001年，第329页。
③ 弗里德曼：《资本主义与自由》，张瑞玉译，商务印书馆，2004年，第11页。
④ 拉吉罗：《欧洲自由主义史》，杨军译，吉林人民出版社，2001年，第32–33页。

然国家不是自然的敌人，而是遵循自然的途径去工作，则国家能做的惟一有用的事情，就是通过除去因误解个人利益而在历史过程中布下的障碍，来促进自由发展。”①这也就是伯林所以提出“消极自由”的意旨所在，外在的强制权力退出，“让人判断他自己的经济利益”，使得各经济主体相对于政治当局保持其独立的、“消极”的“经济自由”。“保持自由要求在最大可能的范围内排除这种集中的权力和分散任何不能排除掉的权力——即：相互牵制和平衡的制度。通过使经济活动组织摆脱政治当局的控制，市场便排除了这种强制性的权力的泉源。它使经济力量来牵制政治力量，而不是加强政治力量。”②由此，在得以与政治当局（凯恩斯意义上的“货币当局”）“相互牵制和平衡”的前提下,“经济自由”得以澄清其愿景:“进行经济交易的双方都可以从中获利，只要交易双方是自愿的而且是不带欺骗性的。因此，交换可以不用强制手段带来协调。通过自愿交换所组成的社会的一个发生作用的模型是一个自由的私有企业交换经济——即：我们一向称之为竞争的资本主义。”③

当自由主义经济哲学观念下的“经济自由”最终指向消除国家干扰的“自由的私有企业交换经济”，则在根本上以这种“自由”为“不可缺少的手段”的“政治自由”，就必然指向在“良法”的“保护性权力”的佑护之下，免于政府强力的阻滞，同时又实行“竞争的资本主义”的国家建构。但是，在现实之中，由于“明显地存在着基本上是资本主义的经济安排而同时又没有自由的政治的安排的可能性”,④一种全新的以“经济自由”为先导、以“市场”模式为工具、以“全球贸易”为手段的自由主义全球化攻略被设计出来，并在自由主义经济哲学的以“西方”经济学为名的全球拓展中建构超国家的“市场神话”，而与之对应的“政治自由”适时展开其阴谋论的意图，以确立这样的核心价值：“市场以这种方式打破了恶性循环，使得不需要首先说服人们而最后从他们那里筹集少量冒风险的资

① 拉吉罗：《欧洲自由主义史》，杨军译，吉林人民出版社，2001年，第34页。
② 弗里德曼：《资本主义与自由》，张瑞玉译，商务印书馆，2004年，第20页。
③ 弗里德曼：《资本主义与自由》，张瑞玉译，商务印书馆，2004年，第17页。
④ 弗里德曼：《资本主义与自由》，张瑞玉译，商务印书馆，2004年，第14页。

金成为可能。在社会主义社会中，不存在这种可能性；只有一个具有无上权力的国家。”[①]也正是从这样的理论诉求出发，“在抑制性总体的统治之下，自由可以成为一个强有力的统治工具。决定人类自由程度的决定性因素，不是可供个人选择的范围，而是个人能够选择的是什么和实际选择的是什么。自由选择的准绳不可能是绝对的，但也不完全是相对的。自由选择主人并没有使主人和奴隶归于消失。如果商品和服务设施维护对艰辛和恐惧的生活所进行的社会控制的话，就是说，如果它们维护异化的话，那么，在大量的商品和服务设施中所进行的自由选择就并不意味着自由。何况个人自发地重复所强加的需要并不说明它的意志自由，而只能证明控制的有效性。”[②]

① 弗里德曼：《资本主义与自由》，张瑞玉译，商务印书馆，2004年，第22页。
② 马尔库塞：《单向度的人》，刘继译，上海人民出版社，2008年，第8页。

自律、自主与自由主义经济学的内在问题

自由主义的普世话语为其现实的宰制提供证成性（Justification）的基础，而以“为人类行为秩序中的政治自由与平等奠定无条件的道德基础”①为理论指归的康德（Immanuel Kant，1724—1804）实践哲学作为自由主义的典范理路②（以罗尔斯与诺齐克对康德主义的共同溯因为代表），其理论的展开又正以《道德形而上学基础》中对自律与自主的“自由”概念（理性的、道德的）的“设定”为基点，将之作为道德谕令得以可能的根据而逐步构化出内在自由（纯粹实践理性的）与外在自由（法权的与德性的）的鸿阔论域。③哈耶克作为一个“知识论上的康德主义者”（何信全语），其自由市场理论和经济危机、经济周期理论的重要哲学根源，就是康德的超越于相容论（Compatiblism）的自由意志论（Libertarianism）的形而上学自由观。因而，对哈耶克的新自由主义（古典自由主义的复兴）从《道德形而上学基础》中康德采取的对自由“本身”④的“不可说”⑤的界定策略出发，本章将康德对“不可说”之自由的“言说”（论证和演绎）作为考察对象，

① 列奥·施特劳斯、约瑟夫·克罗波西：《政治哲学史》，李天然译，河北人民出版社，1993年，第675页。

② 这一问题的具体讨论，可参见：罗尔斯：《道德哲学史讲义》，顾肃、刘雪梅译，中国社会科学出版社，2012年；Robert Nozck：“Foundations of Ethics”，见Robert Nozck：*Philosophical Explanations*，Cambridge Massachusetts:The Belknap Press of Harvard Univeersity Press，1981，pp399-570.

③ 韩水法：《批判的形而上学》，北京大学出版社，2009年，第144-145页。

④ “为什么纯粹理性能够是实践的。对这类问题的回答人类理性完全无能为力。”见康德：《道德形而上学原理》，苗力田译，上海世纪出版集团，2005年，第87页。

⑤ “不可说的是人在其真实、其在的深层里所遭遇的那种真实。”“不可说”与人的“基本处境”相关。而“言说”则意味着人的位格与上帝的位格之在对话中的相遇。参见：奥特：《不可言说的言说》，林克、赵勇译，三联书店，1994，第44页。

将其赖以立论的“两个世界”的划分以及自由—自律的悖论性的交互—相容论作为论述要点，进一步展现康德式自由—启蒙理论（后康德的黑格尔主义以及法国的启蒙思想）在整个启蒙运动语境中的深层意向，也即是对于自由主义经济学的规范性（Normative）设定。[①]

康德将理智世界与经验世界的截然分立作为其理论的要件。此一划分在逻辑上具有其绝对性，也同时成为康德学说必然诉诸的展开方式，这一理论旨趣在康德将其研究定位于“道德性存在”之时就表现的更加明显。可以说，康德在理论哲学的研究中对“两个世界”（此“两个”世界的异名表述可谓层出不穷）做出区分要远早于他的开始对道德哲学的全面而深入的研究，[②]在1770年的“就职论文”《论可感世界与理知世界的形式及其原则》中，康德就提出了（如其题目所标明的）此种划分方式，并在其中给出了关于感性和理性的基础性定义：“感性是一个主体的接受性，借助它，主体就能表象根据其性质不能进入其感官的东西。感性的对象是可感的，仅仅包含可以被理性认识的对象，则是理知的。前者在古人的各个学派中叫做现象，后者则叫做本体。”[③]由此我们得以确认康德所希图建立的与物理性存在相对立的精神性存在的本体论：这个精神领域是与现实经验中的物理存在者相结合而“存在”的，但却并不因此而可以简单地被还原为物理性存在甚至此物理性存在者所接受的各种“刺激”。[④]

在《纯粹理性批判》的第三个二律背反中，康德在论证先验自由概念的可能性前提时将其理论困难归结为：“如果人们在一切事件的整个序列中单纯承认自然必然性，那么是否还有可能把这同一个在某方面只是自然结果的事件在另一方面仍然看作自由的结果，还是在这两种不同性质的原

① 以法治论、技术论的角度对这一问题的探讨，另可参见：沃特金斯：《西方政治传统——现代自由主义发展研究》，黄辉、杨健译，吉林人民出版社，2001年。

② 指康德1785年9月13日写给许茨的信。见李秋零编译：《康德书信百封》，上海人民出版社，2006年，第101页。

③ 李秋零：《康德著作全集第2卷：前批判时期著作（1757—1777）》，李秋零译，中国人民大学出版社，2004年，第397页。

④ 关于当代自然主义的相关讨论，参见：约翰·塞尔：《意识的奥秘》，刘叶涛译，南京大学出版社，2009年。

因性之间会碰到一个直接的矛盾。”[①]最终，在康德同时接受自然和自由两种必然性之后“理智品格”与“经验品格”的概念也随之被界定：作为“理智品格的现象”[②]的经验品格与“借助经验品格充当自己感性符号”[③]的理智品格各踞一端，“人”也就被相应地划分入两个世界：在其行动中作为物自身的本体世界和在其行动结果中作为显现的感性世界。[④]这样的划分也同样出现在《道德形而上学基础》中：“就自身仅是知觉，就感觉的感受性而言，人属于感觉世界；就不经过感觉直接达到意识，就他的纯粹能动性而言，人属于理智世界。”[⑤]在这一区分所展开的论域下，经验世界是科学能够认识的世界，本体世界则是道德开启的领域。在这一领域中，理性获得了完全的自由，而不受自然事物的影响和制约。正是在这无条件的理性的领域中，人才能不受制于一切外在的东西，不受制于所做、所为或所获的任何对象，因而人才可能是自由的。[⑥]

通过对康德关于理智（理性）世界与经验（感性）世界的划分的理论梳理，我们不难发现，康德的理论区分实际上正与古希腊哲学的形式与质料二分法一脉相承，而其中所蕴涵的灵魂与身体的二元对立关系就正是推动其理论拓展的内在动力。作为古典灵魂学说的代表的柏拉图的《斐多》篇[⑦]中如此界定灵魂与身体：“灵魂最像那神圣的、不朽的、灵明的、齐一的、不可分解的、永恒不变的；身体则正好相反，最像那人间的、有死的、多样的、可以分解的、不断变化的。”[⑧]由此可见，灵魂一定是超越身体的、更存在的存在，而身体无非被动感受性的、属于现象的。因而，“如

① 康德：《纯粹理性批判》，邓晓芒译，人民出版社，2004，第439–440页。
② 康德：《纯粹理性批判》，邓晓芒译，人民出版社，2004，第438页。
③ 康德：《纯粹理性批判》，邓晓芒译，人民出版社，2004，第441页。
④ 刘哲：《黑格尔辩证—思辨的真无限概念》，北京大学出版社，2009年，第61页。
⑤ 康德：《道德形而上学原理》，苗力田译，上海世纪出版集团，2005年，第75页。
⑥ 列奥·施特劳斯、约瑟夫·克罗波西：《政治哲学史》，李天然译，河北人民出版社，1993年，第672页。
⑦ 在柏拉图的《理想国》中，有“灵魂三分”的理性统治的规划，而在其“时间”上的后继篇目《蒂迈欧》中则又有重构后的灵魂与身体的互斥性论证。
⑧ 柏拉图：《柏拉图对话集》，王太庆译，商务印书馆，2004年，第240页。

果我们想要对某事某物得到纯粹的知识，那就必须摆脱肉体，单用灵魂来观照对象本身。”[①]在柏拉图的灵魂学说中，康德确立了立论的方向，并且将这种理论意旨发挥到极致：“假如灵魂干净利索地洒脱了肉体，就不再有任何肉体的牵挂了，因为它依附着肉体活在人间的时候，从甘愿和肉体魂在一起，它老在躲开肉体，自己守住自己。灵魂经常学习的就是这种超脱。”[②]超脱的“灵魂”由此形成基础性自我意识的反思样态，成为理智世界与经验世界或灵魂与身体的自我对象关系的显现。

正是对于康德实践哲学的趋“灵魂”性的洞察，保罗·利科将康德的实践哲学与先验转向之后的胡塞尔的意识学说相联系。在《康德与胡塞尔》一文中，利科将胡塞尔现象学坚定不移地推向康德的实践哲学。[③]在利科看来，康德的将自然必然性所规训的经验世界从理智世界中还原掉的做法正启示了胡塞尔的对于科学研究中的“自然态度的一般设定”的理论策略。在《观念（一）》中，胡塞尔指出以往的哲学都是非反思性地预设了世界的自在存在，“‘这个’世界永远作为一个现实存在着”[④]的“自然设定”（是否与“自由设定”相对应）必须被改变，“排除”、“置入括号”。[⑤]通过这种方式，“我们使把握的理论上探索的目光指向在其自身绝对独特存在中的纯粹意识。这就是所探索的遗留下来的‘现象学剩余’。显然我们已经‘排除’了饱含一切物、生物、人、我们自己在内的整个世界。严格说，我们并未失去任何东西，而是得到了整个绝对存在，如果我们正确理解的话，它在自身内包含着、‘构造着’一切世界的超越存在。”[⑥]从而，胡塞尔的排除（各种意义上的）“身体”因素的羁绊的、让事物自身显现的现象学方法就与康德的“自由设定”及自由之自律性廓清论域的批判哲学达成连接，并且在这一过程中两者都“并未失去任何东西”。利科最后

① 柏拉图：《柏拉图对话集》，王太庆译，商务印书馆，2004年，第219页。
② 柏拉图：《斐多》，杨绛译，三联书店，2011年，第43页。
③ 利科：《论现象学流派》，蒋海燕译，南京大学出版社，2010年，第231页。
④ 胡塞尔：《纯粹现象学通论》，李幼蒸译，商务印书馆，1992年，第94页。
⑤ 胡塞尔：《纯粹现象学通论》，李幼蒸译，商务印书馆，1992年，第94页。
⑥ 胡塞尔：《纯粹现象学通论》，李幼蒸译，商务印书馆，1992年，第136页。

如此总结："胡塞尔造就了现象学，但是康德对现象学划定了界限并奠定了现象学。"[①]在此，我们以胡塞尔为中介进行讨论，并非意在为现象学运动增加若干诠释性注脚，而是反过来借之展现一个事实：现象学的开端总是被描述为"一颗孤独心灵的自我观察"，并同样划定了自然生活与先验生活的边界。在这样一种对比之中，"现象学的旁观者"同样也可以是康德伦理学中的"设定者"与"审理者"，由此而来的问题是：如何才能使理智的行为获致现实的含义？如何在理智主体的实践活动中避免其落入唯我论的困境？进而一个作为认识者的主体是如何转变为遭受、承担、倾听着的主体？在现阶段，我们仅可假定理性存在者（现象学意义上的先验的"意志超凡的反思主体"）具有自我超越的实在性，质言之，即启蒙性。[②]

二

康德在《道德形而上学基础》中所作的"自由设定"本身面临悖谬：对自由的设定是可能的，但对"自由"的言说却并不可能。也就是说，在"自由设定"中只有"设定"这一行为具有可论证的实在性，但任何意义上的"设定"又必须是出自某一主体的"设定"（在前面我们已经证明这一"主体"必须是排除了"自然态度"的、"灵魂性"的），而康德的言说策略也许就正是将其"言说"的真正主体，即哲学家本人以隐微的方式"嵌入"了言说之中，也就是黑格尔意义上的以独断的方式为独断辩护。在这个意义上，"我可以陶醉在尚为我保留的意会世界，或理智的世界里；不过，虽然我对这个世界有一个理由充足的观念，但没有一点点知识，而不管我如何竭尽自己的理性自然能力，永远也不能得到这种知识。"[③]康德试图告知我们，自由的本真存在是无从探知的，而且更根本的，这种意向性的探知行为本身就不可能也不应该发生，取而代之的就只有在某种"强

① 利科：《论现象学流派》，蒋海燕译，南京大学出版社，2010年，第237页。
② 对于这一问题的讨论，另可参见：John Gray：*Enlightenment's Wake*，London & New York: Routledge，1995.
③ 康德：《道德形而上学原理》，苗力田译，上海世纪出版集团，2005年，第87页。

制”之下对普遍道德法则之法则性的践行：每一个理性存在者无非强制之下的被动性生存，而必须为强制之为强制性的根源性所遮蔽。

自由“本身”的不可言说性作为实践运思结构的关键而发挥作用。从某种意义上讲，实践理性的“回问”的限度问题（也同时是理性存在者在“外在”的哲学家的审理下的自身局限性）正是整个论述的枢机：一切运思因之成为可能。“在我抛弃一切质料、一切对象的知识，只由纯粹理性来阐述这一理想的时候，对我所剩下的就只有形式，只有准则普遍有效性的实践规律，与此同时，只剩下与纯粹知性世界相关联的理性，作为可能的、规定着意志的作用。”[①]由此，对“不可说”的言说就得以在一个空阔的、纯粹的、“只有形式”、“只剩下与纯粹知性世界相关联”的境域下展开，自由与自律的悖论统一关系问题也就随之展露。[②]

在康德的实践哲学论域下，“自由”被设定为一“绝对者”，是自为的，不受经验的、质料的、肉身的他律所干扰，“自身即是自由的意志，只有在自由观念中，才是它自身所有的意志，在实践方面，为一切理性存在者所有。”[③]但是与之相应地，与自由构成相互含蕴关系的作为对绝对的善的要求的道德基础法则也同样是无条件的、非被造的和超逾感性的。由此，康德的在“演绎”中将自由与自律这两个“绝对者”刻画为“关联项”的做法就面临问题：关联项意味着事项之间关联性的成立，由此关联项之间彼此限制；而彼此限制的“关联项”也就只能是“相对”的，并在这样的一种“关联性”中彼此相对。在这个意义上，康德后退一步：“意志自由就只可能是自律性了，这就是说，意志所固有的性质就是它自身的规律了。”[④]在此基础上，康德正是通过自由与自律的“绝对性—关联性”的悖论统一关系为其实践哲学重新奠基：自由与自律的这种悖论式的“自我规定”一方面可以有效拒斥现实的欲求对象作为意志的动机而成为实践

---

① 康德：《道德形而上学原理》，苗力田译，上海世纪出版集团，2005年，第88页。

② 在此可以体会卢梭那句名言的别样味道：“人生而自由，但却无往不在枷锁之中。”卢梭：《社会契约论》，何兆武译，商务印书馆，2003年，第4页。

③ 康德：《道德形而上学原理》，苗力田译，上海世纪出版集团，2005年，第72页。

④ 康德：《道德形而上学原理》，苗力田译，上海世纪出版集团，2005年，第70页。

法则的、功利主义的技艺令式，因为其陷入他律的困窘；另一方面也可以拒斥以个人幸福和自爱为目的的明智令式，因为它否弃了自由的属于理智世界的特质。“如果他能从一切感性冲动中得到自由，他就能在思想上把自己置于另一事物的序列之中，离开感性的领域，摆脱自己的欲望。这样的愿望不会满足他的欲求，也不会给他现实的以至想象的爱好提供实现的条件。”[①]也因此，自由与自律的此一“相互奠基”关系就完善了定言命令下的自由概念：自由是人可以独立于一切经验的、他律的因果制约，让纯粹理性的要求成为实践的那种能力。[②]这样，由“康德”所“设定”的“自由”所对应的“我”（实践之“我”），就不再受制于“必然”，而是“应当”与意志的自律性相符合（“自我规定”的“自我实现化”），知性世界的法则对“我”就成为定言命令：“这个定言的（无条件的）应该表现为先天命题，因为我除了被感性欲望作用的意志，另外还加上完全同一个意志的观念，其自身是纯粹的、实践的。这种意志的展开，在理性上包含着被感性所作用的意志最高条件的知性世界。这种方式，完全像自身不过是一般规律形式的知性概念加于感觉世界的直观一样，由于这种相加，全部关于自然的知识才有成为先天综合命题的可能。”[③]

对康德而言，自由—自律的交互—相容为定言命令之可能奠定基础，但仍并不足以完成这一论证。实践之“我”的对于基础性道德法则的自我意识以及通过自我规定而实现的道德行为的向“我”显现在此必须被假设。从而，“在他为自由观念所驱使，即为感觉世界决定因的独立性所驱使，自愿地转变到知性世界的一个成员的立场时，他会把自己看作是一个更善良的人；从这一立场他意识到，并且承认，善良意志就是他，作为一个感觉世界成员的不良意志的规律。就是他在背离这一规律的时候，他仍

① 康德：《道德形而上学原理》，苗力田译，上海世纪出版集团，2005年，第79页。
② 新儒家将康德的自由概念比附为朱熹的“尽夫天理之极，而无一毫人欲之私”，又进而达致王阳明的“存乎天理之极，而无一毫人欲之私”，却实际上忘记了历史上“存天理，灭人欲”的“以理杀人”的吊诡语境。参见：朱高正：《从康德到朱熹》，浙江大学出版社，2011年，第70–102页。
③ 康德：《道德形而上学原理》，苗力田译，上海世纪出版集团，2005年，第79页。

然确认它的权威性。作为意会世界的一员，道德上的应该就是他的必然意愿，只有他作为感觉世界是一个成员的时候，才把道德上的应该看作是应该。”[①]首先，在自由与自律、理智世界（知性世界）与经验世界（感性世界）的关系之外，作为“思”与“行”的主体的实践之我，这个被无条件者所遮蔽的、被命名的理性存在者，正因其为了解蔽的遮蔽性而与实际的“设定”者（命运的建筑术）哲学家仓促相对，“‘应当’与道德义务”[②]的教诲在自我意识穿越命题而成为实践的时刻与实践的主体“照面”，这样，一种面向积极的自有概念的自我对象性关系由此确立：“在理性的实践应用中，它（自由概念）的实在性通过实践的原理得到了证明，实践原理作为法则，独立于规定任性的一切经验性条件（一般而言的感性东西），证明了纯粹理性的一种因果性，证明了我们心中的一种纯粹意志，道德概念和法则的起源就在于这种纯粹意志。”[③]而在另一方面，有限性的、相互关联的自由与自律又因经验世界与理智世界的绝然划分而面临紧张，由伦理性存在所构化的意志卓然的反思个体（如前所述）无疑会存在将实践理性之普遍化特征引入某一特殊性领域的可能，即以理智世界中道德自由的实在性替代经验世界中人类秩序的无序性，而此一主体自身的启蒙意涵也因此是不言而喻的。

二

“自由”的实践者（作为“设定”的效应链条）倾听理性的“圣言”而成为启蒙者，在被割裂开的理性世界与感性世界之间领受身体对灵魂的阻遏（“只要我们有形体，灵魂受到形体的累赘，我们就不能如愿以偿，

① 康德：《道德形而上学原理》，苗力田译，上海世纪出版集团，2005年，第79–80页。
② 参见：伯纳德·威廉斯：《道德运气》，徐向东译，上海译文出版社，2007年，第162–175页。
③ 李秋零：《康德著作全集第6卷：纯然理性限度内的宗教/道德形而上学》，李秋零译，中国人民大学出版社，2004年，第228页。

获得真理。”[①]），同时又兼具自由者和自律者的绝对性而孤独地发问（“自由和无条件的实践法则乃是互相呼应的。现在我在这里并不问，它们在事实上是否也各不相同，更准确地说，也不问，一条无条件的法则是否只是纯粹实践理性的自我意识，而无条件的法则与肯定的自由概念是完全一样的；我只问，我们关于无条件的—实践的事情的认识从何开始，是从自由开始，抑或从实践法则开始？”[②]）启蒙者永远面对分裂的世界，并总是试图以“灵魂”的名义重整一切，以实现纯粹理性的纯粹性，却忽略了自身所遭际的强制之为强制的根源性。

在《回答这个问题：什么是启蒙？》一文中，康德展开他的“启示”：“启蒙就是人类脱离自己所加之于自己的不成熟状态。”[③]并进一步对“自己加之于自己的不成熟状态”进行解释：“不成熟状态就是不经别人的引导，就对运用自己的理智无能为力。当其原因不在于缺乏理智，而在于不经别人的引导就缺乏勇气与决心去加以运用时，那么这种不成熟状态就是自己加之于自己的了。”[④]康德的这一定义首先表明了他要将启蒙的主体置于非经验性的、超感官的理智世界的意图，并认为这一意图将构成人之为人的“成熟状态”，即自律并且自由；其次，康德将此种“不成熟”与“别人的引导”相关联，强调独立自主人格（作为理智品格的显现的经验品格）的重要性，即自律同时自由。但问题也随之而来，那些受制于感官、感性、身体一侧的“不成熟”存在者，如何可以不经由“设定”了“自由”之为核心价值的设定者之设定而走出蒙昧，如何在完全的、非设定性的自我对象性关系中成为一个启蒙意义上的高尚的人、一个纯粹的人、一个脱离了低级趣味的人？康德实践哲学的紧张在此展现：一个不依据基础性自我意识（哪怕仅仅作为假定而存在）的自由—自律的“言说”（古希腊意义上的或启蒙运动意义上的）如何成为可能？这个“设定”自由的“设定者”在什么意义上不会是那个使人们困蔽于“不成熟状态”的“别人”？或者

① 柏拉图：《柏拉图对话集》，王太庆译，商务印书馆，2004年，第219页。

② 康德：《实践理性批判》，韩水法译，商务印书馆，1999年，第29–30页。

③ 康德：《历史理性批判文集》，何兆武译，商务印书馆，1990年，第23页。

④ 康德：《历史理性批判文集》，何兆武译，商务印书馆，1990年，第23页。

这些问题又可以化约为：自由与启蒙的关系究竟为何？康德对此早有准备：启蒙“除了自由而外并不需要任何别的东西，而且还确乎是一切可以称之为自由的东西之中最无害的东西，那就是在一切事情上都有公开运用自己理性的自由。”[①]根据康德的思路，公众“启蒙自己”“公开运用自己理性”的这种自由，就正是实践理性的现实性。自由的人类意志很明显是一种“无条件的法”，是由人类理性所获得的、在理性与客观性所规定的意志之外，根本就不具有任何现实性。当人类意志受这种“法”所决定时，这种意志的所有者就会表现出自己是自由的，摆脱了所有外部决定性，只让那些所有人都应当去遵守的原则来促发自己的行为。在这种普遍性状态中，人类是自由的，自己是自己的原因：他变成了自己的创造者，自己能够自由地成为自身现实性的核心，当下就能自由地、必然地运用自己的意志。“事实上，对康德来说，人类只要能够完全实现自己天生的能力，他就是自我创造的。只有当一个人是‘道德与实践理性的主体’时，他才是一个真正的‘人’。人类只有保证自己的意志明显隶属于自我设定的法则时、当他‘自立法’时、当他能够通过道德法则的演绎自发地创造自身时，他才能这样完全详尽地阐明自身。”[②]当康德以定言命令、意志自律与伦理建构相联系，启蒙的理性意涵就得以被揭示：“启蒙是因理性的普遍性而成为一种普遍的活动的。”[③]但是，康德的理性的“普遍性”视野又马上展现出特有的狭隘（如果这不是一种美德的话）：“唯有从其一开始就延续不断直迄我们今天的那个有知识的公众，才能征信古代的历史。超出此外，一切便都是未知的领域了；凡是生活在此之外的各个民族，其历史便只能从他们加入到这里面的那个时代开始算起。……从这里出发（当这一开端首先已经恰当地被确定了之后），我们才可以向上追溯他们的故事。所有其他的民族也都是如此。”[④]不能被理性“征信”的民族、不能够或者

---

① 康德：《历史理性批判文集》，何兆武译，商务印书馆，1990年，第28页。
② 桑希尔：《德国政治哲学：法的形而上学》，陈江进译，人民出版社，2009年，第175–176页。
③ 黄燎宇、赫费：《以启蒙的名义》，北京大学出版社，2010年，第16页。
④ 康德：《历史理性批判文集》，何兆武译，商务印书馆，1990年，第19页（注释1）。

尚未“加入”西方或欧洲中心论的理性视野的“人”，还是不是理性的？这样狭隘的理性又是怎样的“普遍性”？更根本地，那些非西方世界（理智世界？）所自立的“法”，还是不是法？“当我们从希腊的历史——都是通过它，其他一切古代的或其同时代的历史才得以为我们保留下来，或者至少是才成为可以征信的——而起始……下迄我们自己的时代为止；这里面还应该加入其他民族的国家史作为插曲（我们有关他们的知识正是通过这些启蒙了的民族才逐步地获得的）；那么我们就会发现，我们这个大陆上的国家宪法是有着一个合规律的进步历程的（这或许有一天会给其他一切大陆提供法则）。”①

正是以普遍性的、理性（所“设定”）的自由的名义，康德式的伦理—启蒙既有可能指向一个凌驾于所有人之上的理性的（观念的）纯粹运动，也有可能蜕变为人类的一个群体对另一群体、一个族类对另一个族类、一个人对另一个人的教化。②这样的“启蒙”，与“神话”的蒙蔽无异（同时审问自由之“不可言说”性之蒙蔽）：“神话自身开启了启蒙的无尽历程，在这个不可避免的必然性过程中，每一种特殊的理论观点都不时地受到毁灭性的批评，而理论观点本身也就仅仅是一种信仰，最终，精神概念、真理观念，乃至启蒙概念自身都变成了唯灵论的巫术。”③对普遍性的追求却最终导致了普遍性的瓦解，对自由的强调偏成就以“自由”为名的“奴役性”；④就正是企图以“灵魂”鞭笞“身体”、以“自律”割据“他律”的现代性观念的“特殊性”与创造性使然。“神话变成了启蒙，自然变成了纯粹的客观性。人类为其权力的膨胀付出了他们在行使权力过程中不断异化的代价。启蒙对待万物，就像独裁者对待人。”⑤这也就是现代性

① 康德：《历史理性批判文集》，何兆武译，商务印书馆，1990年，第19页。

② 黄燎宇、赫费：《以启蒙的名义》，北京大学出版社，2010年，第22页。

③ 霍克海默、阿道尔诺：《启蒙辩证法》，曹卫东译，上海人民出版社，2003年，第9页。

④ “因为当一种信仰比自觉的虚伪更有利、有效、令人信服之时，本能的虚伪立刻变得无辜了。”尼采：《偶像的黄昏》，卫茂平译，华东师范大学出版社，2007年，第42页。

⑤ 霍克海默、阿道尔诺：《启蒙辩证法》，曹卫东译，上海人民出版社，2003年，第7页。

以意会世界的意向性所展示的“用牺牲现实来成全公式”,[①]在这一图景下,每个人都被替代,每个人都是被给予、被设定,每个人都成为“自由”之普遍性的人质。[②]世界各地域的特殊历史也因此而必然成为统全性的“普遍历史”。

三

资本主义的历史定位问题以“世界普遍历史”观念的确立为前提。西方历史总是试图以自身的历史轨迹诠释或重构世界历史,其实质就是以自身的文化(文明)创造一种规限,一种权力关系,“把比较者要么置于一个从属于另一个,要么置于同一序列的等级之中。”[③]而当一个比较的序列得以成立的时候,西方文明(归根结底恰恰是资本的“特殊”的力量)又会以普遍性的、强力的方式重新区隔世界文明的图景,在对特殊性的驱逐中实现自我持存,并在其最终完成的全球性“脱域”(安东尼·吉登斯语)的构造中,达至资本主义作为世界普遍历史的必然产物与高级阶段这一历史定位。这可以在由康德兴发的,黑格尔、马克思直至韦伯所共同持守的“共同性”话语政治的发展中得到清楚的认识。

在现代社会科学的话语系谱中,普遍历史(Allgemeine Geschichte)这一语词的使用最初来自赫尔德对某种历史编纂学的指称,意指试图对于某个总体历史时期或文化区域进行统合性描述的历史叙事。[④]因此,可以说“普遍历史”这一概念的最初创发就有着明显的价值前设,即首先认定历史偶然性的可规整化以及整一性历史的存在恰恰不是一种自我呈现的客观过程,而(应当)是一种通过主观意向性构造的、人为的整合物,是一种

① 雷蒙德·威廉斯:《文化与社会》,吴松江等译,北京大学出版社,1991年,第358页。
② 关于列维纳斯之“他者伦理学”的更多研究参见:杨大春、Nicholas Bunnin、Simon Crichley:《列维纳斯的世纪或他者的命运》,中国人民大学出版社,2008年,第359–379页。
③ 张志扬:《西学中的夜行》,华东师范大学出版社,2010年,第109页。
④ 马克斯·韦伯:《宗教社会学论文集·绪论》注释,《新教伦理与资本主义精神(罗克斯伯里第三版)》,苏国勋等译,社会科学文献出版社,2010年,第141页。

叙事，进而是一种意识形态。这种西方文明中心论的意识形态也就最终在马克斯·韦伯著名的提问中得以呈现："身为现代欧洲文明之子，在研究普遍历史问题时，都会必然地和正当地铭记如下特殊问题：各种情境因素究竟以什么样的方式结合起来产生了那些在西方，而且仅仅在西方出现的并在历史发展进程中（至少我们倾向于认为）具有普遍意义和有效性的文化现象？"①

历史地看，"普遍历史"的观念是由康德提出并将其与人类的自由发展相联系而设论的。在《历史理性批判文集》之中的《世界公民观点之下的普遍历史观念》②一文中，康德首先指出了"普遍历史"观念的必要性："要按照这样一种观念——即，当世界的行程可以用某种合理性的目的来加以衡量的时候，它那历程应该是怎样的——来编写一部历史……哪怕我们是那么近视而看不透它那布局的秘密构造，但是这一观念却仍可以为我们提供一条指导线索，把一堆否则便只是毫无计划的人类行动的汇合体至少在整体上勾划出一个体系。"③这条遵从"合理性的目的"的"指导线索"，重构人类历史的事件链条，进而将其放入一个"自然"的言说序列（叙事）之中，"把普遍的世界历史按照一场以人类物种的完美的公民结合状态为其宗旨的大自然计划来加以处理……必须看作是可能的，并且甚至还是这一大自然的目标所需要的。"④于是，人类行为的历史性（"世界的行程"）获得了更高的观照，成为"大自然的目标"的实现，但是，这种将"大自然的计划"加诸于己身的做法又必然使认识陷入目的论和决定论的悖谬。历史的（"自然"）决定论构造了一幅图景，而"人类物种从长

---

① 马克斯·韦伯：《新教伦理与资本主义精神（罗克斯伯里第三版）》，苏国勋等译，社会科学文献出版社，2010年，第1页。

② 本文亦有译为《来自一个世界主义者的世界普遍史观念》，参校两译名中对于"Weltburger"的翻译，"世界主义者"的译法更突出"普遍历史观念"中主观性的、造作的成分，而"世界公民"的说法则似乎呼应18世纪的德国与21世纪的中国的内在焦虑。相关译名参见：弗朗西斯·福山：《历史的终结及最后之人》，黄盛强、许铭原译，中国社会科学出版社，2003年，第66页。

③ 康德：《历史理性批判文集》，何兆武译，商务印书馆，1990年，第18-19页。

④ 康德：《历史理性批判文集》，何兆武译，商务印书馆，1990年，第18页。

远看来，就在其中表现为他们怎样使自己终于上升到这样一种状态，那时候大自然所布置在他们身上的全部萌芽都可以充分地发展出来，而他们的使命也就可以在大地之上得到实现。”[①]正是在这样一个维度上，人类的行为被赋予了终极的、也同样是普遍的目标，这样一种全称式的宣告（当然不是“论证”）必定潜藏决定论的傲慢，因为只要能够获得通过定义大自然的“布置”进而指称人类（作为总体）的“使命”的决定性势位（资产阶级领导权），就可以达至对人类社会发展的“普遍性话语”的重构，从而在历史的叙事中“唯意志的”（而非依“理性的”）裁断“普遍历史”的言说质料与形式，也即裁定各非西方的文化历史共同体的“近文明性”或在以西方文化为根本尺度的评价体系中的“文明等级”。“当我们从希腊的历史——都是通过它，其他一切古代的或其同时代的历史才得以为我们保留下来，或者至少是才成为可以征信的——而起始的时候；当我们追溯它对于并吞了希腊国家的罗马民族的国家共同体之形成与破坏所起的影响以及罗马对于后来又消灭了罗马民族的野蛮人所起的影响时，下迄我们自己的时代为止；这里面还应该加入其他民族的国家史作为插曲（我们有关他们的知识正是通过这些启蒙了的民族才逐步地获得的）；那么我们就会发现，我们这个大陆上的国家宪法是有着一个合规律的进步历程的（这或许有一天会给其他一切大陆提供法则）。”[②]

在康德对普遍历史的描述[③]中（康德认为“世界普遍历史”的书写要由一位由“大自然本身”产生出的开普勒、牛顿式的人物来完成，而他自己并不具备完成这一重任的能力，而只能对人类历史发展的普遍法则进行约略的表述[④]），有着明显的基于理性与启蒙（“启蒙”问题在下文将有进一步论述）观念的西方中心论倾向，“希腊—希腊化—中世纪”的“历史”

① 康德：《历史理性批判文集》，何兆武译，商务印书馆，1990年，第20页。

② 康德：《历史理性批判文集》，何兆武译，商务印书馆，1990年，第19页。

③ 这一问题相关的观念史讨论，参见：以赛亚·伯林：“浪漫意志的神化：反抗理想世界的神话”，见以赛亚·伯林：《扭曲的人性之材》，岳秀坤译，译林出版社，2009年，第209-241页。

④ 康德：《历史理性批判文集》，何兆武译，商务印书馆，1990年，第3页。

表述与基于“启蒙运动”转向的现代西方资产阶级宪政的“当下”界定，就成为以西方社会制度变迁重构（篡改）世界“非西方”民族—国家的社会历史进程的理论前驱，毕竟在康德看来，这些非西方的历史与文化还只是“作为插曲”而存在。康德普遍历史观念的展开，就呈现为双重谬误的境遇。首先是非西方文明体进入西方叙事体系的“可知性”的谬误。“唯有从其一开始就延续不断直迄我们今天的那个有知识的公众，才能征信古代的历史。超出此外，一切便都是未知的领域了；凡是生活在此之外的各个民族，其历史便只能从他们加入到这里面的那个时代开始算起。……从这里出发（当这一开端首先已经恰当地被确定了之后），我们才可以向上追溯他们的故事。所有其他的民族也都是如此。”①在此，“政治的霸权”以“叙事的霸权”为前导出现，我们惊奇地发现，人类认识的限度问题（西方人或非西方人的“普遍”）居然得到了如此无理的规避：由认识的局限性所造成的“此”的局限竟成为“未知的领域”的规定性的来源，也就是说，只有符合现代西方的“启蒙”原则的文明体（“普世价值”的在场）才可能进入“普遍历史”的“叙事脉络”。这也就引发了康德论述的第二个也是更根本的、更“自然”的谬误：“人类的历史大体上可以看作是大自然的一项隐蔽计划的实现，为的是奠定一种对内的、并且为此目的同时也就是对外的国家宪法，作为大自然得以在人类的身上充分发展其全部禀赋的唯一状态。”②“叙事的霸权”以“自然的君临”为指归，康德的论述决定论化为资本主义态势作为人类进步与启蒙的“唯一状态”，并充分展开为其“普遍历史”的最高纲领：只有资产阶级宪政才能为人类的“普遍”立法。从这个理论基点出发，对“普遍历史”观念的践行就必然指向资产阶级宪政与资本主义制度的必然性与普世性的证成。展开而论，康德从西方文明的主体（有限性）视角出发，强调只有在资产阶级权利理性之上建立的宪政体系才是“自然”的，也因而才是“合人类”的，也即是特殊性在普遍性中完成和呈现自身，但事实上正是（西方文化）特殊性对（人

① 康德：《历史理性批判文集》，何兆武译，商务印书馆，1990年，第19页（注释1）。
② 康德：《历史理性批判文集》，何兆武译，商务印书馆，1990年，第15页。

类文明）普遍性的僭越与基于“误识”（或“识之限”）的“普遍性叙事”造成了对“普遍”的幻觉（“有知识的公众”的另外一种意义上的“启蒙”），并一再以“自然”（非实体化的决定者）的名义在悖谬中为“普遍历史”观念（资产阶级宪政的“历史”性与资本主义制度的“普遍”性）的发展开辟了道路。[①]

黑格尔（Georg Wilhelm Friedrich Hegel，1770—1831）的资本主义历史观导源于康德的历史之价值本体论上的自信，与康德一样，他把自己的设想说成是编写一部能展示在发掘知识的过程的精神的世界普遍史；[②]同时，在历史决定论的层面，黑格尔也继承了康德的“自然”原则：“历史是精神的形态，它采取事故的形式，即自然的直接现实性的形式。因此，它的发展阶段是作为直接的自然原则而存在的。”[③]但是黑格尔反对康德的把资产阶级宪政国家理想化为一种抽象道德的绝对性持存，而认为应当基于现实的原则，将其视为一种特殊，即在这种特殊的“在者”论域中，“伦理型的整体本身和国家的独立性都被围委之于偶然性。由于各民族作为实存着的个体只有在他们的特殊性中才具有客观现实性和自我意识，所以民族精神的原则因为这种特殊性就完全受到了限制。各民族在其相互关系中的命运和事迹是这些民族的精神有限性的辩证发展现象。从这种辩证法产生出普遍精神，即世界精神，它既不受限制，同时又创造着自己；正是这种精神，在作为世界法庭的世界历史中，对这些有限精神行使着它的权利，高于一切的权利。”[④]在“普遍精神”之下，人类的精神裂解为“特殊”的在场，与“普遍”相对又归属于“普遍”。“各种具体理念，即各种民族

① 在这一问题上，康德“第三批判”中关于目的论判断力的讨论将获得更具延伸性的理论成果：康德：《判断力批判》，李秋零译，中国人民大学出版社，第233-252页；阿伦特：《康德政治哲学讲稿》，曹明等译，上海人民出版社，2013年；奥若拉·奥尼尔：《迈向正义与美德：实践推理的建构性解释》，应奇、陈丽微、郭立东译，东方出版社，2009年。

② 弗朗西斯·福山：《历史的终结及最后之人》，黄盛强、许铭原译，中国社会科学出版社，2003年，第69页。

③ 黑格尔：《法哲学原理》，张企泰、范扬译，商务印书馆，1961年，第353页。

④ 黑格尔：《法哲学原理》，张企泰、范扬译，商务印书馆，1961年，第351页。

精神，在绝对的普遍性这一具体理念中，即在世界精神中，具有它们的真理和规定性；它们侍立在世界精神王座的周围，作为它的现实化的执行者和它的庄严的见证和饰物而出现。”[①]在规定了“普遍精神”对于“民族精神”具有关系之后，黑格尔以“世界精神”统摄“世界历史”，裁断、辨别“特殊者”的“普遍性”意蕴，进而提出他的世界历史辩证法：即历史的进步不是理性的稳定发展所推动的，而是通过人类冲突、革命甚至战争的相互作用发生的，历史沿着一个不断冲突的过程向前发展，其间思想体系和政治制度由于内部矛盾的作用发生碰撞而崩溃，继而被矛盾较少并因此形态更高的制度所取代，并再产生新的和不同的矛盾。[②]黑格尔的这一思路，正承接了康德所指出的制度变迁“总会留下来一个启蒙的萌芽，这一萌芽通过每一次的革命而愈加发展，并准备好了后来的、更高阶段的进步。”[③]在这里，“启蒙”和“进步”通过“革命”的辩证表达而成为“普遍历史”的规定性的来源，同时在启蒙与进步的叙事中完成了对“特殊”的普遍化：世界历史性民族在“特殊—普遍”的辩证法中的证成。黑格尔首先以“普遍化”了的世界历史（康德意义上的“自然”）的阶段论指向世界历史性民族的权利论，“世界历史的每一个阶段，都保持着世界精神观念的那个必然环节，而那个环节就在它的那个阶段获得它的绝对权利，至于生活在那个环节中的民族则获得幸运与光荣，其事业则获得成功。……这种环节作为自然原则所归属的那个民族，在世界精神的自我意识的自我发展中，有执行这种环节的使命。”[④]“自然”这种“在外”的因而是“客观”的原则再次作为决定论的现实性而出现，其内在的意向性可揭示为通过对世界精神阶段性的定义而达至对世界历史阶段性的界定，进而指称世界历史阶段的“在世承担者”，即“世界历史性民族”；而在这样一个决定论的话语序列中，一旦完成了对某一“民族”的历史性的认定，“这个民

① 黑格尔：《法哲学原理》，张企泰、范扬译，商务印书馆，1961年，第356页。

② 弗朗西斯·福山：《历史的终结及最后之人》，黄盛强、许铭原译，中国社会科学出版社，2003年，第69页。

③ 康德：《历史理性批判文集》，何兆武译，商务印书馆，1990年，第20页。

④ 黑格尔：《法哲学原理》，张企泰、范扬译，商务印书馆，1961年，第353–354页。

族在世界历史的这个时期就是统治的民族……它具有绝对权利成为世界历史目前发展阶段的担当者，对它的这种权利来说，其他各民族的精神都是无权的。”①

“叙事的霸权”进一步深入而成为“界定的霸权”，在这种“霸权”中，“世界历史性民族”的特殊性以强力的方式蛮横地攫取了普遍的意义，②而这一强力的叙事则直接构造了资本主义西方作为现代性意义上的、“启蒙的”“进步的”世界精神的“担当者”角色。这也就引伸出对于马克斯·韦伯的著名的提问的回答：正是通过以“叙事的强力”为表象的“资本的强力”（冲突、战争以及被制造的革命），“特殊”意义上的西方才获得了“具有普遍意义和有效性的”的地位（黑格尔“日耳曼王国”论的泛化），而这种强力又反过来希求一种“自然”的授权，仿佛这一基于强力意志下的威权秩序仅仅是“大自然得以在人类的身上充分发展其全部禀赋”的现成化。在韦伯的路向上，资本的正义就是最高的正义，只有符合资本逻辑的行为才可以纳入“普遍历史”的层级序列，又或者根本上这种“纳入方式”已经规定了只能“从属于”西方文明体系的价值判断。“就我们在经济方面的文献所能延及的遥远的过去而论，‘资本主义’和‘资本主义的’企业（有时仅仅具有有限的资本核算的理性化程度）在所有的世界文明地区都已存在。换言之，‘资本主义’和‘资本主义的’企业一直存在于中国、印度、巴比伦、埃及、古代地中海地区、中世纪欧洲，就像它们存在于现代西方一样。……然而，西方赋予资本主义的那种重要性程度在其他地方是不存在的，西方并发展出实现这种重要性的、在其他地方不存在的资本主义的类型、形式及趋势。”③进而，在列举了“投机者”“家户”生产方式和“理性簿记”后，韦伯将论述（或颂赞）的方向指向资

① 黑格尔：《法哲学原理》，张企泰、范扬译，商务印书馆，1961年，第354页。

② 关于“统治的民族”的论述另可参见《法哲学原理》347节“附释”中对于“一个世界历史性民族的特殊历史”及其“世界意义”的获得的论述以及从“东方王国”向“日耳曼王国”过渡的“四阶段”理论。

③ 马克斯·韦伯：《新教伦理与资本主义精神（罗克斯伯里第三版）》，苏国勋等译，社会科学文献出版社，2010年，第6页。

产阶级宪政国家的律法系统，实现了从经济现实到政治体制对非西方（非"普遍"）文明体的全面否定，也使其普遍论的问题意识到达顶峰。"唯有在西方，这种类型的法律和行政才处于这种法律—技术上及形式上的完善状态，才能为经济发展所利用。……问题是，为什么资本主义利益在中国或印度没有产生出它们在西方那样的影响？为何那些国家的科学、艺术、政治、经济发展没有步入西方所特有的那种理性化轨道？"①由此可见，在一个无所不在的普遍历史时间中，现代/前现代、资本主义/非资本主义的区分成为一个族群身份认同的巨大困境，而这也当然不是通过盲目快速的经济发展而可以顺利解决的问题。诚然，"普遍历史"问题指向西方自身，即只有西方社会的文化心理、价值体系才能造就资本主义（资产阶级民主宪政）这一政治—经济现象，但是康德—黑格尔的判断序列也预设了严酷的排他性：即使资本主义的外在的理性化组织形式可以被其他文化体所套用，但是其精神内核与文化属性却是唯西方的。于是，"特殊与普遍"的辩证法演绎跨文化场域的"主人与奴隶"的辩证法，官本的逻辑终至受困于"资本的狡计"。

通过对于"普遍历史"观念系谱的梳理，我们可以清楚地认知马克思社会发展理论的理论前设与可能性的延展，也当然可以发现马克思"资本主义历史地位与发展趋势"问题域中明显的"普遍性"的话语成分。一个全球性的"共产主义乌托邦"必然与康德的"普遍市民社会"、黑格尔的"世界历史"一脉相承，同时，"亚细亚的、古代的、封建的和现代资产阶级的"（请参照黑格尔的"东方王国的、希腊王国的、罗马王国的和日耳曼王国的"四阶段划分，并可以在两者之间显而易见的区别中了解马克思的"普遍主义指向"）描述又可以视为马克思作为"现代欧洲文明之子"对"普遍历史"的分期断语。对马克思而言，资本与资本主义生产关系具有普遍性的力量，在他的理论展开的同时，同一性与非同一性、连续与断裂、自我与他者的种种矛盾都得以展开，但是马克思则更倾向于认为可以

① 马克斯·韦伯：《新教伦理与资本主义精神（罗克斯伯里第三版）》，苏国勋等译，社会科学文献出版社，2010年，第10–11页。

以单一历史（“特殊”史）范式的变革实现“人类社会的史前时期”的终结，[1]也就是“救赎历史”（洛维特语）的完成。如果僵化地套用“普遍历史”的思维范式而不是从反资本主义、反资产阶级宪政、反市民社会（异化）精神的革命性维度来理解马克思的资本主义观，则必然陷入一种理论的框限，或曰“集置”（Stellen），在这种认识架构中，人们“一味地去追逐、推动那种在订造中被解蔽的东西，并且从那里采取一切尺度。由此就锁闭了另一种可能性，即：人更早地、更多地并且总是更原初地参与到无蔽领域之本质及其无蔽状态那里，以便把所需要的与解蔽的归属状态当作解蔽的本质来加以经验。”[2]“在订造中”的解蔽，也就是认识的意识形态化，造成对本真事态的遮蔽，在“普遍历史”问题中就是只依时序规划历史的“应然”，而忽视理论语境背后的革命性意旨与相应的精神旨趣的塑造。与康德和黑格尔类似，马克思的理论是一种价值冲突的产物，是为了捍卫一个特定的文化世界和生活世界所进行的思辨意义上的历险，但问题是，当中国这样一个绝对的“他者”（或“特殊”的存在）与其理论发生精神上的共振时（所谓“中取西学”）甚至更进一步当其理论以“基本原理”的态势出现并成为官方话语的内核及意识形态建构的主轴时，其内部蕴含的“普遍与特殊”（另一版本的“主人与奴隶”）的紧张就如同“雅典与耶路撒冷”的紧张、“黄老与周孔”的紧张一样，成为当代中国文化政治的重要问题，而这一问题的进一步析解就要以将进步与启蒙的幻象还原掉为前提而实现。

四

第三等级总是倾向于以进步的观念（Idea of Progress）为自己的僭越行为提供理论的佑护，他们设定一种线性的历史，并将自己置于与（由他们所描述的）历史的发展轨迹一致的价值判断上（“人类的世界普遍史只不

---

① 此处参校康德的说法“人类终极的目的乃是要达到最完美的国家制度”并体会两者所指向的“国家制度”的根本不同所构造言说张力。

② 海德格尔：《演讲与论文集》，孙周兴译，三联书店，2005年，第25–26页。

过是自我意识的觉醒，即人逐渐走向完全理性并达到一种在自己管理自己的自由国家中知道如何表达理性本身。”[①]），以“主体的实现”为名义达至“主体的遮蔽”，使“理性”完成对“资本”的威权的确认，进而以资产阶级宪政的价值观念为资本主义的持久性作“循环论”意义上的证明并以这一逻辑为工具宰制政治形态上、文化形态上的“异己存在”。进步观念被描述为一种认识状态，在其中的人们“想当然地认为，我们非常清楚地意识到人类在知识、艺术、组织能力、各种公益事业方面的不断进步，因此很容易就将进步视为一种目标，就像自由或世界大联盟一样，只要依靠我们自身的努力和良好意愿即可以实现这一切。……这一观念意味着文明一直朝着一个理想的方向发展，而且现在如此，将来亦复如此。”[②]一种乐观的普遍性话语以“历史潮流”的名义出现，以表面上看来超越阶级、种族、民族的表达方式达至有限变革的合理化，并通过与“普遍历史”的共谋实现资本主义宪政前提下的“历史的终结”：进步的观念，维系历史叙事的确然性；也正是“进步”的观念性证成，意味着社会历史进步图示的去主体化与非客观化。

通过观念史的考察可以发现，始终与进步思想构成张力的观念即使不是赫西俄德（Hesiod）“黄金—白银—青铜—黑铁”式的退步观，也会是中世纪式的“但以理阶段论”：中世纪经院学者（另一种意义上的启蒙者）“将历史的进程划分为四个阶段，分别对应于巴比伦、波斯、马其顿和罗马的君主政治，最后一个阶段将持续到最后审判日的来临。”[③]16世纪的法国历史学家伯丁首先著书反对中世纪神学立场上的面向终末的历史理念，这种理论否定末日审判前人类社会存在进步的可能（亦如马克思不认为在无产阶级革命取得全面胜利之前会存在改进了的、趋向“共同善”的资本主义社会）。在出版于1566年的《理解历史之方法》（*Methodus adfailem historiarum cognitionem*）中，伯丁将历史分为三个阶段，第一阶段大约两

① 弗朗西斯·福山：《历史的终结及最后之人》，黄盛强、许铭原译，中国社会科学出版社，2003年，第69页。

② 约翰·伯瑞：《进步的观念》，范祥涛译，三联书店，2005年，第1页。

③ 约翰·伯瑞：《进步的观念》，范祥涛译，三联书店，2005年，第27页。

千年，由欧洲东南部地区的各民族占据支配地位，第二阶段时间长度相同，那些地中海地区的民族地位突出，第三阶段里那些推翻罗马帝国的北方民族成为文明的领导者。[①]其划分的标准是每个阶段不同的占统治地位的民族以及各自独特的心理特征（宗教、实用的睿智和善于发明的技巧）。这一历史划分（退步论向平行论的扭转）以及对历史阶段的精神性指称方式（“时代精神”？），进而开启了以笛卡尔主体哲学为导引的对西方传统退步观的反击，并在丰特奈尔、孟德斯鸠、伏尔泰、杜尔阁直至黑格尔的路向上展开以变革意义上的超越主义为指归的决定论冒险，而真正完成进步观念的理论构建并实现其实证化的则是孔多塞和孔德。

法国启蒙主义的代表思想家孔多塞（Condorcet，1743—1794）在其名作《人类精神进步史表纲要》中雄辩地将人类自部落初创时期到资产阶级革命的历史发展纳入一整套进步的话语之中，并宣称“这幅史表是历史性的，因为它受着永恒的变易的制约，是由于对人类社会所经历的各个不同时代的持续观察而形成的。”[②]同时，“这种进步也服从我们在个人身上所观察到的那些能力之发展的同样普遍的规律，因为它同时也就是我们对结合成为社会的大量的个人加以观察时那种发展的结果。”[③]从宏观至微观的“自然”统摄“观察”的结论，这便是上文中提到的“订造的命运”：资产阶级构造的历史观必然以资本主义制度的历史性建基为指向，而资本主义的历史必然性又以“完善”的名义为自身的扩张提供辩护。“所有这些使人类得以完善化的原因、所有保证这一点的办法，由于它们的本性，就应该是永远在发挥着一种积极的作用，并且是在获得一种永远在扩大着的领域。”[④]在孔多塞的话语中，所谓“积极的”“保证完善化”的办法，就是资本的主义化，其“永远在扩大着的”欲望，就是资本的逻辑：殖民、贸易、战争、掠夺，市民社会的“推出自身之外”[⑤]，“普遍历史”的延异。

① 约翰·伯瑞：《进步的观念》，范祥涛译，三联书店，2005年，第27页。
② 孔多塞：《人类精神进步史表纲要》，何兆武译，三联书店，1998年，第2页。
③ 孔多塞：《人类精神进步史表纲要》，何兆武译，三联书店，1998年，第2页。
④ 孔多塞：《人类精神进步史表纲要》，何兆武译，三联书店，1998年，第202页。
⑤ 黑格尔：《法哲学原理》，张企泰、范扬译，商务印书馆，1961年，第246页。

“这些进步所将得到的真正好处——我们对此可以表示一种几乎是确凿无疑的希望——其归宿就只能是人类自身的完善化这一好处，因为随着各种各样的平等将会为人类确立更广泛的维持生活需要的手段、更普及的教育、更完整的自由，那种平等也将越发真确，它将越多接近于囊括真正关系到人类幸福的一切东西都在内。”①无所不包的“完善”的向度，不断展开的“反奴役”的奴役行径，以自我困蔽为结果完成“人类的进步”，但实际无非是人类奴役方式的进步。

如上这种缺乏实证精神的演绎又被孔德（Comte，1798—1857）所超越：孔德没有停留在进步在“自身的完善化”（对卢梭来说却恰恰是人类对自身的“非完善性”的接纳诠证了社会的进步）与人类整体幸福的层面上，而是直接指出纯粹客观意义上的历史本身是不存在的。“历史一直由观念支配；整个社会机制都以观念为基础。”②进而，孔德指出，“人类历史在本质上是其观念的历史；这些观念又受制于根本的心理规律。”③孔德的这一宣称实际上开启了历史解释的权能域（Ganzseinkoennen），使一个原本属神的、拟仿上帝意旨、倾听上帝唤示的释解场域的区隔被敞开，教会与世俗权利的话语张力不再是社会运化的唯一源泉，而第三等级的、中产阶级的、市民阶层的历史理解，进一步的是更具批判性的、更彻底的启蒙主义者如马克思以寻求“更完善”意义上的“美好社会”而提出的具有新的革命诉求的历史观念也都有了伸张的可能。孔德提出了人类历史发展的三阶段理论，以各个阶段占主导地位的思维方式为划分标志（试将这种划分方法与马克思的以各个阶段占主导地位的生产技术和生产资料所有制类型为划分标志的理论范式做出对照），“人类社会从神学阶段发展到形而上学阶段，然后再发展到实证阶段。”④（再类比维柯的从“宗教—神权阶段”到“英雄—贵族阶段”再到“凡人—民主阶段”的三阶段循环论）这一具有价值前设的独断论释解，预定了“实证精神”作为人类发展最高阶段的

① 孔多塞：《人类精神进步史表纲要》，何兆武译，三联书店，1998年，第187页。
② 约翰·伯瑞：《进步的观念》，范祥涛译，三联书店，2005年，第204页。
③ 约翰·伯瑞：《进步的观念》，范祥涛译，三联书店，2005年，第204页。
④ 斯特龙伯格：《西方现代思想史》，刘北成译，中央编译出版社，2005年，第294页。

非实证性前提，再与对黑格尔“精神现象学”的通俗化了的“上升”图示相结合，就构造资产阶级的“必然王国”，进而在将时代的思维特征界定为互斥和不相容的情况下，奠基了进步思想的根本悖谬。

统合而论，以上便构成马克思思考、证成普遍性话语政治的历史语境，在承认了孔多塞对人类总体发展的宏大叙事和孔德的非实证的“实证”历史观之后，马克思展开了一个以“物质”的进步（精神的进步向度无疑会导向基督教经院哲学）为标志的实证主义话语空间：唯物史观的构造。但同时，正如乔治·索雷尔所指出的，他并没有摆脱一个启蒙知识分子的局限：“马克思的黑格尔学识引导他基本上不自觉地承认在神秘的绝对精神（Weltgeist）的力量的影响下的历史推进（至少对据以为拥有某种优越文明的民族来说是这样的）。这一理想的作用强加给物质以实现诸种目的——其逻辑秩序最终由天才人物发现了——的义务。”[①]正是马克思的非纯粹的物质主义，也即以意识“统觉”的唯物相主义构成其进步史观的内在张力：越是努力构造世界性的、客观的、实证的历史叙述，就越会因为时空的、信息的、观念的局限而成为区域性的、臆想的、抒情性的独断，不能提出反例，在“普遍历史”的领域不存在“优越民族”之外的声音。这也就开启了在马克思主义的传播与转述中“中国化”为向“普遍真理”的“进步”之路，“用牺牲现实来成全公式”，[②]也即充满自我审查自我否定意味的、文明主体性缺位的“现代化”“全球化”的天路历程。

我们知道，对康德式道德性存在本体论（道德形而上学）的最好辩护就是在实践中真正地解决其“普遍原则”下潜藏的非普遍的强制，以批判的方式把启蒙从神话化的倾向中解脱出来，回到“自由设定”的根本观念中来，即超民族的、超地域的、超社群的普遍自由概念的落实，以此为基础确立新的自由—自律的视野：每一个个体作为自为者都是启蒙的主体；与此同时，每个主体对于任何另外一个主体都可以是，或者应该是一个批判性的主体。[③]

① 乔治·索雷尔：《进步的幻象》，吕文江译，上海人民出版社，2003年，第382页。

② 雷蒙德·威廉斯：《文化与社会》，吴松江等译，北京大学出版社，1991年，第358页。

③ 黄燎宇、赫费：《以启蒙的名义》，北京大学出版社，2010年，第22页。

后康德时代以对康德所断定的“不可说”的自由的过度言说而造成思想与现实的混乱，“少数”以“公意”的名义、“特殊”以“普遍”的自觉，展开奴役的表达式，在这里，“个人存在的形式，其自我性，就是对存在外壳的破坏。独断产生之处，存在的本质颠倒之处，就是世界上所有的灾难都倾压之处。”[①]而必被高扬的实践法则、绝对的意志自律、普世认同的道德自由，就成为重构世界（不论是在康德的时代还是今天，不论以理论理性为依归还是以实践理性为指针）的核心观念。“在人类状况和正义本身晦暗的景象之后还存在的东西，高于理性秩序（或者说仅仅秩序本身）固有的残忍的东西……在为不朽的原则流了那么多的血泪之后，留下的是个人的牺牲，在正义的辩证活力和矛盾转化当中，这种牺牲会毫不犹豫地找出了一条端正而可靠的道路。”[②]而在这个意义上我们发现，康德哲学由第一批判向第二批判的过渡所体现的思想方式转变在今天可以充分地成为引出马克思在“费尔巴哈论纲”中为政治经济学批判设立的根本出发点：重要的并不在于认识世界，而是在于改变世界。

① 勒维纳斯：《塔木德四讲》，关宝艳译，商务印书馆，2002年，第67页。
② 勒维纳斯：《塔木德四讲》，关宝艳译，商务印书馆，2002年，第37页。

自然权利论的悖谬开端

哈耶克所期待“复兴”的古典自由主义（Classical Liberalism）以“自我持存的斗争”[①]作为其理论的发端与全部论证的基础，构化与展布出基于自利原理的普世话语，也即自由主义经济哲学的“私利即公益”神话，从而有效地将资本权能之最大化野心掩藏于个人利益最大化的“权利逻辑”之下而求取全球性、普全性的宏大叙事。17世纪，德国的著名政治理论家、法哲学家普芬道夫（Pufendorf）的契约－法权学说是自由主义经济－政治话语的重要开端之一，他的学说不仅有效衔接了古典自由主义思想的霍布斯谱系（Hobbesian）与洛克谱系（Lockean），同时也成为西方现代国家理论的正当性基础之证成的重要思想来源。为看清哈耶克经济危机理论的根本性问题，就必须上溯只自由主义的“开端”处，基于对早期自由主义政治哲学及其理论资源的总体性把握，[②]从由普芬道夫所昭示的西方思想领域的“人类本性与社会秩序”的现代转向，也即在“开端”（Origin/Beginning）或渊源[③]的而不是“终极目的”（Final End）的意义上认识人和

① 阿克塞尔·霍耐特：《为承认而斗争》，胡继华译，上海世纪出版集团，2005年，第11页。

② 相关议题的讨论，另可参见：理查德·塔克：《自然权利诸理论：起源与发展》，杨利敏、朱圣刚译，吉林出版集团有限责任公司，2014年。

③ “尽管与大多数近代自然法的倡导者相比，霍布斯并为赋予‘人的权利’较大的实践重要性，但近代自然法的实质及其基本含义在他的原理中比在任何其他学说中表现得更为清楚。因为，很显然，霍布斯并不像大传统那样把‘自然法’，即一个客观的秩序，作为起点，而是把‘自然权利’作为起点。这种自然权利是一种绝对合理的主观声称，它非但不依赖于任何事先存在的法律、秩序或义务，而且，它本身就是所有法律、秩序或义务的渊源。”李强：《自由主义》，人民出版社，2015年，第48页。

世界的视角出发，系统梳理普芬道夫的"自然状态"[①]与契约—公民社会思想，并指出以这一理论传统为肇始的权利自由主义之自然法权观念（也即自我承认的政治）所构造的普世伦理（斯多亚普世主义的现代版本）的根本悖谬，进而申论其所力图构筑的方法论"实验"（自然状态作为假然预设）必然招致的理论境遇："从现在起，政治既与上帝的恩典或神意无关，也摆脱了自然秩序的约束，成为一个完全自主和属人的世界。倘若古代意味着'开端'，那么这个自主的政治世界就是真正的古代，因为它是比一切古代都要古老的纯粹'开端'；倘若现代意味着与古代决裂，那么这个自主的政治世界同时也是真正的现代，因为它不再受任何古代的'应然'权威约束，是一个全新的开端。"[②]

自然权利作为"人性与秩序"意义上的真正开端，其所诉求的正是自然法（Natural Law）所重新塑造的非至上强制的规则世界，而这也成为后来的"看不见的手"的观念来源。[③]自由主义提出，任何政治结合的目的都

---

① 应当注意，在中国的传统思想典籍之中也存在与霍布斯—普芬道夫谱系相类似的"自然状态"判断，只是其之后的对于建立秩序的讨论方式大异其趣。参见墨子《尚同篇》："古者民始生未有刑政之时，盖其语，人异义。是以一人则一义，二人则二义，十人则十义。其人兹众，其所谓义者亦兹众。是以人是其义，以非人之义，故交相非也。是以内者父子兄弟作怨恶，离散不能相和合。天下之百姓，皆以水火毒药相亏害。至有余力不能以相劳，腐㱙余财不以相分，隐匿良道不以相教，天下之乱，至若禽兽然。"见吴毓江：《墨子校注》，中华书局，2006年，第107页。

② 吴增定：《利维坦的道德困境——早期现代政治哲学的问题与脉络》，三联书店，2012年，第48页。

③ "普芬道夫界定自然状态的出发点，就是从'状态'这一道德空间无规定性方式的位置关系来看，将人的状态划分为'自然'（humanitas）和'外来'（adventius）两种状态。普芬道夫强调，人的这一自然状态，并不排除上帝意志给人本质建立的基本自然禀赋，而只是排除了任何出于人的选择（ex arbitrio huminum）带来的影响。而所有外来状态都涉及了人力的作用。这一最基本意义的'自然状态'就是'人性'：'人的自然状态，因为缺乏专门的术语，我们暂且就称之为人性（humanitas）或人的生活（vita humana），这就是无论什么人仅仅作为人而构成的状况。'自然状态就是道德科学的人性论，这一人性或'人的生活'，不再是浸润在政治共同体及其权威关系和统治结构中的亚里士多德式人性，而是剥离了一切生活方式的规定，只考虑人的自然禀赋或能力的，所谓'仅仅作为人而构成的状况'。"李猛：《自然社会》，三联书店，2015年，第197-198页。

在于维护人的不可剥夺的自然权利；这些权利是自由、财产、安全以及对压迫的反抗。[①]而在这个认知基础上，“自然法观念是以自然法为核心而展开的，自然法观念的历史也就是自然法观念不断演化、发展的历史，自然法的观念诞生于两千多年前的古希腊，期间经历了古代自然主义自然法、中世纪神学自然法、近代理性自然法和现代新自然法等四种不同的形态，自然法理论在不同时期，所起的作用不同，它帮助把严格的罗马市民法发展成适用范围较广泛的、更加公平的法律制度；它是中世纪教皇和皇帝冲突的理论武器；它奠定了现代国际法的基础；它构成了美国宪法解释的基石，这种解释的目的在于抵制制定法限制个人经济自由的企图；它孕育了自然权利的概念，这种自然权利后演化为基本权利。今天，人们称之为人权；它用不同的方式提供给许多法学家一个基本原则，从这个原则中，源导出法的观念和法的正义秩序，这个原则也是评判实在法的标准，自然法的观念从未消亡，似乎永不衰竭。”[②]而在这个意义上，自然法就成了早期现代世界观念的变革核心，为自由主义的货币哲学的“古今之变”提供了根本的动力。“自然法被认为是对与错的终极标准，是正直生活或（合于自然的生活）之模范。它提供了人类自我反省的一个有力激素、既存制度的一块试金石、保守与革命的正当理由。”[③]而对于“自然法”界定下重新构建的国家理性，“自由”的意涵也得到了全新的阐释。[④]“没有主权和强迫的权利，国家就不可能存在。自由（按定义来说）不过是缺之对运动的阻碍。就像水在容器里是不自由的，因为容器是它流动的障碍，而打破了这个容器，它就自由了。所有人都或多或少有自由，因为他或多或少有可以

① 李强：《自由主义》，东方出版社，2015年，第91页。

② 戴维·沃克：《牛津法律大辞典》，北京社会与科技发展研究所译，光明日报出版社，1988年，第630页。

③ 登特列夫：《自然法：法律哲学导论》，李日章、梁捷、王利译，新星出版社，2008年，第1页。

④ “洛克论述自然法的突出特点在于，自然法概念经过他处理之后，几乎完全融入个人的自然权利之中；或者用洛克从斯图亚特王朝的拥护者和议会党人的辩论中借用来的术语来讲——融入‘生命、自由和财产’权利中。”李强：《自由主义》，东方出版社，2015年，第75页。

在其中活动的空间。甚至一个被关在大监狱中的人也比被囚禁在小牢房中的人的自由要多点。一个人也许在一个方面上是自由的，而在另一个方面则不然，就像旅行者被栅栏和围墙组织去践踏路边的葡萄园和作物一样。这种阻碍是外在的和绝对的。从这个意义上说，所以奴隶和臣民都是自由的，他们并没有被戴上镣铐或投入监牢。其他障碍则是意愿选择的，它们并不是绝对地阻碍运动，而只是出于偶然，即出于我们自己的选择阻碍运动。就像不会有人阻止船上的人自己跳进海里，如果他自己想这么做的话。也就是说，一个人能够进行运动的方式越多，他所有的自由就越多。而这就是公民的自由之所在。"[①]

臣民的、仆属的或者被强迫之下的"自由"，道说出了现代资本主义制度下的"实然"经验的性质，也就以一种独特的方式回应了马基雅维利的现代"新哲人"[②]的"德性"教化，并成为自由主义货币哲学的根本旨归：以残酷书写真实、因"人为"而改造"自然"。"我的目的是写一些东西，即对于那些通晓它的人是有用的东西，我觉得最好论述一下事物在实际上的真实情况，而不是论述事物的想象方面。许多人曾幻想那些从来没有人见过或者知道在实际上存在过的共和国和君主国。可是人们实际上怎样生活同人们应当怎样生活，其距离是如此之大，以致一个人要是为了应该怎样办而把实际上是怎么回事置诸脑后，那么他不但不能保存自己，反而会导致自我毁灭。因为一个人如果在一切事情上都发誓以善良自持，那么，他侧身与许多不善良的人当中定会遭到毁灭。"[③]

① Hobbes: *De Cive*, IX, 9.

② 关于这一主题的批判性探讨，参见：刘小枫："马基雅维利与现代哲人的品质"，见：《比较古典学发凡》，复旦大学出版社，第73–85页；列奥·施特劳斯："尼可洛·马基雅维利"，见施特劳斯：《柏拉图式政治哲学研究》，张缨等译，华夏出版社，第283–308页。

③ 马基雅维利：《君主论》，商务印书馆，1987年，第73页。在这一点上，马基雅维利"是古罗马史家和道德论者的真正传人。他相信，所有人最希望获取的是时运女神的宝物。因此，他完全忽略了正统的基督教律令（例如托马斯·阿奎那在《君主统治》中就强调了这一点），那就是好的统治者应当拒绝尘世荣耀和财富的诱惑，以确保获得天国的奖赏。"昆廷·斯金纳：《马基雅维里》，李永毅译，译林出版社，2014年，第33页。

一

西方古典时代的经济—政治思想与中世纪基督教自然法学说将人设想为共同体（Commonwealth）或神圣性存在的绝对从属者，个人的意义和价值只有在总体性的意义和价值的层面才能够得到表达，进而，这种在古典意义下的整一性的规范也使得世俗政治的自主意愿不具可实现性，一种服从自然目的论的等级秩序观念锁闭了个人意愿陈说的诸种可能。超政治的共同体臆想将人置于终极目的的审理之下，在这个意义上，人不是自主的，也不是自足的，[①]“为了实现其内在本质而必须依存于政治共同体的社会构架。只有在古希腊城邦（Polis）或古罗马公民社会（Civitas）这样的伦理共同体中（主体间共享的美德明确地把共同体与经济活动所形成的纯粹功能联系区别开来），人类本质的社会性质才真正得以确立。”[②]

由柏拉图（Plato）所开创的“自然秩序”学说是古典经济—政治哲学[③]的这一理论意旨的典型范本。在《理想国》（*Republic*）的第二卷中，柏拉图以“大字—小字”的比喻（368d）喻指雅典民主政治制度下个人对城邦共同体在“自然”上的附属地位，[④]并进一步指出城邦起源于人类本身

① 对于“自足性”的政治论说，首先来自于马基雅维利的政治现实主义设想，并相应地被笛卡尔式“Cogito ergo Sum”的自我确立模式而奠定为现代主体的标准模式，并最终导致了“理性经济人”的非身体存有和广域的“有效需求”的普遍勾连，当然，这种勾连是霍布斯模式的。

② 阿克塞尔·霍耐特：《为承认而斗争》，胡继华译，上海世纪出版集团，2005年，第11页。

③ 在古典时代，经济是作为政治的附属性因素而存在的，但同时又正因为其内在于政治的良序发展，而实际上有着相对于其现代“纯化”版本更本质性的对于“德性”的诉求。

④ 通常认为，柏拉图在这一以“小字”比喻个人，以“大字”比喻城邦共同体，要先认识大字再通过对大字的认识来辨别小字，就意味着要在城邦的公共利益和总体正义的视野里确证个人的份界与福祉。“应该首先来辨认这些较大的字母，并从而再照着它们来考察那些较小的字母，看它们是否是同一的。”“城邦的起源，以我所见，在于我们没有一个人是自足的，而是相反，我们每个人都有很多缺乏和需要。……这些人共同生活在一起，互相提供援助。这样一个共同生活的所在，我们给予一个名称，谓之城邦。”柏拉图：《理想国》，顾寿观译、吴天岳校，岳麓书社，2010年，第73页。

的非自足性（整体对部分的强制），[①]而城邦政治的统摄性也就在这个意义上具有了“自然”上的正当性（Nature Right）（369c）。在他的另一部著作《法篇》（*Laws*）中，柏拉图也通过“自然正当”理论论证了自然（等级）秩序作为立法之根本标准的论点（631b–d）。[②]而亚里士多德则在《政治学》（*Politics*）第一卷直接指称“人天生是一种政治动物。”（1253a）[③]在他看来，作为城邦动物的人，不具备自主活动的空间（当然相较于亚氏所谓的“自然奴隶”而言仍是“自由”得多了），其一切意愿行为只是在城邦共同体的目的论框架下才成为可能。“城邦作为自然的产物，并且先于个人，其证据就在于，当个人被隔离开时他就不再是自足的；就像部分之于整体一样。不能共同生活或因为自足而无此需要者，就不是城邦的一个部分，它要么是只野兽，要么是神。”[④]在亚里士多德之后，“自然秩序”观念的政治化倾向体现在希腊化时期的斯多亚派（Stoicism）的学说中，这种学说将“自然”的意旨塑造成立法的实定原理。以西塞罗（Cicero）为代表的斯多亚主义者为四处征伐的古罗马帝国贡献了“世界公民”的说辞，为后世西方世界凭强力政治构建世界公民社会的谎言叙事埋下伏笔。在严格承继柏拉图传统而写作[⑤]的《法律篇》（*De Legibus*）中，西塞罗将“自然”意义上的“善好”断言为“法”的前提和基础。西塞罗指出，“无疑正确的是，与自然保持一致的生活是最高的善。这表明享用一种基于美德的恰当生活，或者是遵循大自然并按她的法律生活，如果我可以这样称呼它的话；换言之，只要我们有能力，就应不遗余力地去实现自然的要求。”[⑥]政

① “城邦的起源，以我所见，在于我们没有一个人是自足的，而是相反，我们每个人都有很多缺乏和需要。……这些人共同生活在一起，互相提供援助。这样一个共同生活的所在，我们给予一个名称，谓之城邦。”柏拉图：《理想国》，顾寿观译、吴天岳校，岳麓书社，2010年，第74–75页。

② 柏拉图：《柏拉图全集（3）》，王晓朝译，人民出版社，2003年，第374页。

③ 亚里士多德：《亚里士多德选集》，中国人民大学出版社，1999年，第6页。

④ 亚里士多德：《亚里士多德选集》，中国人民大学出版社，1999年，第7页。

⑤ “应当遵循与柏拉图相同的进程。……他首先写了一本关于国家的书，然后又在另一书中描述了这个国家的法律。”西塞罗：《国家篇·法律篇》，苏力、沈叔平译，商务印书馆，1999年，第190页。

⑥ 西塞罗：《国家篇·法律篇》，苏力、沈叔平译，商务印书馆，1999年，第178页。

治共同体的“自然”要求人过一种“恰当生活”，这种生活即听命于自然法（Natural Law）之律令的生活，就正是“为其自身的缘故而值得选择的有德性的生活”[①]:“基于美德”而有所为的理性行动者通过对整全秩序的领会将自己的生命存在置入到向“本源—原因之路”的追溯过程之中，并将之保守为朝向自然法或神法—永恒法的生活世界现象学。中世纪经院哲人托马斯·阿奎那（Thomas Aquinas）将斯多亚派自然法理思想神学化，构造了法秩序之非世俗性的现实化。在中世纪基督教启示神学的语境中，阿奎那将西塞罗式的自然法教导镶嵌入信仰的语法，上帝所颁布的永恒法成为超越于人间俗世的“实定法”（Positive Law）的更高存在，人类唯有严格依循神法的律条（如摩西律法）而行事才可收获末日时的至福。在此，人类内在的、自主的德行选择根本不可能实现，驱动人类向善而为的力量只来自外在的必然性，即万能上帝的权能（Power）:“上帝用律法教导人并且用他的恩典协助人。”[②]上帝的律法预制了“承认”，所为与所想，外在与内在，上帝对人的认肯以末日和拯救的名义无限期延期支付；而中世纪的理性人只能在不断向“上帝的知识”的上升中获得心灵的平静和行事的驱力（正如金融全球化时代的理性人只能在不断向“金融伦理”的皈依中寻求自身价值的可怜兑现），在这个意义上，“一切的自由和不确定性都是以某种更为根本的必然性为前提的。”[③]由使徒保罗构造的这一“普世宗教”以“上帝之城”的博大与至高倾轧“地上之城”的愚昧与混沌，在排他性的、扭曲的“承认政治”之中塑造自身的绝对主权，这就是“普世伦理”在换上“资本主义”这套“奴役理论”的新装并成为“危机永动机”之前所上演的信仰闹剧，人类主体性生存的意识形态被压抑于十字架的巨大阴影之下以度量千年光阴之漫长。

现代性的世界观兴起之后，以霍布斯、普芬道夫、洛克为代表的早

① 施特劳斯:《柏拉图式政治哲学研究》，张缨等译，华夏出版社，2012年，第187页。

② 施特劳斯:《柏拉图式政治哲学研究》，张缨等译，华夏出版社，2012年，第189页。

③ 施特劳斯:《自然权利与历史》，彭刚译，三联书店，2006年，第91页。

期现代自由主义者[①]（同时亦为自然法学者）开始试图打破笼罩于人类生命秩序之上的形而上迷障，颠倒古典及中世纪传统的目的论—等级秩序，他们的方法就是打破道德界域的“应然”规训，转而从现实政治的“实然”境况出发，采取底线策略，将人“真实”地表述为“一种只关心一己私利、以自我为中心的存在物”，[②]（这同样立基于自由主义对于基督宗教自身虚伪性的批判性解读），从而“彻底否定并拒斥古代政治哲学和基督教，切断政治与超政治维度的一切关联——不管是古代政治学说所说的自然秩序，还是基督教所说的上帝——回到政治世界的开端，也就是人追求生存、安全和荣耀的必然性。”[③]自由主义诉诸人性最低境况的理论言说，认肯人的前“政治动物”与前“信徒”境遇为其逻辑推论的“开端”，并言之凿凿地再次将“自然”之名加诸其上，只是这里的共同体性或属神的“自然正当”已变身为属人、引发抢夺与不安的“自然权利”（Natural Right），而这种前政治的人类境况也就被命名为“自然状态”（State of Nature）。[④]“从马基雅维利、博丹、蒙田、利普修斯直到阿尔图修斯，许多人都被视为现代政治哲学或道德思想的开创者。但在霍布斯之前，这些现代思想的‘先知’绝大多数仍然在使用传统的人性概念作为政治和道德思想的基础，无论这一概念来自柏拉图—亚里士多德的古典哲学传统、斯多亚—伊壁鸠鲁这样的古代晚期遗产，还是经院哲学及中世纪晚期的反动，甚至修昔底德—塔西佗—李维的古代历史著述

---

① 对这一涉及“政治利益与经济秩序”议题的讨论，另可参见：理查德·塔克：《哲学与治术，1572—1651》，韩潮译，译林出版社，2013年。

② 阿克塞尔·霍耐特：《为承认而斗争》，胡继华译，上海世纪出版集团，2005年，第12页。

③ 吴增定：《利维坦的道德困境》，三联书店，2012年，第75页。

④ 关于作为理论假设的“自然状态”学说，霍耐特引述布克的研究，认为“自然状态学说的意图并不在于通过对所有历史进行方法论的归纳来呈现人类社会化的社会原始状态。相反，它倒是想再现一般的人际状态；如果调节社会生活的一切政治控制机构都可以假定被废除，那么，从理论上说，这种人际状况是肯定会出现的。由于一种防御性的权力扩张行为应该成为个人本性的构成要素，从这一递减运动中产生出来的社会关系就具有一切人反对一切人的战争性质。”阿克塞尔·霍耐特：《为承认而斗争》，胡继华译，上海世纪出版集团，2005年，第13页。

（特别是塔西佗主义）对人性的基本理解，但在霍布斯之后，几乎所有重要的政治哲学家和道德哲学家，斯宾诺莎、普芬道夫、洛克和卢梭，甚至某种意义上直到康德和苏格兰启蒙运动的学者，都以‘自然状态’作为分析政治和道德的基本出发点。可以说，‘自然状态’成为支配十七至十八世纪西欧政治和道德思想的核心概念。”①

在这一“典范的转移”的意义之下，普芬道夫的自然状态学说在古典与现代的“主体性”（Subjectivity）转折中生成，他认定作为“前政治”与“前宗教”的自然状态中的行为个体，都是理性自主的、原子式的绝对个体，都是同等的自我保存的自然权利的拥有者。“从以下的意义上讲，人是生活在自然状态中的：他们之间没有共同的主人，互不隶属，互相之间也不存在利益关系。在这个意义上讲，自然状态和政治国家是不同的。”②根据普芬道夫的学说，自然状态中的人是孤立的、自在的、非政治的，“像蘑菇一样刚从地上冒出来，彼此不受约束地成长起来。”③存在于自然状态中的人们得以声言“自爱”（Self-love）的重要性，并将自我持存的斗争

① 李猛：《自然社会》，三联出版社，2015年，第90页。

② 普芬道夫：《论人和公民的自然法义务》，鞠成伟译，商务印书馆，2010年，第170页。关于“自然状态”的定义同时可参照洛克在《政府论》下篇中的表述：“那是一种完备无缺的自由状态，他们在自然法的范围内，按照他们认为合适的办法，决定他们的行动和处理他们的财产和人身，而无须得到任何人的许可或停命于任何人的意志。”洛克：《政府论》（下篇），叶启芳、瞿菊农译，商务印书馆，1964年，第3页。

③ 霍布斯：《论公民》，冯克利译，贵州人民出版社，2003年，第88页。但普芬道夫在《自然法与国际法》中提出了异议，他认为在自然状态中仍然存在着哪怕是最小程度的“友谊”：“既然第一个人生活在一种绝无敌对而充满纯粹友谊的状态中，且既然其他人是从这一状态中产生出来的，那么很显然，如果人类真的希望记得其起源的话，他们就应当不被视为敌人而视为朋友。事实上，社会最初在人类中产生，不是为了避免自然状态，而是因为人类离开社会就不能增长和维持。……因此宣称一下观点是没有意义的，即如果没有社会状态，人类一开始就是生活在相互敌对的状态之中，除非你愿意假设，一开始一群相互之间毫无关联的人突然冒了出来。”普芬道夫：《自然法与国际法》，罗国强译，北京大学出版社，2012年，第186页。

逻辑推至最大化。[①]而“从这一意义上讲，自然状态也可以被称为自然自由。自然自由意指，任何人都只处于自己的权利和权力之下，不服从其他任何人的权威。”[②]普芬道夫所强调的不服从任何外在权威的自然“自由人”作为现代权利自由主义人格的原初形态，并没有因其具有自由和权利而享有相应的福祉，相反地，意志自主与利权拥具所带来的却是难以忍受的“困难”：“这些困难是你可以想象得到的：一个人（成年人也不例外）孤独地生活在这个世界上，得不到任何可以减轻负担、丰富生活的援助和便利。人赤身裸体而又愚蠢，寻野草树根以充饥，觅荒泽坑水以解渴，在洞中躲避狂暴恶劣的天气，时刻面临着野兽的袭击，心中充满了恐惧。”[③]在普芬道夫的描述中，前公民社会的自然状态下的恐惧和艰难时刻困扰着人，可以想见，这种种麻烦不仅仅来自周遭世界的倾轧和胁迫，更同时有可能导源于人类自身的攻击本性。“人不仅可以对他人实施严重的侵害，还会频繁地因各种原因而如此行为。有些人伤害他人是由于邪恶的天性或贪求权力和财富；有些人（尽管他生性温和）则是拿起武器自保，以避免被他人击垮；有些人为追逐同一目标而互相竞争；有些人则通过智力进行竞争。所以，下列情感是与自然状态永恒相伴的：猜疑、不信任、期望削弱他人的力量、渴望出人头地、梦想毁灭他人而壮大自己。”[④]

在此，普芬道夫借“自然状态”的残酷性揭示出（至少在他的理解中的）“人类本性”的真实情况，并深刻地揭示了人类普遍道德的“非社会性”所可能导致的疏离与隔绝。但是，我们还应看到，与霍布斯在这一论题上所表现出的极端性不同，普芬道夫的理论有着相对温和、但事实上更为“残酷”的性质，这一点就在他通过人类本性认知社会秩序的论述中呈现出来。

---

① 可对参霍布斯《利维坦》中的相关描述：“由于人们这样互相疑惧，于是自保之道最合理的首先就是先发制人，也就是用武力或机诈来控制一切他所能控制的人，直到他看到没有力量足以危害他为止。”霍布斯：《利维坦》，黎思复、黎廷弼译，商务印书馆，1985年，第93–94页。

② 普芬道夫：《论人和公民的自然法义务》，鞠成伟译，商务印书馆，2010年，第171页。

③ 普芬道夫：《论人和公民的自然法义务》，鞠成伟译，商务印书馆，2010年，第172页。

④ 普芬道夫：《论人和公民的自然法义务》，鞠成伟译，商务印书馆，2010年，第174页。

二

普芬道夫以自然状态学说开启占有式个人主义（Possessive Individualism）的自我占有（Self-ownership）[①]观念，他的理论和同样开启了自由主义政治哲学理路的霍布斯、洛克（以及更为根源化的马基雅维利）的思想一起，以人之为人的开端（Beginning）拒斥共同体前提下的终极目的（End），在17世纪欧洲的极为动荡的时代背景下展开资产阶级世界图景的原初性思考：以新的人性的“自然”（状态）取代旧的神性的“自然”（秩序）。

现代早期的自然权利—自然法学说以霍布斯在《利维坦》（*Leviathan*）一书中对于人性之“真实”状况即“人对人是狼”的战争状态的描述为出发点，[②]在这一理论图景下，自然状态作为人类的“真实”开端或生存世界的基底的意涵就充分体现出来。自然状态中的人类，极端利己，精于理性的算计，同时又由于各自在自然上的普遍平等而时刻因自身的算计与利己的臆想而只能将自己困蔽在对于他人攻击的恐惧之中。“他们的目的主要是自我保全，有时则只是为了自己的欢乐；在达到这一目的的过程中，彼此都力图摧毁或征服对方。”[③]在此我们不难发现，霍布斯对于人与人之间的战争状态的描述正可与现实之中（不论是作为资本主义上升期的“当时”还是沦入资本主义颓废期的“当下”）资本力量的竞逐景状相互勘校：利益主体的厮杀与博弈令狼嚎遍野。“这种战争是每一个人对每一个人的

① 参见柯亨对诺奇克理论的评述：“自我所有论，其主要论点是，每一个人从道德的角度来说都是他自己的人身和能力的合法所有者，因此每一个人都有随心所欲地运用这些能力的自由（从道德的角度来说），只要他没有运用这些能力去侵犯他人。”柯亨：《自我所有、自由和平等》，王朝辉译，东方出版社，2008年，第81页。

② 值得注意的是，霍布斯的这一论点事实上体现了他的思想与古典思想的某种呼应，柏拉图在《法篇》（626D）中同样描述了人与人之间的“战争状态”：“人类处于一种公开的战争状态，每个人都与其他人为敌；人类同时处于一种秘密的战争状态，每个人都与自己为敌。……这种情况最难以令人置信，也是最具毁灭性的。”只是在理由分析和解决方案的设计上两种传统采取了不同的路径。柏拉图：《柏拉图全集（3）》，王晓朝译，人民出版社，2003年，第374页。

③ 霍布斯：《利维坦》，黎思复、黎廷弼译，商务印书馆，1985年，第93页。

战争。因为战争不仅存在于战役或战斗行动之中，而且也存在于以战斗进行争夺的意图普遍被人相信的一段时间之中。”[①]霍布斯以彻底的反经院亚里士多德主义目的论的姿态，根本性地取消了人对于“自然秩序”的依存性（当然也取消了人类内在的可拓展性），而认为人只是在其自身的开端性的“意愿活动”（Voluntary Motion）[②]之中完成自身的利益—情感建构的，并同时也放任了这一理论样态所可能揭露的最大邪恶。“这种人人相互为战的战争状态，还会产生一种结果，那便是不可能有任何事情是不公道的。是和非以及公正与不公正的观念在这儿都不能存在，没有共同权力的地方就没有法律，而没有法律的地方就无所谓不公正。暴力与欺诈在战争中是两种主要的美德。”[③]

普芬道夫在总体上接受了霍布斯的绝望人性观，但是又退后一步，做出了较弱意义的但很可能是更为“绝望”的（或至少更加引人绝望的）“道德规定”。他认为，所有的道德品质都是由行为主体赋予或强加给相关事物的，行为主体在某种意义上可以根据自己的选择随意描述事物——任何行为可被视为对或错，全凭做决定的行为主体的意愿。[④]这就是说，行为主体的意愿行为之道德属性是可以根据需要而修改的，而行为性质的这种“可修改性”就使得“意愿活动”不再是“一次性”的，在任何可能情况之下只要能够通过强力“以力取得”话语界定的势位，就可以僭越“自然”的同时重构“自然”。在这个意义上，普芬道夫实际上历史性地建立了霍布斯式的自利行为者与诺奇克（Nozick）式的“自我占有”人格之间的真实联系，即通过一种为权利自由主义和占有式个人主义服务的意识形态机器便可以使资产者有能力“根据自己的选择随意描述事物”，只是这

① 霍布斯：《利维坦》，黎思复、黎廷弼译，商务印书馆，1985年，第95页。

② 霍布斯是通过与“生命活动”（Vital Motion）的区分来界定意愿活动的。所谓生命活动是指“血液的流通、脉搏、呼吸、消化、营养、排泄等过程。”而意愿运动则是指“按照首先在心中想好的方式行走、说话、移动肢体。”可以明显的发现，意愿活动是与理性的规划紧密联系在一起的。霍布斯：《利维坦》，黎思复、黎廷弼译，商务印书馆，1985年，第93页。

③ 霍布斯：《利维坦》，黎思复、黎廷弼译，商务印书馆，1985年，第35页。

④ 塔克：《战争与和平的权利》，罗炯等译，译林出版社，2009年，第179页。

种意识形态的宰制还是要通过名义上的“自由竞争”而获得。在完成了对于行为主体的重新诠释之后，普芬道夫得以重构霍布斯的自然状态描述：“如果认识到霍布斯所描述的处于此种状态下的人仍然受到自然法与正当理性的规范的话，那么无论这些论述乍看起来是多么自相矛盾，也得不出一个人被许可对他人做任何自己想做的事的结论。……相应地，霍布斯所言的真正意义是：在人类通过协议分割用以维持人类生存的事物之前，自然将其置于人类力量所及的范围之内；没有上位者的人类能够出于自身意志以及正当理性的指令，做任何有利于维持自我生存的事情。”[①]而由于行为主体的自身意志加之于“正当理性”的可修改意涵，霍布斯之“人对人是狼”的著名决断也得以修正。“霍布斯为人类相互伤害所举出的原因不过是让某个人反对某个人的特殊原因，其无论如何不足以使得一场普遍的一切人对一切人的战争成为不可避免的。不具有攻击性的人总是生活在具有攻击性的和卑鄙无耻的人中间、或者后者总是想滋扰前者的说法，也不总是正确的。……的确，人类的普遍贫穷足以解释为什么一个人在信任他人并将自己的弱点暴露给他人的时候必须小心谨慎，尤其是在并不十分熟悉他人的时候，正如普劳图斯在其《牵驴者》（*Astinaria*）中说，‘人对陌生人不是人，而是狼。’但是没有任何有理智的人会承认这种怀疑和不信任会导致一个人攻击和压迫另一个人，除非后者表现出一种伤害前者的意图。”[②]至此，普芬道夫在承认了霍布斯“这一设想的真实性”[③]的前提下，提出了自己的更容易容纳于公民社会状态和国家理性的自然状态理解，这种理解试图将私己的自利自爱同人的社会属性相结合，或者说，普芬道夫倾向于认为（哪怕最微弱意义上的）社会性也同时是人性的真实的一个层面。“人们不应被引导着去犯同样的错误，故而应当首先指出的是，自爱与某种社会态度并不应当彼此对立，相反，前者之倾向应当以这样一种方式受到限制以至于后者不为前者所束缚和破坏。……对于霍布斯非常巧妙地从自保的愿望中推出自然法的阐述，我们应当首先指出，这样的一种证

① 普芬道夫：《自然法与国际法》，罗国强译，北京大学出版社，2012年，第176页。
② 普芬道夫：《自然法与国际法》，罗国强译，北京大学出版社，2012年，第188页。
③ 普芬道夫：《自然法与国际法》，罗国强译，北京大学出版社，2012年，第171页。

明方法，确实最为清楚地表明，人类仿照这种理性的命令来生活对其安全是多么的有好处。但是不应当干脆得出结论说，人类有权利运用这些命令作为其生存手段，且由此依据某些法律他有义务遵守它们；如果那些理性的命令要具有法律效果的话，它们肯定必须从某些其他原则中得出来。”[①] 在这里，所谓的“某些其他原则”就意指潜在的“社会状态”的现实化。

普芬道夫认为，人类之本性中在先的具有某种“社会性”，而正是自爱与社会性的协调造就了私利与公益之间的前定和谐。对于“社会态度”的强调使得普芬道夫的自然状态理论呈现出与霍布斯论点的基本差异，将“可修改性”原则应用于人类本性与社会秩序建构的论域无疑使普芬道夫获得了像较前辈自然权利理论家的更大的理论弹性：人与人之间的不信任可以不再表现为面对面的攻击，但当然要以貌合神离的背后打击之可选择性为前提。在这个意义上，“道德家”普芬道夫甚至更加不堪，或者说其虚伪性更胜一筹。“当有的学者声称自然状态就是指我们被认为自力更生或者被算作不在任何社会之中、且这就是一种意图夺取他人所有并将所有人从财产上赶走的战争状态的时候，其没有达到在讨论这一问题的时候所应当具有的准确性。因此他们的意思是，如果人不在联合中生活他们就会经常陷入争吵之中，也就是说，如果人类不过一种社会生活，他们就会生活在一种时常无序的状态中。然而将自然状态与社会生活对立起来是不恰当的，因为即使是那些生活在自然状态的人也能够、并且应当时常过一种相互的社会生活。”[②]对于“不在联合中生活”的境遇的界定，充分体现出普芬道夫对于和平、良序生活的本质性的期许，从霍布斯式的极端个人主义后退一步，普芬道夫在自爱—自利—自主的人类本性与“相互的社会生活”之间建立了有效连接，为进一步脱离自然状态通过契约进入政治—公民社会（每个人平等地缔结缔约并宣誓法令）的理论言说开辟了道路。

同时，需要指出的是，普芬道夫对于自然状态下之社会态度的强调并不意味着他在这一阶段企图重新复兴古典的、诉诸外在规约的决定论

① 普芬道夫：《自然法与国际法》，罗国强译，北京大学出版社，2012年，第230页。
② 普芬道夫：《自然法与国际法》，罗国强译，北京大学出版社，2012年，第182–183页。

模式，个人意义上的理性自立和自主仍是他思想的要件。“因为人拥有神启的理性控制自己的行为，所以生活在自然自由之中的人就不靠任何其他人来管理自己的行为。他有权根据自己的理性判断和自己的意愿做任何事情。并且，基于所有生物都具有的本能，人必须毫不懈怠地用尽一切办法保护自己的身体和生命，抵抗一切可能伤害自己的危险。因为在自然状态中人的意志和判断不服从于任何权威者，所以由每个人自己判断他所采取的措施是否有利于自我保存。”[①]外在权威的缺失证成自然自由的绝对性，自然状态下的意愿行为可以无关道德归咎的追溯序列，可以僭越维系市场秩序的运行底线，非道德性的自然人（先于“恩典”的“自然”）俨然成为当下横行世界的金融资本的早期剪影；以力攫取才是真正的正义，但强力的意志终究内在的指向他者。在这个意义上，普芬道夫得以构造自然状态与政治社会—国家的区分。“自然状态和国家的不同是：在前者，个人靠自己的力量保护自己，在后者，则是依靠全体的力量；在前者，个人的劳动成果无法得到有效的保护，在后者，所有人的劳动成果都可以得到保护；前者受激情的统治，充满了战争、恐惧、贫穷、粗俗、孤独、残暴、无知、野蛮，后者受理性的统治，充满了和平、安全、富裕、高尚、合作、温和、开化、仁慈。”[②]二元化的截然对立，又经由自然状态中的自爱原则和人之社会性的巧妙勾连，构化从前者（自然状态）向后者（社会/国家）转化的可能性。理性自主的个体，[③]基于自我占有和利益最大化的观念，放弃自然自由的身份想象，转而归

① 普芬道夫：《自然法与国际法》，罗国强译，北京大学出版社，2012年，第171页。

② 普芬道夫：《论人和公民的自然法义务》，鞠成伟译，商务印书馆，2010年，第172页。

③ “理性自足”个体的意识指向是否只可以是作为方法或手段的利益及相关的“获取”手段？在现象学的谱系中，这实际上成为知识诉求意义上的“为真”性的考辩。“人们意向的对象或者事物也许是自然主义的或者文化的，在这种情况下，可以是有生命或者无生命的，也可以是人类或者非人类。观察的产物是能给被描述的。在表达之前，我们可以观察，当我们听取或者阅读一段描述时，我们也可以同样转而进行观察，以便稳定这被表达和理解的观察是否是真实的，即，事物是否与被断言成的样子相符。”莱斯特·恩布里：《现象学入门：反思性分析》，靳希平等译，北京大学出版社，2007年，第39页。

化入法权关系所构造的“公民状态”，变身成为在被资本关系所劫持的法律面前保持平等的新世代的政治社会人、选票消费人，在作为人性开端的“物质欲望”的满足的层面修成正果。这一进程就正如洛克在《政府论》（*The Second Treatise of Government*）下篇中所总结的：“既然我们不能单独由自己充分供应我们天性所要求的生活，即适于人的尊严的生活所必需的物资，因而为了弥补我们在单独生活时必然产生的缺乏和缺陷，我们自然地想要去和他人群居并营共同生活，这是人们最初联合起来成为政治社会的原因。”①

三

普芬道夫根据道德行为属性的可修改性原理将自然状态与公民社会之间的本质性差异有效弥合，但同时也导致在这一理论框架下，身处自然状态并最终通过订立契约走入政治社会的人们在这一过程中并不需要在国家权威所框限的公民社会中发生内在的、根本性的转变（而霍布斯式的“利维坦”的君临无疑预设了恐怖的压服之力对相互定约进入国家的人们的心灵上的震慑与驯服），定约者仍旧是其所是，其虚伪性与攻击性甚至由于有了更好的外在保护而更可伸张欲望的本能（一如全球化时代的“金融伦理”与“危机永动机”的不停造作），而不需要通过德性教导或“法”的规训使自己更加趋向于完善和美德，签订契约的意涵在最大程度上成为一场祭祀的隐喻：向权威拜倒，然后每个人分一杯羹。

普芬道夫将通过契约建立国家的过程表述为“两个契约”和“一道法令”。“要组成一个正常意义上的国家，需要有两重契约和一项法令（Decree）。首先，处于自然自由状态中的人们在决定组成国家的时候相互约定：要组成一个单一的、永久性的联合体，并让一个共同的领导者来负责共同的安全。……任何人都必须同意这一契约；任何不同意该契约的人将被排除在将要建立的国家之外。在这一项契约签订之后，还必须有一个

① 洛克：《政府论》（下篇），叶启芳、瞿菊农译，商务印书馆，1964年，第10页。

确定政府形式的法令。在这一事项确定之前，将无法有效地采取措施确保公共安全。具备了确定政府形式的法令之后，还需要第二重契约：任命一个人或一个团体，将初创国家之政府托付给他（他们）。根据这一契约，被任命的人（人们）有义务确保公共安全，而剩下的人则有义务服从被任命之人（人们）的意志。……只有在这一契约按时生效之时，一个完全的、正常的国家才宣告诞生。而这样被组成的一个国家就是一个独立的人格（Person）"[①]这就是一个现代意义上的契约—律法政治社会的构成过程，由同意（Consent）契约向代表（Representation）契约的过渡成功地将城邦的、帝国的、上帝的至高立法转化为自然平等的理性—利益人之间基于保全目的的平权律法，这样的"合众为一"的国家则成为外在于各利益主体的"第三方"。由此，"自我（尽管在道德团体内部，却是唯一的、不可替代的）变得可以比较、可以度量、有义务服从超个人的、'统计学上的平均'或者'规范'标准的衡量——第三方被牢固地置于法官、仲裁员和判决通过者的位置。相对于道德自我非理性的推动，第三方现在可能设定了利益和好处的'客观标准'。"[②]作为利益竞逐之"客观标准"的契约—律法构成人与人之间相互履行的义务的来源，以不互相伤害为前提的促进政治—公民社会的最大发展就成为具有核心意义的"国家理由"。而"任何地方，只要存在一种特殊的'国家理由'，只要一个共同政治实体的特殊原则和利益以统一和经久的方式施展自身，就必定有一个国家存在。"[③]这样一个导源于人类的"特殊原则和利益"的现代国家，正是以欲望的（在"开端"的意义上的）满足为基础，以利益的驱动为本源，人不再"应当"走向人性的完满、美德的实现，个人的不自足性借由"国家理由"而成为理所应当，于是，契约义务与国家理由甚至有效地抹杀了人作为"类存在物"的本质特征。

普芬道夫认为，人本性上的卑劣与算计（这甚至是在超出"自然状态"的意义上而被界定的）必须通过国家的强力与权威才能限制，并

① 普芬道夫：《论人和公民的自然法义务》，鞠成伟译，商务印书馆，2010年，第193页。
② 鲍曼：《后现代伦理学》，张成岗译，江苏人民出版社，2003年，第134页。
③ 迈内克：《马基雅维里主义》，时殷弘译，商务印书馆，2008年，第339-340页。

完成宏观上的“调控”。因为“控制邪恶欲望的真正有效的、适合人性的措施，存在于国家之内。”[①]而且，也正是国家的这种属性反过来证明了人性的根本指向。“无论是上帝惩罚的威胁还是良心受到谴责都不足以控制人的邪恶。由于教养缺陷和生活习性的原因，很多人对理性的力量漠不关心。他们只顾眼前利益，几乎不关心未来；只受眼前利益的驱动。”[②]现代国家中的人，只是利益人、经济人，自利自爱，自主自私：资本的逻辑，其实正是每个人的本性使然。自然意义上不自足的自利主体，需要通过契约建立国家完成公民社会稳定性和正当性的证成，而契约义务和国家理性又给予利益主体在“国家之内”进行交流合作的可能，于是，在这种情境下，“由于每个个人都努力把他的资本尽可能用来支持国内产业，都努力管理国内产业，使其生产物的价值达到最高程度，他就必然竭力使社会的年收入尽量增大起来。确实，他通常既不打算促进公共的利益，也不知道他自己是在什么程度上促进那种利益。……由于他管理产业的方式目的在于使其生产物的价值能达到最大程度，他所盘算的也只是他自己的利益。在这场合，像在其他许多场合一样，他受着一只看不见的手的指导，去尽力达到一个并非他本意想要达到的目的。也并不因为并非出于本意，就对社会有害。他追求自己的利益，往往使他能比在真正出于本意的情况下更有效地促进社会的利益。”[③]“社会性”本身的“自爱化”构造“看不见的手”的合理性：国家权威对于秩序的稳定和规限，造就利益博弈的喜乐场域，资本主义制度下的自爱与社会性的预定论否弃所有关于人之为人的高阶规范理念，基于对人性单薄甚而单向的理解，渐次而展开为功利主义、后果主义、唯经验主义和唯发展逻辑。

普芬道夫式的“利维坦”国家的建立，其在“国家理由”的名义下设定的“预定和谐”实际上阻遏了人内在的提升与视域的拓展，人的利

① 普芬道夫：《论人和公民的自然法义务》，鞠成伟译，商务印书馆，2010年，第190页。
② 普芬道夫：《论人和公民的自然法义务》，鞠成伟译，商务印书馆，2010年，第189页。
③ 斯密：《国民财富的性质和原因的研究》（下），郭大力、王亚南译，商务印书馆，1974年，第27页。

益欲求成为现代资本主义社会的“唯信圣经”，人不必开启自身德性的“天路历程”就已达致“历史的终结”。因而，普芬道夫意义上的绝对意志的“利维坦”并不必须以强力与威慑，而只需要通过“绵羊式的说服”（尼采语）就可以使行为主体自溺于懦弱而卑微的关于欲望的（以效用主义为代表的）循环论证之中，理性的主体自伤而为欲望的主体，一人一票的契约同一人一票的“选主”共构成一场“合和为一”的癫狂祭礼，以迎候“资本”这一新上帝的君临。在此，“使徒这样激励我们，说我们只有用自己的身体作神圣的活祭，取悦上帝，作为我们理性的侍奉，不必遵从尘世，而要更新我们的心态，我们才能证明上帝的意志，那好的、上帝所喜乐的、完美的意志，这就是我们的真正祭品。他说：‘我凭着所赐我的恩，对你们各人说，不要看自己过于所当看的。要照着神所分给各人信心的大小、看得合乎中道。正如我们一个身子上有好些肢体，肢体也不都是一样的用处。我们这许多人，在基督里成为一身，互相联络作肢体，也是如此。按我们所得的恩赐，各有不同。’（《罗马书》12:3–5）这就是基督徒的祭祀：‘我们这许多人，在基督里成为一身。’对于信仰者，这正是教会不断在神坛上完成的圣事，教会通过这个证明，她通过祭献祭品，把自己也献了出去。”①毫无疑问，自由主义是“资本”这一新“教宗”（或上帝的替代物）的“使徒”，保罗般雄辩，并以枪炮之威推动“普世伦理”：每个人都加入契约—律法的想象，每个人都应“追随基督”成为这场祭祀上的“活祭”——这才是真正的“解救灵魂的普世之道”，②这是现代认同的入境许可，这也是将人类困蔽于低智与道德冷漠的决定性的基督再临。

国家威权宰制下的政治公民社会通过社会契约模型证成自身的正当性与稳定性，基于对“理性”概念的修改（从对理念世界或“至高善”以及集体利益的认知转化为对私己激情所投射的欲望标的的持守）完成现代世界的经济—政治秩序建构。普芬道夫式的契约—律法国家范式就这样以超

① 奥古斯丁：《上帝之城》（中），吴飞译，三联书店，2008年，第36–37页。
② 奥古斯丁：《上帝之城》（中），吴飞译，三联书店，2008年，第71页。

国家、超主权的方式将世界上的每一个“利益性”个人纳入自己的发展规划，试图将不同国家、不同民族、不同历史文化共同体中的人重新原子化、去主体化，而“主体在取消意识之后将自我客体化的技术过程，彻底摆脱了模糊的神话思想以及一切意义，因为理性自身已经成为万能经济机器的辅助工具”。①资本的权能以上帝的姿态君临，万能经济机器内爆于伦理生活的中心，以自我承认为根基的现代资本主义世界，攫取服从并伪造同意。资本主义之欲望文化将“自我持存的斗争”内化为自我奴役的锁链：货币秩序的道德律，亦即自由主义经济哲学。由此，“完全可以言之凿凿地说，在这种文化发展的最后阶段，‘专家已没有精神，纵欲者也没有了心肝；但是这具空心的躯壳却在幻想着自己达到了一个前所未有的文明水准。’”②

由此可见，自我承认的政治通过“法”的普遍性铺张其普世与普适，③根植于欲望的（或更根本的“关于欲望的欲望”的）契约—国家命题在不诉诸启蒙/自我启蒙与批判/自我批判的维度上敷衍出一套可普遍化的法则：这成为现代西方政治的根基。霍布斯—普芬道夫谱系的占有式个人主义以（修改了的）“理性”之名重估价值与正义，为人类的至福寻求不可悖逆的出路，并在根本上塑造了“现代之人”：“在他们看来，自己所追求的事物最有意义，自己所钟情的事物最有价值，自己所

① 霍克海默、阿道尔诺：《启蒙辩证法》，曹卫东译，上海人民出版社，2003年，第27页。

② 马克斯·韦伯：《新教伦理与资本主义精神》，阎克文译，上海人民出版社，2010年，第275页。

③ 参见：康德对于普世法理的论述：“当我们从希腊的历史——都是通过它，其他一切古代的或其同时代的历史才得以为我们保留下来，或者至少是才成为可以征信的——而起始……下迄我们自己的时代为止；这里面还应该加入其他民族的国家史作为插曲（我们有关他们的知识正是通过这些启蒙了的民族才逐步地获得的）；那么我们就会发现，我们这个大陆上的国家宪法是有着一个合规律的进步历程的（这或许有一天会给其他一切大陆提供法则）。”康德：《历史理性批判文集》，何兆武译，商务印书馆，1990年，第19页。

走的路才是唯一一条通向幸福之路。”[①]这样的“现代之人”当然可以是善良的，但也一定是过于单纯而且单向的，因为他们不再在个人人格的意义上追求生命的整全，而只委身于强力的布尔乔亚国家，在资本的意识形态下建构自我意识。现代性的病症，就在于以为世界真的可以以这样的方式而被把握，并认之为真，再信以为真。因而，自我承认的政治也塑造他者。一切非契约型的、非“开端”的、非“资本”的或更根本地说是非“西方”的历史文化共同体，都被以这样一种单一的思维方式而衡量、算计，而这样一种本质上低质素的认同模式则无非在全球范围构造以主权国家为单位的另一种的“自然状态”。在这个意义上，“为他人设计一种低劣和卑贱的形象，而这种形象又被后者所内化，就会构成实实在在的扭曲和压迫。”[②]而与这种“扭曲和压迫”相对应的，便是一种革命的需要，冲破一元的单一模式的、独白性的经济—政治视野，创获独具自身文明主体性又同时合理涵纳世界文明资源的“相互承认”的共同体政治。进而，“作为巡游的、发展的、革命的政治，它应该是出于行进中、进步中，向那些能使它发生革命变化的东西敞开着。”[③]霍布斯、普芬道夫的社会政治理论所依赖的人类认同，只是低版本的人类认知（即市民性），完全忽视了人作为“类存在物”的可拓展性和自我批判性。

对开端的思辨，必然以超越开端为目的；对开端的思虑，也将开启一个新的开端。在此我们正应追随马克思在《关于费尔巴哈的提纲》中所强调的：“旧唯物主义的立脚点是市民社会，新唯物主义的立脚点则是人类社会或社会的人类。”[④]我们知道，社会的革命、人类的革命，必须以社会中人的内在革命为前提，这也就成为理解“新唯物主义”之“新”的关

① 大卫·休谟：《论道德与文学》，马万利、张正萍译，浙江大学出版社，2011年，第53页。

② 查尔斯·泰勒：“承认的政治”，汪晖译，载《文化与公共性》，三联书店，1998年，第300页。

③ 埃德加·莫兰：《人本政治导言》，陈一壮译，商务印书馆，2011年，第117页。

④ 马克思、恩格斯：《马克思恩格斯选集》，人民出版社，1995年，第57页。

键；而那种每个人订立契约走出自然状态，在资本主义国家的宰制下平等地直面资本的威权，进而将精神上的无助与想象力的匮乏归结为历史性终结的理论言说，也必将反过来开启关于“觉醒”的精神现象学。①

① “英国和法国一样，也有过一个自由主义世纪：与法国革命的世纪相对应，在海峡彼岸则是工业革命的世纪；与正义以及人权的精神哲学相对应的是功利主义有关利益同一的哲学。……人权哲学最终在欧洲大陆导致1848年革命；而与此同时，利益同一的哲学则导致曼彻斯特学派的自由贸易学说的胜利。”李强：《自由主义》，东方出版社，2015年，第101–102页。